本书出版受到中国人民大学"双一流"跨学科重大创新规划平台——国家治理现代化与应用伦理跨学科交叉平台支持

# 资本逻辑

## 结构及其当代嬗变

刘志洪 著

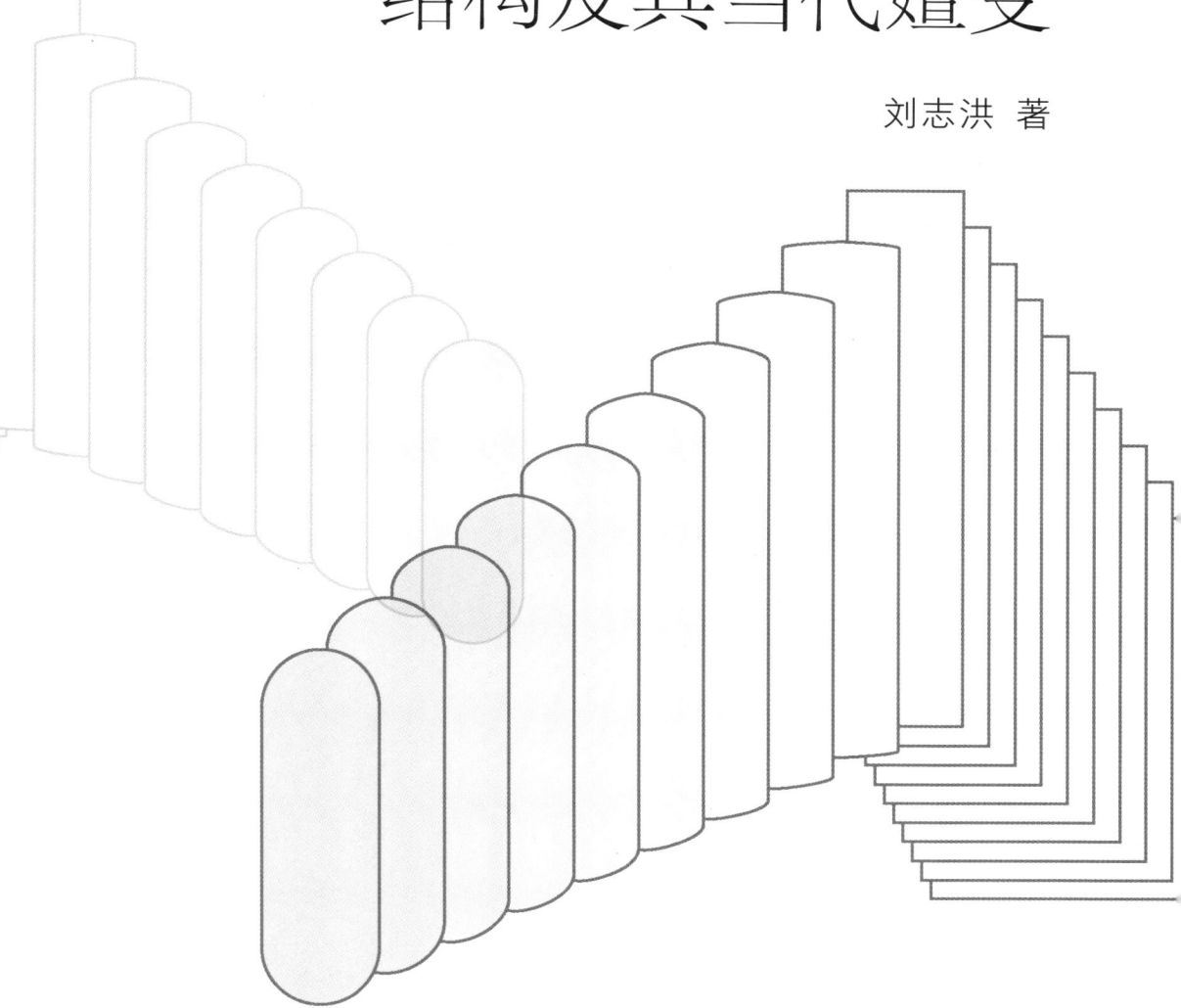

中国社会科学出版社

### 图书在版编目(CIP)数据

资本逻辑：结构及其当代嬗变 / 刘志洪著. —
北京：中国社会科学出版社，2022.9
ISBN 978-7-5227-0291-9

Ⅰ.①资… Ⅱ.①刘… Ⅲ.①资本—研究 Ⅳ.
①F014.391

中国版本图书馆 CIP 数据核字（2022）第 088712 号

| | |
|---|---|
| 出 版 人 | 赵剑英 |
| 责任编辑 | 朱华彬 |
| 责任校对 | 谢　静 |
| 责任印制 | 张雪娇 |

| | |
|---|---|
| 出　　版 | 中国社会科学出版社 |
| 社　　址 | 北京鼓楼西大街甲 158 号 |
| 邮　　编 | 100720 |
| 网　　址 | http://www.csspw.cn |
| 发 行 部 | 010-84083685 |
| 门 市 部 | 010-84029450 |
| 经　　销 | 新华书店及其他书店 |

| | |
|---|---|
| 印　　刷 | 北京君升印刷有限公司 |
| 装　　订 | 廊坊市广阳区广增装订厂 |
| 版　　次 | 2022 年 9 月第 1 版 |
| 印　　次 | 2022 年 9 月第 1 次印刷 |

| | |
|---|---|
| 开　　本 | 710×1000　1/16 |
| 印　　张 | 15.5 |
| 插　　页 | 2 |
| 字　　数 | 247 千字 |
| 定　　价 | 98.00 元 |

凡购买中国社会科学出版社图书，如有质量问题请与本社营销中心联系调换
电话：010-84083683
**版权所有　侵权必究**

# 目 录

引 论 ·············································································· 1
  一　问题的提出 ····························································· 2
  二　研究现状述评 ·························································· 5
  三　研究的原则 ···························································· 10
  四　研究的方法 ···························································· 13

**第一章　资本逻辑的内涵** ················································ 18
  第一节　何谓资本逻辑：一个再理解 ································· 18
  第二节　资本：物质、价值与关系 ···································· 22
  第三节　辩证逻辑：否定性与必然性 ································· 27
  第四节　资本逻辑：否定性运动中的必然性 ······················· 34

**第二章　资本逻辑的层次结构** ········································· 42
  第一节　总逻辑：形成、扩张与扬弃 ································· 43
  第二节　核心逻辑：价值增殖 ········································· 51
  第三节　基本逻辑：创造—消解文明 ································ 56
  第四节　诸相反相成的具体逻辑 ······································ 70
  第五节　四个层次间的关联 ··········································· 91
  第六节　资本逻辑的类型 ·············································· 94

**第三章　资本的统治逻辑** ················································ 97
  第一节　资本对现代世界的支配 ······································ 98
    一　对生产的统治 ···················································· 98
    二　对经济生活的宰制 ·············································· 99
    三　对社会生活的操控 ············································· 102

    四　对现实世界的统摄 …………………………………… 104
  第二节　人与物关系中的资本统治 ……………………………… 108
    一　人对物的掌控 ……………………………………… 108
    二　人对人的操纵 ……………………………………… 109
    三　物对物的支配 ……………………………………… 111
    四　物对人的役使 ……………………………………… 112
  第三节　资本本身就是统治 ……………………………………… 114

## 第四章　资本的文化逻辑 …………………………………………… 120
  第一节　资本对文化的创造与摧毁 ……………………………… 122
    一　创造文化与人的发展 ……………………………… 122
    二　摧毁文化与人的倒退 ……………………………… 126
  第二节　资本文化逻辑的开放与封闭 …………………………… 131
    一　开放：资本文化逻辑的表面 ……………………… 132
    二　封闭：资本文化逻辑的内里 ……………………… 134
  第三节　人化—物化：资本文化逻辑的归宿 …………………… 140

## 第五章　资本逻辑结构的当代嬗变 ………………………………… 145
  第一节　资本一般视野中的逻辑变化 …………………………… 147
    一　增殖逻辑整体强化 ………………………………… 147
    二　扩张逻辑持续加强，扬弃逻辑日益发展 ………… 151
    三　负向逻辑驱逐正向逻辑 …………………………… 154
  第二节　资本特殊视域中的逻辑变更 …………………………… 158
    一　垄断资本逻辑愈加强盛 …………………………… 158
    二　金融资本逻辑成为主导 …………………………… 169
    三　公有资本逻辑总体增强 …………………………… 178

## 第六章　资本逻辑结构的当代启示 ………………………………… 186
  第一节　资本逻辑结构的一般启迪 ……………………………… 186
  第二节　资本及其逻辑研究的范式转换 ………………………… 191
    一　金融资本研究的哲学视角 ………………………… 192
    二　从资本一般到金融资本 …………………………… 194

三　金融资本哲学研究的进展与局限 …………………… 199
　四　深化金融资本哲学研究的向度 …………………… 202
第三节　当代中国应对资本逻辑的核心理念 ………………… 205
　一　资本逻辑的凸显与合理解决的理念 ………………… 206
　二　积极利用和培育资本逻辑 …………………………… 208
　三　有效防控和制约资本逻辑 …………………………… 212
　四　自觉超越和扬弃资本逻辑 …………………………… 215

**参考文献** ……………………………………………………… 219

**后　记** ………………………………………………………… 238

# 引 论①

在现代资本世界中，资本作为一种总体性的统治力量，是"普照的光，掩盖了一切其他色彩，改变着它们的特点"；是"特殊的以太"，"决定着它里面显露出来的一切存在的比重"②，是"资产阶级社会的支配一切的经济权力"③。在《历史与阶级意识》中，卢卡奇提出，"在人类的这一发展阶段上，没有一个问题不最终追溯到商品这个问题，没有一个问题的解答不能在商品结构之谜的解答中找到。当然，只有当……商品问题……表现为资本主义社会生活各个方面的核心的、结构的问题时，它才可能达到这种普遍性"④。笔者认为，这一判定并不准确。资本主义社会生活真正的核心并非商品，而是资本。商品仅构成资本的一个环节（当然是最初环节），而非根本环节，尽管它也蕴含深刻的矛盾。在总体的意义上，不是商品制约资本，而是资本制约商品。正因为如此，马克思写作的是《资本论》而非《商品论》，亦非《劳动论》。

因而，对资本世界的解剖，重点在于资本而非商品。即使在21世纪，这仍然没有改变。作为资本主义世界的主导逻辑，资本逻辑内在而深刻地作用和规约着人、社会与自然。⑤ 对这种逻辑的批判性考察，是解剖现代

---

① 本部分原载《天府新论》2019年第6期，系与逯叶红合作。
② 《马克思恩格斯全集》（第30卷），中央编译局编译，人民出版社1995年版，第48页。
③ 《马克思恩格斯全集》（第30卷），中央编译局编译，人民出版社1995年版，第49页。
④ ［匈］卢卡奇：《历史与阶级意识——关于马克思主义辩证法的研究》，杜章智、任立、燕宏远译，商务印书馆1992年版，第143页。
⑤ 马克思在1879年致科瓦切夫斯基的信中强调："我主张资本的理论，即现代社会结构的理论。"《马克思恩格斯全集》（第34卷），中央编译局编译，人民出版社1964年版，第343页。资本的统治性力量如此强大，以至于连对它的批判都必须不同程度地遵从它的逻辑。在一些激进左翼批判资本主义的著作的简介中，费力还不一定讨好地强调该书对资本主义的批判多么深刻和猛烈，希望以此吸引读者购买。

世界的核心视角，构成马克思主义哲学的重要内容。新时代中国特色社会主义的建设和发展深切际遇着资本及其逻辑。驾驭进而超越资本逻辑，建构根本扬弃资本文明的新型文明，是当代中国通达更高发展之境的关键路径，构成中华民族伟大复兴的显著标识。依据马克思主义的本真精神，立足当代现实和理论及其发展，对资本逻辑作出新的哲学理解与阐释，是当代中国马克思主义哲学研究者应有的自觉和担当。

## 一　问题的提出

"哲学中国：让思想引领时代"①。这一疾呼针砭时弊。"立时代之潮头，发思想之先声，以关于时代的真理而规范和引导人类的思想和行为，进而塑造新的时代精神并引领人类文明形态变革，这是哲学的思想力之所在，也是当代中国马克思主义哲学的致思取向和历史使命之所在。"② 在"回到马克思""走进马克思""走近马克思"之后，更重要的是"走出马克思"进而"让马克思走向当代"，亦即"经过马克思"或"迎候马克思"。青年马克思所提出的哲学现实化命题，至今仍然需要马克思主义者加以实现。更重要的是，这个命题同样适用于马克思哲学本身。借用德里达的说法，就是让"马克思的幽灵"现实化。不得不说的是，当前，即使在"关于现实的人及其历史发展"的马克思主义哲学中，观念有余、现实不足的偏向同样存在，并且日益加剧。有理由认为，马克思哲学现实化不仅至关重要，而且刻不容缓。

但哲学理论唯有足够明晰才能真正切中和变革现实。没有微观的宏大叙事和没有宏观的微小叙事都是不完整的。热衷于宏大叙事，将其视为哲学的基本特征和必要作为，既同理论也同现实格格不入。不过，同时，阿兰·巴迪乌说得很对，"宣布'宏大叙事'的终结与宏大叙事本身一样不够谦逊"③，沉溺于"微小叙事"难以摆脱"微小"。宏大叙事与微小叙事动态的、循环的相互补充、相互阐释和相互生成，方为学术研究之正途。

---

① 本刊评论员：《哲学中国：让思想引领时代》，《哲学动态》2018年第12期。
② 孙正聿：《哲学何以具有思想力》，《江海学刊》2018年第5期。
③ ［法］阿兰·巴迪乌：《哲学宣言》，蓝江译，南京大学出版社2014年版，第8页。

埃德加·莫兰说得好，"我们应该放弃一种直线式的解释方式而采取一种动态的、循环的解释方式，在其中我们既从部分到整体又从整体到部分以力图理解一个现象"①。从抽象上升到具体、从笼统推进至明晰，是对理论的基本要求，也是理论发展的重要进路。"复杂的认识使得有可能更加深入具体和实际的现象世界"②，理论必须"从复杂性走向不断增长的复杂性"③。

学界以往更多以资本逻辑为工具解剖世界和中国的现代性问题，对资本逻辑本身的解剖，特别是基础理论的研究却不够充分④，至今仍然存在较多笼统和模糊的认识，制约了对资本逻辑的理论澄明与实践超越，也阻碍了以资本逻辑为钥匙和武器对现代性的反思与批判。⑤在一系列基础理论问题中，资本逻辑的内容及其结构是一个值得深入思索的前提性问题。资本究竟存在怎样的逻辑？如果有多种逻辑，它们的关系如何？马克思曾把结构理解为"整个的内部联系"⑥。维特根斯坦也说："诸对象在基本事态中关联在一起的那种方式是基本事态的结构。"⑦这种诸部分间的联系或关联同构成总体的各个部分一样重要。而这些构成部分及其联系的有机总体，就是资本逻辑的系统结构。

---

① [法] 埃德加·莫兰：《复杂思想：自觉的科学》，陈一壮译，北京大学出版社2001年版，第142页。

② [法] 埃德加·莫兰：《复杂思想：自觉的科学》，陈一壮译，北京大学出版社2001年版，第150—151页。

③ [法] 埃德加·莫兰：《复杂性思想导论》，陈一壮译，华东师范大学出版社2008年版，第33页。

④ 当然，这不是资本逻辑研究独有的状况，而是当前中国哲学研究普遍的状态：学术阐释繁荣而思想创造贫乏。研究者们将主要的精力集中于对前人和他人思想的阐释，而对理论创造的投入较为薄弱，从而较少在新的时代条件下形成新的系统性的理论理解。参见刘志洪、郭湛《改变"阐释驱逐创造"机制——关于新时代中国哲学发展的思考》，《中国人民大学学报》2019年第1期。

⑤ 在当下中国马克思主义哲学中，对资本逻辑的研究盛况空前，甚至仿佛不提资本逻辑就不具有思想深度。但当中并非都是完全良性的状态。在一些模糊的观念和笼统的研究中，好像只要一提资本逻辑，或者说把问题放进资本逻辑的话语框架中，许多现实或理论问题就迎刃而解了，就像曾经的实践、物质以及现在的共同体、公共性一样。这种简单性思维是不可取的。这再次表明，哲学研究同样需要"复杂性思维"。

⑥ 《马克思恩格斯文集》（第10卷），中央编译局编译，人民出版社2009年版，第236页。

⑦ [奥] 维特根斯坦：《逻辑哲学论》，韩林合译，商务印书馆2013年版，第10页。

有经济学家指出，如果仅仅考察资本量的变化，而不考察资本结构的变化是片面的。① 的确，在我们熟悉的辩证法理论中，结构也是事物的重要规定，在相当大程度上型塑了事物的质。因此，对结构的探讨构成哲学的重要任务。罗素说："科学中，结构是主要的研究对象。"② 科西克甚至认为，"从古代起，哲学一直以来都在努力揭示事物的结构"，"可以把哲学描述为旨在捕获物自体、揭示事物的结构、展示实存者之存在的重要的系统性工作"。③ 结构主义更是将结构视为最根本的规定，尽管失当，但毕竟具有真理的成分。虽然总是处于不同程度的变动之中，但资本逻辑的结构并非不具有相对的稳定性。而且，它还一定程度地规定了资本及其逻辑相对稳定的面貌。因此，准确理解资本逻辑的结构，是科学把握资本逻辑的关键环节，同时也是合理应对进而有效驾驭这种逻辑的基本依据。有理由认为，如果没有真正澄明资本逻辑的系统结构，对资本逻辑的理论探讨和实践应对便欠缺厚实的基础，甚至所有以资本逻辑之名展开的现实研究都是非反思、非批判的。然而，不无遗憾的是，目前许多研究尚未对这一问题形成足够自觉的意识，仍然停留在资本逻辑"总体"的层面上，从而，所得到的结果在某种意义和程度上仍旧是"关于整体的一个混沌的表象"④。马克思主义者不能不依据现实及其变化，深入思索资本逻辑的结构这一前提性问题，以进一步切中和引领人类生存的现实。

资本逻辑在当代⑤出现了诸多关键性的变化。与此一致，资本逻辑的结构也发生了若干新的转变。这种转型中的资本逻辑及其系统结构对生存于当下的当代人类是最为切近的，因而也最需要新时代中国马克思主义者加以把握。著名经济学家道格拉斯·诺思提出，经济史研究一个主要然而却被忽视的任务，是既说明经济"结构的稳定性，又说明它们的

---

① ［德］路德维希·拉赫曼：《资本及其结构》，刘纽译，上海财经大学出版社2015年版，总序第5页。
② ［英］伯特兰·罗素：《逻辑与知识》，苑莉均译，商务印书馆1996年版，第413页。
③ ［捷］卡莱尔·科西克：《具体的辩证法：关于人与世界问题的研究》，刘玉贤译，黑龙江大学出版社2015年版，第6页。
④ 《马克思恩格斯全集》（第30卷），中央编译局编译，人民出版社1995年版，第41页。
⑤ 本书所说的当代主要指"二战"后的人类社会历史。

变化"①。同样，对于资本逻辑结构的理论审视，也应该同时把握这种结构的稳定性与变动性，唯有如此，我们的研究才能达至全面。因此，在总体展示资本逻辑一般结构的基础上，本研究也力图呈现资本逻辑系统结构在当代的关键转型。总之，我们将努力推进对资本逻辑及其当代嬗变的科学（理论）理解、正确（价值）评价和合理（实践）应对。

对资本逻辑结构及其当代嬗变的省察，能够敞开较为重要的理论意义。一是有益于深化对资本逻辑的哲学理解。这样的研究有助于生成对资本逻辑结构具体深入的理解，夯实资本逻辑研究的理论基础，进而从根基和前提处澄清资本逻辑。二是有利于提升资本逻辑研究的学术自觉。这一研究也有益于改变以往对资本逻辑基础理论问题重视不足和过多集中于资本逻辑一般的研究状况，使资本逻辑研究向纵深推进。三是有助于丰富马克思主义资本理论。这一研究还有利于进一步开掘经典作家资本逻辑批判思想，在新的时代条件下推进资本研究，拓展马克思主义资本学说。

从现实的角度看，对资本逻辑结构及其当代嬗变的反思，有助于突破关于资本逻辑应对之道的一般性认识，使对资本逻辑的驾驭与超越进入更为具体，从而也更具针对性与有效性的层面，促动当代人类和中华民族更好地解决资本逻辑所致问题，驾驭进而超越资本逻辑及其统治与侵蚀，创建更高文明形态。这是中华民族伟大复兴和人类文明本质发展的光明大道。

## 二　研究现状述评

在资本逐步成为现代世界的统治性力量后，斯密、李嘉图、马克思、列宁、庞巴维克、熊彼特、波兰尼和布罗代尔等诸多思想家，以各自方式不同程度地分析或触及了资本的逻辑。许多学者都对资本及其逻辑作出不同程度的洞察与阐释，逐步丰富和推进了资本逻辑研究。20世纪70年代的联邦德国，甚至出现了致力于探讨资本与国家关系的"资本逻辑学派"。虽然该学派有点名不副实，没有提出太多值得今天的资本逻辑研究借鉴的思想成果，但至少表明了学术界对资本逻辑的某种关注与思考。我国学界

---

① ［美］道格拉斯·诺思：《经济史上的结构和变革》，厉以平译，商务印书馆1992年版，第7页。

从21世纪初开始专题研究资本逻辑问题，并且持续推进和深化，业已成为全球讨论资本逻辑最为热烈的中心之一。总体上，国内外学界特别是马克思主义理论界关于资本逻辑的研究，形成了思想研究（对重要资本逻辑思想的研究）、理论研究（对资本逻辑理论的建构）和现实研究（以资本逻辑理论对现实问题的研究）这三种主要路向。

在学界特别是国内学界目前关于资本逻辑的研究中，存在着两个最为明显的焦点。焦点之一是对马克思、列宁和卢森堡等马克思主义理论家资本逻辑批判思想的清理。越来越多学者将资本逻辑批判视为马克思哲学的关键内容乃至核心部分，认定为当代马克思主义哲学理论研究的重要范式和观照现实的基本路径。另一焦点是以资本逻辑为理论武器对现代世界与现代性的解剖。绝大多数学者认为资本逻辑有力宰制现代世界，是诸多现代性问题产生和衍变的根源，主张从资本逻辑角度分析和解决经济、政治、文化、（狭义）社会与生态等领域的问题。

学界对资本逻辑基础理论的研究集中于含义、运行、形态、效应和应对等方面。这些研究都同资本逻辑的结构存在一定关联。当中，资本运动过程和资本逻辑形态同资本逻辑结构的联系最为直接，尤为值得关注。

1. 资本逻辑的含义。概括起来，主要有三种观点。多数学者界定为资本运动的规律与趋势。丰子义、鲁品越等提出资本逻辑是资本运动的内在规律和必然趋势，以必然如此的方式贯穿于资本发展过程之中，通过一系列经济环节及其相互作用得以体现。[①] 张雷声指出，资本逻辑是资本所呈现出来的反映资本主义客观现实活动的内在联系、运行轨迹和发展趋势。[②] 一些学者将资本逻辑理解为资本无限增殖自身的运动，即资本的价值增殖逻辑。毛勒堂、何小勇等提出，资本逻辑在本质上是资本的增殖逻辑，是资本永无限度地追求利润以实现自我增殖的运行逻辑。[③] 王

---

[①] 丰子义：《全球化与资本的双重逻辑》，《北京大学学报》（哲学社会科学版）2009年第5期；鲁品越、王珊：《论资本逻辑的基本内涵》，《上海财经大学学报》2013年第5期。

[②] 张雷声：《论资本逻辑》，《新视野》2015年第2期。

[③] 毛勒堂、卓俊峰：《资本逻辑与劳动正义》，《山东社会科学》2016年第12期；何小勇：《马克思对资本逻辑的批判与中国新现代性的构建》，《社会科学辑刊》2016年第3期。

永章等将资本逻辑理解为资本的扩张逻辑。① 相对而言,第一种界定更为准确。

2. 资本运动的过程。(1) 资本运动的总过程。作为迄今为止最为系统地研究和揭示资本逻辑的思想家,马克思揭示了资本的生产、流通和总过程及其基本矛盾、规律与趋势。资本以价值增殖为出发点,以吮吸剩余劳动为中心,以剩余价值资本化为关键,以扩大再生产为载体展开循环往复的运作,但由于系统矛盾而扬弃自身。马拥军解剖了资本诞生的逻辑(货币转化为资本与资本"原始"积累)和成长、衰落的逻辑(资本积累的界限)。② 马克斯·韦伯分析了资本主义的理性化。托马斯·皮凯蒂指出资本的收益率高于经济的增长率。罗伯特·海尔布隆纳考察了资本主义在其本质支配下的逻辑演进与发展阶段。(2) 资本的生成与扩张。张乐等提出了资本由社会关系→经济权力→主体力量→普照之光的生成进路。③ 罗莎·卢森堡剖析了资本的积累、再生产和扩张。亨利·列斐伏尔、大卫·哈维等研究了资本的空间生产。格雷德分析了资本主义全球化的逻辑。(3) 资本的转化与趋势。列宁阐述了资本主义向帝国主义的转变。西奥多·伯顿着重探讨了资本的危机与萧条。丹尼尔·贝尔分析了当代资本主义的社会矛盾与领域分离。迈克尔·哈特和安东尼奥·奈格里解剖了资本对非物质劳动的剥削。约翰·格雷讨论了劣等资本主义对优等资本主义的驱逐。梅扎罗斯、郗戈、程晓等分别考察了资本运行的绝对界限、内外界限和时空界限。但目前对资本逻辑的运行机制和当代变化阐释还不够充分。

3. 资本逻辑的形态。(1) 资本一般的逻辑形态。丰子义主张资本具有创造文明与价值增殖的双重逻辑,认为后者比前者更为根本。这一观点得到了广泛接受,成为对于资本逻辑形态的主流理解范式。④ 高云涌认为,

---

① 王永章:《马克思资本逻辑悖论新探》,《社会科学家》2009 年第 10 期。
② 马拥军:《超越对资本逻辑的模糊理解》,《福建论坛》2016 年第 8 期。
③ 张乐、王晨:《资本逻辑的发生学考察》,《南昌大学学报》(人文社会科学版)2016 年第 2 期。
④ 丰子义:《全球化与资本的双重逻辑》,《北京大学学报》(哲学社会科学版)2009 年第 5 期。

资本逻辑可以细分为增殖逻辑、运动逻辑、竞争逻辑和风险逻辑。① 张雷声区分了资本逻辑的表现形态、本质形态和发展形态，分别是资本本性的逻辑展开、资本主义私有制的逻辑发展和资本主义基本矛盾的逻辑运动。② 白刚分析了资本逻辑作为资本主义私有制、生产关系和意识形态的三种形态。③ 任平剖解了资本的创新逻辑。④ 王巍考察了资本的权力逻辑、拜物教逻辑和殖民逻辑。⑤ （2）资本特殊的逻辑形态。马克思剖析了产业资本、商业资本、生息资本和土地所有权及其运动，尤其是它们分割剩余价值的运作。哈特和奈格里考察了以帝国作为统治形式的当代资本的统治逻辑。鲁品越等分析了资本逻辑的三个层次：物化资本、货币资本和虚拟资本的表现形态。⑥ 列宁、保罗·巴兰、保罗·斯威齐等强调了垄断资本及其逻辑。鲁道夫·希法亭、列宁、约翰·福斯特和张雄等考察了金融资本及其运作。尼克·斯尔尼塞克、蓝江、袁立国等解剖了数字资本及其凸显。高云涌分析了公有资本及其运行。⑦ 但学界目前对资本逻辑形态间关系的阐释不够充分。另外，资本逻辑结构的当代变化也需要探讨。

4. 资本逻辑的效应。（1）资本逻辑效应的表现。马克斯·霍克海默、丹尼尔·贝尔、于尔根·哈贝马斯、阿格尼斯·赫勒、大卫·哈维、安东尼·吉登斯、乌尔里希·贝克等诸多学者讨论了资本逻辑与现代性的关系，认为这种逻辑深刻地生成和统摄现代性。特别是分析了资本逻辑对市民社会、国家权力、日常生活、精神世界、时间空间、自然环境等领域的支配和对经济增长、公平正义、文化建设、风险加剧、生态危机、人的发展等问题的影响。许多学者提出资本逻辑已对我国经济、政治、文化、社会和生态各领域形成明显的渗透乃至冲击。（2）资本逻辑效应的评析。绝

---

① 高云涌：《资本逻辑的中国语境与历史唯物主义的当代使命》，《北京行政学院学报》2016年第1期。
② 张雷声：《论资本逻辑》，《新视野》2015年第2期。
③ 白刚：《资本逻辑的三种形态》，《武汉大学学报》（人文科学版）2016年第3期。
④ 任平：《资本创新逻辑的当代阐释》，《学习与探索》2013年第3期。
⑤ 王巍：《马克思哲学视域下的资本逻辑及其批判》，《理论视野》2014年第1期。
⑥ 鲁品越、王珊：《论资本逻辑的基本内涵》，《上海财经大学学报》2013年第5期。
⑦ 高云涌：《资本逻辑的中国语境与历史唯物主义的当代使命》，《北京行政学院学报》2016年第1期。

大多数研究者认为资本逻辑兼有积极和消极双重效应。资本逻辑既推动了现代世界和当代中国的发展，又是造成众多现代性问题乃至人类整体困境的源头。但自由主义者主张，资本逻辑的主要结果是正面的，其消极影响可以克服。马克思主义者正确地强调，负向效应是资本逻辑的必然后果，在资本自身的范围内不可能被克服。

5. 资本逻辑的应对。（1）处理资本逻辑的思路。自由主义者主张运用和发展资本逻辑，保守主义者注重限制资本逻辑、回归传统，社会主义者强调超越资本逻辑。马尔库塞、弗洛姆、詹姆逊、鲍德里亚等西方马克思主义者或后马克思主义者侧重从审美、精神、文化、符号维度乃至观念论的范式批判资本逻辑，利奥塔、德里达等后现代主义者试图以解构的方式颠覆资本逻辑，马克思主义者注重对资本逻辑的实践超越。（2）当代中国资本逻辑的处理。学者们均强调辩证和历史的原则，但具体观点有所差别。白刚强调亟须瓦解资本逻辑[1]，鲁品越重视导控资本逻辑[2]，叶险明提出驾驭资本逻辑[3]，陈学明等认为应将对资本的利用和超越有机结合起来[4]。

上述研究取得丰硕成果，为本研究奠定了良好基础，是我们继续探索的出发点。但客观而言，仍然存在若干需要继续推进之处：其一，相对于以资本逻辑为视野对现代性等现实问题的研究，对资本逻辑本身特别是资本逻辑基础理论问题的哲学研究仍然不够充分。其二，在资本逻辑基础理论范围内，较之于资本逻辑的含义、效应和应对等方面，对资本逻辑的结构、运行和规定等重要问题的研究有待加强。其三，在资本逻辑结构范围内，关于资本运动过程和逻辑形态的研究相对充分，对资本逻辑结构的问题意识仍待强化，对资本逻辑层次、类型及其关系的分析亟须深化，对资本逻辑系统结构的当代嬗变的研究尤需加强。其四，对资本逻辑结构之于现代人类和中华民族的现实实践，尤其是驾驭和超越资本逻辑的启迪的研

---

[1] 参见白刚《瓦解资本的逻辑——马克思辩证法的批判本质》，中国社会科学出版社2009年版。
[2] 参见鲁品越《社会主义对资本力量：驾驭与导控》，重庆出版社2008年版。
[3] 叶险明：《驾驭"资本逻辑"的中国特色社会主义初论》，《天津社会科学》2014年第3期。
[4] 陈学明：《资本逻辑与生态危机》，《中国社会科学》2012年第11期。

究尚待展开。这些问题构成了本研究努力的方向与重点。

总之，资本逻辑的系统结构及其当代嬗变，亟须哲学理性加以关注和思考，亟待马克思主义哲学以科学的世界观与方法论洞穿重重迷雾，生成更为深刻而明晰的理论理解，在新时代推进对资本逻辑及其相关问题的哲学把握。但明确研究的问题及其必要性并不意味着研究者自然而然地拥有了研究的资格。解释学告诫我们，研究者在研究之前必须先行澄明自身。"我们应该考察正在考察世界的我们自己，也就是说把我们包含在我们对世界的认识中。"① 原则和方法等是学术研究重要的前提性问题。不先行予以澄明，我们的研究就可能留下较大的局限性，至少不能将局限性降低至本可以达到的程度，不能趋向相对完美。

### 三 研究的原则

研究的思路和原则对学术研究起引导与规约作用。合理的思路和原则是研究取得成功的保障。为尽可能科学地探讨资本逻辑的结构，本研究将努力遵循如下思路：立足马克思主义基本理论特别是马克思资本逻辑批判思想，在基础理论与现实问题的相互激活与合理张力中探究资本逻辑的系统结构。检视前人关于资本逻辑结构研究的得失，依次考察资本逻辑的含义、层次及其关系、类型，形成对于资本逻辑结构的总体把握，继而以之为基础从一般和特殊双重视角探讨资本逻辑结构在当代的主要变化，特别是作为当代资本主导形态的金融资本逻辑的特质与效应，进而提炼资本逻辑结构研究之于当代人类认识和应对资本逻辑的启示，最后落脚于分析当代中国驾驭和超越资本逻辑的核心理念。笔者期冀自己的研究不仅能够揭示资本逻辑的基本结构，而且能够凸显资本逻辑结构的当代性。

研究的原则主要有五个方面：一是既从人、社会历史和自然的存在与发展的高度出发研究资本逻辑，又从资本逻辑的视角切入思考人、社会历史和自然的存在与发展。一言以蔽之，要让对资本逻辑的哲学研究有助于实现和提升人、社会历史和自然的良好存在与发展，这是本研究的目标原

---

① ［法］埃德加·莫兰：《复杂思想：自觉的科学》，陈一壮译，北京大学出版社2001年版，第155页。

则和价值原则。活动的目标和价值往往也是活动的原则。在笔者看来,不以此为目标至少是深层目标之一的学术研究,势必缺失内在的灵魂。因此,这一目标或原则将贯注于我们研究的始终,内在地引领并体现于研究的全部具体内容。无论是一般结构,还是当代嬗变,都始终注意考察它们同人的存在(人之发展即人的存在的优化)的关联,分析这种结构及其嬗变对人之生存的效应,并从良性生存视角出发审视进而评价和应对资本逻辑的结构与变化。

二是以现实问题激活经典理论、以经典理论观照现实问题的理论与现实双向互动的原则。一方面,围绕资本逻辑特别是其规定性与超越,以马克思主义基本原理尤其是唯物史观和资本理论为指导,充分参考和吸收哲学、科学、宗教、文学艺术以至日常关于资本逻辑的各种已有认识成果,特别是关于资本逻辑的重要哲学思想,夯实理论基础、拓展研究视野、提升思想层次,深入发掘马克思资本逻辑批判思想,求解资本逻辑问题;另一方面,立足人和社会历史的现实尤其是资本逻辑的现实,从现实问题激活和阐释马克思资本逻辑思想,形成对资本逻辑系统的哲学理解,为人们在现实中科学地驾驭和超越资本逻辑提供理论指引,进而聚焦当代中国驾驭和超越资本逻辑之道,同时批判性地反思前人关于资本逻辑的哲学思考,丰富马克思主义和人类哲学的思想宝库。简言之,力图做到兼具现实和理论意义。

三是既入乎资本逻辑之内又出乎资本逻辑之外。传统的科学研究秉持"对象与知觉/认识它的主体之间的绝对分离的原则"[①]。然而,即便在自然科学中,研究对象也时常受到研究主体的影响。在哲学社会科学中,更是如此。作为当代人类一员的研究者本人总是实际地处于资本逻辑的世界之中,同资本逻辑相互作用,从而产生相互的影响。研究主体需要研究包括自身在内的研究对象,这令研究必然面对一个无可回避的难题:既不能不深入对象,因为不深入就不能获得深刻的认识;也不能完全陷于对象,因为深陷其中也难以获得科学的认识。"不识庐山真面目,只缘身在此山中"

---

① [法]埃德加·莫兰:《复杂思想:自觉的科学》,陈一壮译,北京大学出版社2001年版,第267页。

（苏轼《题西林壁》），十分形象地点出了这一问题。解决这一难题的基本原则是，既入乎其内，又出乎其外，在这两方面的良性互动与合理张力中展开研究。在对资本逻辑的研究过程中，需注意既作为受资本支配的一分子，深入资本逻辑之中研究这种逻辑，又要时刻警惕和超越自身作为资本统治对象所可能造成的束缚。

　　四是以哲学的方式透视资本逻辑。每个学科都拥有自己独特的问题与方式，哲学也不例外。冠以哲学研究之名而行非哲学研究之实或无法真正以哲学方式研究的情况并不鲜见。我们的研究必须真实而非虚假地以哲学的方式省思资本逻辑，更不能以反哲学的方式研究。关于资本逻辑的哲学研究，不能囿于资本逻辑细枝末节的问题，而应研究具有普遍性、前提性、基础性、总体性和根本性的问题；必须将资本逻辑同人、世界及其存在密切关联起来，作为一个有机总体，将其提高至适当的普遍性层次加以研究，根本性地破解之，挖掘其内含的深刻意蕴。

　　五是研究资本逻辑鲜活的现实和历史。只有直面鲜活的事物，才有希望生成鲜活的思想。马克思当年曾经批评青年黑格尔派的"哲学家们"："德国人习惯于用'历史'和'历史的'这些字眼随心所欲地想象，但就是不涉及现实。"① 然而，在以改变世界为己任的马克思主义哲学研究中，这种现象也大量存在，现实和历史常常被或主动或被动地置换为观念和观念史。必须明确，我们所要研究的资本逻辑是一种鲜活的事物，具有鲜活的现实与历史、运作与效应，并包含在社会发展鲜活的现实与历史之中。对资本逻辑的哲学研究要有意义，就必须从实际出发，致力于研究资本逻辑鲜活的现实与历史、有实际意义的内容，而不能从文本到文本，不能变成干瘪的文字脚手架甚至文字游戏。本研究也将努力以此作为基本规范要求自己。

　　或许值得再次强调的是，对资本逻辑的研究存在一个显著的特点，即研究者本身总是受到资本逻辑一定程度的型塑乃至宰制。从而，研究总是受研究对象影响，并且永远无法完全摆脱这种状态。这决定了不可能把资本逻辑作为完全独立、纯粹客观、同研究者无关的外在对象加以研究，而

---

① 《马克思恩格斯选集》（第1卷），中央编译局编译，人民出版社2012年版，第158页。

必须把研究放在研究者同资本逻辑的关系的视野与框架下展开。"观察者—认识者应该被整合在他的观察中和他的认识中。"①唯有如此，才能揭示始终同我们相互作用着的资本逻辑。由此，问题的关键就变成正确地进入研究者自身与资本逻辑的关系或循环之中，如海德格尔所言之解释学循环需以正确方式切入。

### 四 研究的方法

"唯有［正确的］方法才能够规范思想，指导思想去把握实质，并保持于实质中"②。科学的研究方法之于学术研究的重要意义也早已为人们所公认。对资本逻辑的哲学透视，当然必须采用恰适的方法，以收获更多和更有价值的甜美果实。根据前人研究的状况特别是其局限，为将研究继续推向前进，除一般性科学研究方法外，我们将以马克思唯物辩证法作为总的研究方法。实质而言，资本的逻辑就是资本的辩证运动过程。或者说，资本的辩证运动过程就展示了资本的辩证逻辑。在这个意义上，资本的逻辑学和资本的辩证法是"同一个东西"，资本逻辑学亦即资本辩证法。马克思辩证法是对黑格尔辩证法的批判性继承或者说继承性批判。黑格尔描绘了理念的整个辩证运动过程。通过借助和改造黑格尔的辩证方法，马克思深刻揭示了资本辩证运动的逻辑。因此，唯物辩证法是本研究须先行运用的方法，同时也是最根本的方法。不过，需要高度注意的是，不能将辩证法理解为可以到处无条件套用的"形式方法"③，而丢弃其"实事求是"或唯物主义的内核。

在唯物辩证法中有两个向度十分重要，值得关注。其一是否定性以及由其生成的批判性和革命性④。在黑格尔和马克思看来，否定性是事物自我运动的根本或灵魂。事物必然性的运动逻辑是由否定性推动的。这是辩

---

① ［法］埃德加·莫兰：《复杂思想：自觉的科学》，陈一壮译，北京大学出版社2001年版，第145页。
② ［德］黑格尔：《小逻辑》，贺麟译，商务印书馆1980年版，第5页。
③ 吴晓明：《辩证法的本体论基础：黑格尔与马克思》，《哲学研究》2018年第10期。
④ 笔者认为或许还可以加上生成性与建构性。事实上，革命性本身就蕴含着生成性与建构性。没有生成和建构的革命，不是真正的革命，正如没有立新的破旧并非完整意义上的破旧一样。

证法最重要的向度。正是在否定性推动下,资本才发展出具有规律性的运动。因而,我们力图遵循马克思的思路,阐释资本在现实历史中自我否定的过程以及当中蕴含的必然性。另一个向度是列宁所注重的矛盾性与矛盾分析法。黑格尔和马克思认为,源于内在的系统性矛盾,事物走向辩证的自我否定。本研究尝试从人与资本逻辑的矛盾角度剖析资本逻辑,考察这一矛盾的社会历史效应;具体考察资本逻辑本身所内含的主要关系与矛盾,并以之敞开资本逻辑的规定性与化解之道。

值得一提的是,黑格尔和马克思的辩证法内在地蕴含着现象学的某些精神与原则。事实上,《精神现象学》这一书名就表明了黑格尔同现象学的某种联系。海德格尔说得不错,我们能够在《精神现象学》"前言"中听到"面向事情本身"的呼声。① 或许,这种呼声还从黑格尔其他著作中发出。在黑格尔那里,现象学方法主要表现为"透过现象看本质"。现象展现和表征事物的本质。从现象入手,能够帮助认识者把握事物的内在本质与运动规律,从而透彻地理解事物。马克思也总是力图从现象走向本质,通过现象发现本质。在他心目中,这正是科学的任务。"如果事物的表现形式和事物的本质会直接合而为一,一切科学就都成多余的了"②。之所以需要科学,一个重要原因在于,现象时常并不真实地表现本质,还可能是错乱乃至颠倒的。这类现象即假象。众多拜物教就是颠倒的假象。假象掩盖了真实的联系,使之蔽而不显、隐而不彰。

"就内在联系在这种运动中的实现来说,这种内在联系表现为一种神秘的规律。政治经济学本身,这门致力于重新揭示隐蔽的联系的科学,就是最好的证明。"③ 马克思在此所说的"揭示隐蔽的联系"同现象学的让"隐形者显形"是相通的。海德格尔在《存在与时间》中说,"'现象学'这个名称表达出一条原理:这条原理可以表述为:'面向事情本身!'"④ 现

---

① 参见[德]马丁·海德格尔《面向思的事情》,陈小文、孙周兴译,商务印书馆1996年版,第78页。
② 《马克思恩格斯全集》(第46卷),中央编译局编译,人民出版社2003年版,第925页。
③ 《马克思恩格斯全集》(第35卷),中央编译局编译,人民出版社2013年版,第376页。
④ [德]马丁·海德格尔:《存在与时间》,陈嘉映、王庆节译,生活·读书·新知三联书店2006年版,第33页。

象学是"让人从显现的东西本身那里如它从其本身所显现的那样来看它"①。在这个意义上,辩证法确凿无疑地具有现象学的意蕴。科西克说,"《资本论》既是《逻辑学》也是《现象学》"②。近年来,一些学者提出并阐释了"资本现象学"③,意在如马克思般运用现象学方法透视资本及其存在与本质。这富有启示意义,值得资本逻辑研究予以借鉴。

在唯物辩证法这一总方法之下,本研究将尤为注重运用结构分析法、"普照的光"法、具体分析法等方法来透视资本逻辑的系统结构:

1. 结构分析法。对资本主义社会的总体结构加以解剖,是马克思给自己确定的重要理论任务。马克思充分运用了结构分析法展开剖析。这是马克思主义的基本方法之一。研究方法无疑必须针对研究对象的特质予以选择,才能具有针对性与有效性,实际地破解研究主题。对资本逻辑结构的透视,自然理当着重运用结构分析法。无法想象,一种对结构的研究不使用结构分析法。因而,我们的研究力图在前人对资本逻辑形态的分析基础上,将资本逻辑作为有机系统加以考察,把握资本逻辑诸形态、层次、类型间的相互联系与相互作用,形成对资本逻辑结构的整体性理解,进而考察这一结构的当代变化。

2. "普照的光"法。在马克思的文本中,"普照的光"就是事物中的决定性因素或力量。这种因素或力量在事物中占据主导地位,制约其他的因素和力量,在根本上决定事物的整体面貌和运行趋势。因此,它们不仅应成为研究的重点,而且必须构成理论透视的视角。马克思在《政治经济学批判导言》中将资本比喻为资本主义社会的"普照的光",指出不理解地租可以理解资本,但不理解资本就不能理解地租。因此,唯有深刻理解资本,才能真正把握资本主义社会。在更具体的层次上,只有正确发现并深刻剖析资本逻辑系统结构中居于主导地位的核心逻辑,并以之把握其他从属逻辑,对资本逻辑结构的认识才可能达至深刻。

---

① [德]马丁·海德格尔:《存在与时间》,陈嘉映、王庆节译,生活·读书·新知三联书店2006年版,第41页。

② [捷]卡莱尔·科西克:《具体的辩证法:关于人与世界问题的研究》,刘玉贤译,黑龙江大学出版社2015年版,第135页。

③ 白刚:《资本现象学——论历史唯物主义的本质问题》,《哲学研究》2010年第4期。

3. 具体分析法。"从抽象上升到具体",是马克思的基本方法。《资本论》之所以先行建构抽象理论,主要原因之一就是揭示资本和资本增殖的本质与源泉,即价值与剩余价值。作为一种"理想类型",理论的抽象有助于总体地、集中地把握事物。因此,马克思强调,对资本主义社会的解剖,必须运用"抽象力","从个别上升至一般"。这正是科学抽象法。但人类的认识又不能囿于抽象层次,而必须同时进入具体或更为具体的层面,并把二者有机结合起来。这就要求"从抽象上升到具体",即从理论抽象进入理论具体。① 事实上,这正是马克思科学抽象法所内在要求的。有科学的抽象,也有不科学的抽象。抽象同时意味着舍象。被舍去的"象"往往是具体的。不科学的抽象鄙视具体,将自身同具体割裂开来,试图以此证明自己的"高高在上";科学的抽象则始终坚持同具体相统一,形成良性的互动与循环。因此,我们将力图在前人关于资本逻辑的一般性理解基础上,深入资本逻辑系统内部,具体分析和呈现资本不同的运动逻辑及其各自规定,并依据不同逻辑的特点有针对性地探索应对原则。

还需要提及的是,在当代著名科学哲学家埃德加·莫兰与普利高津等人所提出的"复杂性思维""复杂性范式"或"复杂性科学"中,有不少(并非全部)观点是对唯物辩证法有益的强调、阐释、补充或发展。例如,强调研究对象的复杂性乃至高度复杂性和认识结果的不完备性,注重偶然性、无序性、特殊性,对个体主义(还原主义)和整体主义的双重否定,重视动态的、循环的解释方式,以及研究对象和研究主体间的复杂关联,等等。在当代,对资本逻辑的研究也需有意识地借助至少是借鉴复杂性思想方法。这不仅有助于深入把握资本逻辑及其结构,而且有益于深化以至优化我们所理解的唯物辩证法。当然,复杂性思想本身也不是完美无瑕的,它同样需要"复杂"地看待和对待,进而予以

---

① 令人遗憾的是,西方经济学的主流观点至今仍认为《资本论》第一卷考察的是价值经济体,直到第三卷才分析资本主义经济体。这是对从抽象上升到具体方法的极大不解,也是对《资本论》的极大不解。事实上,马克思在《资本论》第一卷序言中就明确提出,他研究的对象是资产阶级社会。

推进与提升。但是，我们的思维高度首先必须至少达到"复杂性思维"的水准，而不是简单地排斥乃至贬低，才有希望超越之。面对复杂性事物时，任何"简单化"的思维和做法都是不可取的。更重要的是，吸收其合理成分可以进一步提升自己。没有这种意识，难以发展马克思主义的方法论与世界观。

# 第一章　资本逻辑的内涵[①]

孔狄亚克说："每门科学都需要有一种特殊的语言，因为每门科学有自己独特的思想，研究科学似乎应从创造独特的语汇开始。"[②] 德勒兹和迦塔利甚至认为，"严格地说，哲学是一门创造概念的学科"，"哲学的目的就是不断地创造新概念"[③]。概念尤其核心概念，是理论大厦的基石。只有以含义明确而恰当的概念特别是核心概念作为工具，才能准确、清晰和有力地表达思想。因而，科学界定核心概念的含义，是规范的理论研究的基础性工作。如果这一工作缺失或不善，理论大厦就不可能稳固，甚至可能无法建立。另一方面，核心概念的修正与更替也深切表征科学的进展。恩格斯指出，"一门科学提出的每一种新见解都包含这门科学的术语的革命"[④]。海德格尔也强调，"真正的科学'运动'是通过修正基本概念的方式发生的，这种修正的深度不一，而且或多或少并不明见这种修正。一门科学在何种程度上能够承受其基本概念的危机，这一点规定着这门科学的水平"[⑤]。科学理解和界定资本逻辑之意涵，同样构成资本逻辑研究的重要前提。

## 第一节　何谓资本逻辑：一个再理解

当然，先行界定核心概念含义并非哲学研究的必需环节。而且，不能

---

[①] 本章主要内容原载《哲学研究》2019年第12期。
[②] 转引自［法］费尔南·布罗代尔：《十五至十八世纪的物质文明、经济和资本主义》（第二卷），顾良、施康强译，商务印书馆2018年版，第265页。
[③] ［法］吉尔·德勒兹、菲力克斯·迦塔利：《什么是哲学?》，张祖建译，湖南文艺出版社2007年版，第205页。
[④] 《马克思恩格斯全集》（第44卷），中央编译局编译，人民出版社2001年版，第32页。
[⑤] ［德］马丁·海德格尔：《存在与时间》，陈嘉映、王庆节译，生活·读书·新知三联书店2006年版，第11页。

奢望通过定义一劳永逸地澄明事物。如今，研究者们越来越不喜欢事先的定义，而是希望在研究过程中逐步敞开概念的意涵。的确，后者是更为重要的向度。事物的规定包括本质规定，只能在研究和阐释过程中逐渐予以揭示。黑格尔正确指出，不能"固执在抽象的定义里"，"人们总以为一个定义必然是自身明白的、固定的"，但事实上，"一个定义的意义和它的必然证明只在于它的发展里，这就是说，定义只是从发展过程里产生出来的结果"①。这是有价值的思想，对于每每在论著开头都要界定概念含义的实证科学尤为富含启迪。"定义"不可能一劳永逸地说清事物。但另一方面，先行大致明确概念意涵，对于初步确定研究的主题和范围也有一定帮助。对此，黑格尔亦不反对，而且，他也是如此做的。"一开始就说出须经长篇证明才可达到的结论，其意义只能在于事先说出这个科学里面最一般性的内容的纲要。这种办法可以帮助我们撇开许多由于人们对哲学史的通常成见所引起的问题和要求。"②

马克斯·韦伯也有和黑格尔同样的看法。在考察"资本主义精神"时，他提出，"最终确定的概念不可能出现在我们的前期研究中，而一定会在我们的研究结束时得出"，"如果想尝试对它进行限定的话，那一定不能是一种概念定义的形式，在最初它至少应该是对这里所指的资本主义精神做一个临时性的描述。然而，这种描述对于清楚地理解我们的研究对象来说是不可或缺的"③。在我们看来，思索和澄清资本逻辑的意涵，让讨论形成基本的范围，对于资本逻辑研究不无必要。然而，以往大多数相关研究都没有对它作出界定，有的研究虽有涉及但语焉不详，仅有少数研究作了明确的界定。不过，即使这少数的界定，也并非十分恰当。如前所述，学界目前对资本逻辑的含义主要有三种理解。多数学者界定为资本运动的规律与趋势。一些学者将资本逻辑理解为资本无限增殖自身的运动，即资本的价值增殖逻辑。还有学者将资本逻辑理解为资本的扩张逻辑。

---

① ［德］黑格尔：《小逻辑》，贺麟译，商务印书馆1980年版，第7—8页。
② ［德］黑格尔：《哲学史讲演录》（第1卷），贺麟、王太庆等译，商务印书馆1959年版，第6页。
③ ［德］马克斯·韦伯：《新教伦理与资本主义精神》，马奇炎、陈婧译，北京大学出版社2012年版，第42页。

应该说，学界对资本逻辑意涵的理解和界定大体方向一致，而且较为到位地触及了资本逻辑的本质规定，即资本运动的客观规律性特别是价值增殖的规律性，但也留下了进一步改进和完善的空间。事实上，无论是"资本""逻辑"还是"资本逻辑"，都需要更为准确和深刻的把握。很多研究者只是从价值增殖角度理解资本的运动逻辑，甚至直接将资本逻辑认定为价值增殖逻辑，而没有把资本逻辑其他诸多重要构成部分涵括进来。虽然增殖逻辑是资本的核心逻辑，但绝非资本逻辑的全部。资本逻辑概念亟须置于马克思主义的视域中重新审视和厘定。

在学术研究中界定概念的含义，如果学术界已有共识，应先采用和参考这种理解，而非辞典的解释和人们日常的理解。人们时常把辞书和字典、词典等解释的含义作为概念的标准含义。其实，辞典并非概念含义必然的正确规范，尽管它们应当并努力成为正确的样本。辞典的解释所代表的只是某些专家个人或团队的理解，他们的理解并不就是正确的。即便是专家们对学术界关于概念含义的一般理解所作的概括，也并不一定就准确，研究者还需要对这些共识作出独立的考察和判断。此外，辞典尤其是字典和词典的解释还往往带有日常性，学术性不尽充分。人们在实际生活中对概念的理解，同学术界的界定存在差别，不能直接等同和运用。当然，研究者可以参考辞典的界定与解释以及人们日常中的理解与使用，但必须在此基础上对概念含义进行独立的考察和分析，从学术研究的角度做出科学的界定。

还需提出的是，考察学术界在较长时间段中对概念含义的理解与界定，应主要考察思想家和学者们在实际使用过程中对概念的理解与界定，并通过总结归纳，概括其含义。人们经常使用的词源学方法，虽然也是考察概念含义的重要途径，但不应成为主要路径。因为，这种方法考察的主要是概念最初的来源和含义，但概念含义在长期使用过程中往往发生改变，从而最初的含义可能并非概念在长期使用过程中的主要含义。马克思曾风趣地指出，"如果谈到古代人那里还没有出现的'**资本**'这个词……那么至今还带着自己的牲畜群在亚洲高原的草原上放牧的游牧民，就是最大的资本家了，因为资本最初的含义是牲畜"①。恩格斯也曾以"宗教"一

---

① 《马克思恩格斯全集》（第30卷），中央编译局编译，人民出版社1995年版，第509页。

词为例强调，概念的含义应该"按照它的实际使用的历史发展的过程来决定"，而不是"按照来源来决定"。他甚至激烈地认为"这种词源学上的把戏是唯心主义哲学的最后一招"①。

作为一种马克思主义的资本逻辑批判，立足马克思思想和方法理所当然地构成研究的基本要求与路向。列宁的名言值得再次提及并铭记于心："虽说马克思没有遗留下'逻辑'（大写字母的），但是他遗留下《资本论》的逻辑。应当充分利用这种逻辑来解决当前的问题。"② 马克思的资本逻辑思想既批判地超越了黑格尔的理念逻辑思想，又批判地超越了旧唯物主义的物质逻辑学说，还批判地超越了古典经济学的资本逻辑理论。人类和人类世界并非作为本体的精神或物质演绎的产物，也并非只能永远匍匐于资本脚下的奴仆。这是世界观和生存论的革命性变革。在新的时代条件下，进一步挖掘马克思关于资本逻辑的思想，特别是对于资本逻辑意涵的深刻剖析，在理论上廓清涉及资本逻辑的模糊观念，进而对现实中的资本逻辑展开科学的批判与引导，是当代中国马克思主义者需要认真开展的关键性工作。概括而言，考察马克思理论语境中的资本逻辑意涵，必须根据马克思本人文本，精研他对资本逻辑相近概念的论述，深度"耕犁"和梳理其对资本逻辑内涵与外延的理解。

在笔者看来，尽可能科学地分析资本逻辑相关的理论问题，进而实际地破解相应的现实难题，是新时代资本逻辑哲学研究最为重要的目标，也是合理界定资本逻辑概念意涵的最高原则。如果能够同时有效地将学界已有关于资本逻辑相当丰富的研究果实加以综合概括，使之有助于相关理论和现实课题的解决，则更为有益。我们尝试通过发掘进而阐释马克思关于资本、逻辑和资本逻辑的观点与方法，进一步敞开资本逻辑的本质规定，生成对资本逻辑研究这一核心概念意涵较为合理的当代理解，期冀为当代中国对于资本逻辑的理论认识和实践应对提供一种更为坚实的基础。

---

① 《马克思恩格斯选集》（第4卷），中央编译局编译，人民出版社1995年版，第234页。
② ［苏］列宁：《哲学笔记》，林利译，人民出版社1990年版，第290页。

## 第二节 资本：物质、价值与关系

由于学界目前对资本概念的内涵存有严重误解，因此，理解资本逻辑的内涵不能不先行考察资本的意涵。对于资本概念，人们有过众多异质性的理解和界定。马克思在《资本论》写作过程中时常批判他人对资本概念的错误理解，并在1860年前后计划批评"**对资本的各种解释**"①。19世纪末的庞巴维克列出了前人关于资本概念的11种理解。② 布罗代尔也梳理了"资本"一词从12世纪到20世纪的诸多含义。③ 然而，迄今为止，还没有一种解释能够得到大多数人的认可。事实上，数量众多本身就意味着理解的歧异性与非公共性。更重要的是，许多界说距离合理的程度存在较大空间。在最简单的意义上，资本就是"本资"，即作为本金获取收益的资财。当斯密说"把资财一部分当作资本而投下的人，莫不希望收回资本并兼取利润"④ 时，就包含着对资本的这种理解。穆勒同样认为："任何一种财产，不论多么不适合于劳动者使用，但只要这种财产……用于生产性再投资，它就是资本的一部分。"⑤ 在此，"生产性再投资"道出了资本区别于一般财富的特质。马歇尔也说："历史上所道的关于资本这个名词的差不多每种用法，与收入这个名词的相同的用法，多少是密切相当的：差不多在每种用法上，资本都是一个人从他的资产中期望获得收入的那一部分。"⑥ 但还需要以更具复杂性的思维来把握它。在马克思跨学科、综合性的理论视野中，资本主要具有生产资料、自行增殖的价值和生产关系这三重依次递进的规定。在马克思那里，它们既具有经济理论的内容，同时含有唯物史观的意蕴。他既用这些术语进行政治经济学批判，也以之阐发哲

---

① 《马克思恩格斯全集》（第31卷），中央编译局编译，人民出版社1998年版，第592页。
② ［奥］庞巴维克：《资本实证论》，陈端译，商务印书馆1964年版，第51—62页。
③ ［法］费尔南·布罗代尔：《十五至十八世纪的物质文明、经济和资本主义》（第二卷），顾良、施康强译，商务印书馆2018年版，第263—266页。
④ ［英］亚当·斯密：《国富论》，郭大力、王亚南译，商务印书馆2015年版，第314页。
⑤ ［英］约翰·穆勒：《政治经济学原理》（上卷），赵荣潜、桑炳彦、朱泱等译，商务印书馆1991年版，第74页。
⑥ ［英］马歇尔：《经济学原理》（上卷），朱志泰译，商务印书馆1964年版，第95页。

学的革命性变革。

虽然马克思反复强调资本不是物，但应该说，资本的确具有物质的内容，而且首先在表象上表现为物质性存在。事实上，马克思并不否认资本具有物质形态的外观。"资本，按其物质条件，按其物质存在来看，表现为这个过程的各种条件的总和，并和这个过程相应，分为一定的、质上不同的各个部分，即**劳动材料**……，**劳动资料**和**活劳动**。"① 但对资本又不能仅仅作这种表层的理解，而须抵达其深层本质。正是由于人们容易停留于这种外在化的理解上，他才强调不能对资本作这种"物的理解"。但这并不意味着资本无须物质的形式。马克思指出："资本不是物，而是一定的、社会的、属于一定历史社会形态的生产关系，后者体现在一个物上，并赋予这个物以独特的社会性质。资本不是物质的和生产出来的生产资料的总和。资本是已经转化为资本的生产资料，这种生产资料本身不是资本，就像金或银本身不是货币一样。"② 可见，作为生产关系的资本首先以生产资料的方式表现出来。这种生产资料也是资本的规定。

对资本进行价值的理解，是马克思把握资本的一种重要方式，也是对斯密、李嘉图等人劳动价值论的批判性继承。"自行**增殖**的价值，是产生剩余价值的价值"③，马克思曾多次明确地对资本作出如此界定。他指出，"资本的本质的东西，即资本是把自身设定为价值的价值，因而资本不仅是自我保持的价值，而且同时是自我增加的价值"④。归根结底，资本是由人类劳动凝结而成的价值。这是资本的价值规定。在这种形态上，资本同剩余价值直接关联起来。作为"预先存在的价值"，资本攫取了"新生产出来的价值"，"具有一定价值的资本在一定时期内生产出一定的剩余价值"⑤。剩余价值又进一步转化为资本，使资本的积累得以实现。当然，无论资本还是剩余价值，本质上都来源于无产阶级的剩余劳动。不论如何理

---

① 《马克思恩格斯全集》（第31卷），中央编译局编译，人民出版社1998年版，第89页。
② 《马克思恩格斯全集》（第46卷），中央编译局编译，人民出版社2003年版，第922页。
③ 《马克思恩格斯全集》（第32卷），中央编译局编译，人民出版社1998年版，第19页。
④ 《马克思恩格斯全集》（第32卷），中央编译局编译，人民出版社1998年版，第111页。
⑤ 《马克思恩格斯全集》（第31卷），中央编译局编译，人民出版社1998年版，第145页。

解资本，增殖都必须成为资本的基本规定。"资本通过自己的增殖来表明自己是资本。"① 不增殖的资本绝非真正的资本，至少绝非现实的资本。在这个意义上，"价值概念泄露了资本的秘密"②。马克思甚至提出，"作为资本的资本的生产率，并不是增加使用价值的生产力，而是资本创造价值的能力，是资本生产价值的程度"③。

  但更为关键的向度是在自行增殖的价值中所蕴含的生产关系。根本而论，资本是现代资本主义世界中人与人的社会关系，特别是生产关系。马克思总是强调，资本"是一种以物为中介的人和人之间的社会关系"④；"资本显然是**关系**，而且**只能是生产关系**"⑤。这是资本最本质的规定。正是作为统治性的生产关系，正是由于这种生产关系使一部分人（资产阶级以及地主阶级）无偿占有另一部分人或大多数人（无产阶级）的剩余劳动，资本才能吮吸剩余价值，才能"自行增殖"。换言之，资本本质上就是资产阶级对无产阶级的剥削关系。在现代世界中，这种生产关系不仅不依赖于个体的人，而且反转为一种强大的、支配人的物性存在。

  当然，马克思也从其他多种维度理解和界说资本。"我们有下述定义：（1）如果考察的是资本所表现的最初的形式，资本就是货币，就是商品；（2）如果把资本同活劳动相对立来加以考察，同时把价值看作是资本的实体，[资本就是] 同直接的即现在的劳动相对立的积累的（过去的）劳动；（3）如果考察劳动过程即物质生产过程，[资本就是] 劳动资料、劳动材料，总之，是用来制造新产品的产品；如果与劳动能力相交换的资本组成部分按它的使用价值来加以考察，[资本就是] 生活资料。"⑥ 这些定义对于在新的历史条件下更为丰富地把握资本是有益的。主要从生产关系向度理解资本，并不意味着不能从其他角度认识和界说资本，只要它们同生产

---

① 《马克思恩格斯全集》（第46卷），中央编译局编译，人民出版社2003年版，第999页。
② 《马克思恩格斯全集》（第31卷），中央编译局编译，人民出版社1998年版，第180页。
③ 《马克思恩格斯全集》（第31卷），中央编译局编译，人民出版社1998年版，第18页。
④ 《马克思恩格斯全集》（第44卷），中央编译局编译，人民出版社2001年版，第877—878页。
⑤ 《马克思恩格斯全集》（第30卷），中央编译局编译，人民出版社1995年版，第510页。
⑥ 《马克思恩格斯全集》（第32卷），中央编译局编译，人民出版社1998年版，第173—174页。

关系、价值增殖的本质性规定相协调。

事实上，还可以从别的视角诠释资本，例如权力视角。资本既是生产关系，也是权力关系。马克思先是把资本说成经济权力："资本是资产阶级社会的支配一切的经济权力。"① 后来又坚定地认为资本是一种包含经济权力在内的支配社会的总体权力，或者说总体性的社会权力。"资本越来越表现为社会权力"，"表现为异化的、独立化了的社会权力"②，并且"资本就意识到自己是一种社会权力。"③ 这些视角都是理解资本的合理视角，都可以从各自角度揭示出资本的某些规定，但只有生产关系才是马克思心目中资本最关键的特质，唯有从生产关系角度才能最为深刻和有效地透视资本。

无论在马克思之前还是马克思之后，都出现了诸多关于资本概念异质乃至悖反的理解。这种现象的出现有多种原因。庞巴维克的话不无道理："许多定义本质上的差别，并不在于各人以不同的眼光来对同一事物下定义，而是在于各人对完全不同的东西下定义。因之各不相容的定义都被包括在同一个概念里，因为各人都把他要下定义的东西叫做资本。"④ 这不仅适用于资本概念，而且适用于几乎每一个重要概念。在笔者看来，马克思对资本意涵的上述理解，在各种关乎资本内涵的认识中是最为深刻且全面的。它不但完整分析了资本诸关键规定，而且深入把握了当中最具根本意义的规定，真正厘清了诸规定间的关系。

此外，这一理解的影响深远。按照布罗代尔的说法，资本在马克思之后明显地具有了当代所理解的含义。⑤ 因而，本研究主要在马克思所赋予的含义上使用"资本"概念。庞巴维克《资本与利息》对资本的界定，在客观上同马克思倒是有些接近，虽然他对马克思资本概念理解得很简单乃至肤浅。"资本一词在经济学中有许多意义，在此批判的研究中，我只限

---

① 《马克思恩格斯全集》（第30卷），中央编译局编译，人民出版社1995年版，第49页。
② 《马克思恩格斯全集》（第46卷），中央编译局编译，人民出版社2003年版，第294页。
③ 《马克思恩格斯全集》（第46卷），中央编译局编译，人民出版社2003年版，第217页。
④ ［奥］庞巴维克：《资本实证论》，陈端译，商务印书馆1964年版，第64页。
⑤ ［法］费尔南·布罗代尔：《十五至十八世纪的物质文明、经济和资本主义》（第二卷），顾良、施康强译，商务印书馆2018年版，第263页。

定资本是被生产出来的生利手段的集合体——就是前一生产过程所生产的财货的集合体。这种财货不以之为直接消费,而用来作为进一步获取财货的工具。因此,直接消费物与土地(因其不是生产出来的),在我们的资本概念之外。"①

"奇辞起,名实乱"(《荀子·正名》)。如今,人们将越来越多东西理解和言说成"资本",严重模糊了资本的界限,使资本概念不恰当地泛化了。用马克思所界定的资本概念予以检视,"社会资本""文化资本""政治资本""符号资本""道德资本""生态资本"乃至"身体资本""容貌资本""隐私资本"等众多当前为人们津津乐道的"资本",与其说是资本的形态,不如说是资本的构成因素乃至运作手段。正如马克思曾就当前人们心目中的"知识资本"指出的那样,"知识和技能的积累,社会智力的一般生产力的积累,就同劳动相对立被吸收在资本当中,从而表现为资本的属性,更明确些说,表现为**固定资本**的属性"②。资本将一切现实的和虚拟的存在都变成自己的内在构件或运作工具,使之适应于自己的增殖需要。新近流行的"平台资本主义"理论的倡导者斯尔尼塞克也把数字平台视为资本运作手段。"资本主义已经转向数据,并将它作为维持经济增长和活力的一种方式",平台是一种"产生利润的手段"③。但这些"存在物"并不一定就是资本,而是只在具有资本关系、作为资本增殖手段时,才构成资本的内容或形态。必须在深刻理解资本规定性的基础上,对它们作出准确把握。

甚至连希望继承马克思衣钵、严肃认真的皮凯蒂也没有遵从马克思的理路,在《21世纪资本论》中将资本和资产、财富相等同。他说,"资本指的是能够划分所有权、可在市场中交换的非人力资产的总和,不仅包括所有形式的不动产(含居民住宅),还包括公司和政府机构所使用的金融

---

① [奥]庞巴维克:《资本与利息》,何崑曾、高德超译,商务印书馆2010年版,第6页。庞巴维克后来在《资本实证论》对资本的界定也不恰当地泛化了。
② 《马克思恩格斯全集》(第31卷),中央编译局编译,人民出版社1998年版,第92—93页。
③ [加]尼克·斯尔尼塞克:《平台资本主义》,程水英译,广东人民出版社2018年版,第7页。

资本和专业资本（厂房、基础设施、机器、专利等）"①，"为了简化文字，我这里使用的'资本'与'财富'含义完全一样，两个词可以相互替换。"② 这同马克思的资本概念有天壤之别。事实上，马克思早就批评过此类做法："人们给**资本**一词加进了许多就资本概念来说看来并不包含的含义。"③ "经济学中那些突然间像从天上掉下来的各个种类的资本，在这里表现为由资本本性产生的运动的各种产物，或者更确切些说，表现为这种运动本身在它的各种规定上的各种产物。"④ 遗憾的是，这似乎成为日渐扩散的趋势，表征了资本在世界和中国日趋强化的力量。在我们看来，"泛资本"的言说方式难以把握当代资本和资本主义世界。过度宽广的外延无法使概念集中、透彻地反映和再现现实。人类思想史上众多例子都证明了这一点。哲学研究需要的是适用于特定层次的科学抽象。当然，即使在马克思资本概念的意义上，资本也具有众多异质的具体形态，如私人资本、民营资本、国有资本、公有资本等。对资本形式的这些区分和说法是可以成立的。

## 第三节 辩证逻辑：否定性与必然性

辨析了"资本"，还必须考察"逻辑"。因为，较之对资本概念的滥用，对逻辑概念的滥用可以说越来越有过之无不及，从而也更加和愈加需要正本清源。现如今，人们大量使用"逻辑"一词，创造出诸多和逻辑相关的名词，"××逻辑"的分析方式毋宁说在叙事方式中随处可见。在一些论者心目中，仿佛冠以"××逻辑"，言说就深刻了。的确，对事物逻辑的合理认识，是对事物较为深入的把握。然而，人们目前对逻辑的含义和规定的领会却相当不足，很少能够真正揭示逻辑的特质，反而根本性地制约了对事物逻辑的切实把握。毫不夸张地说，在一些论著

---

① ［法］托马斯·皮凯蒂：《21世纪资本论》，巴曙松等译，中信出版社2014年版，第46页。
② ［法］托马斯·皮凯蒂：《21世纪资本论》，巴曙松等译，中信出版社2014年版，第47页。
③ 《马克思恩格斯全集》（第30卷），中央编译局编译，人民出版社1995年版，第509页。
④ 《马克思恩格斯全集》（第31卷），中央编译局编译，人民出版社1998年版，第75页。

中，虽然"逻辑"一词数量众多且位置显赫，但有实质意义的逻辑却难觅踪影，更多的是本质上无逻辑的"逻辑"，有的甚至是冠以逻辑之名的反逻辑。造成这一现象的主要理论原因在于，没有真正理解黑格尔和马克思的辩证逻辑思想。借用马克思的话说，人们目前对辩证逻辑的含义"理解得很差"。

在西文中，"逻辑"一词源自古希腊语 λγos（逻各斯），其主要含义是规律和本质以及对规律和本质的理解与言说，也可称为"道"与"道说"。西方哲学的逻辑观念总体上没有逸出这个范围。这为当下理解逻辑提供了方向。当然，作为马克思主义者，我们所理解和运用的逻辑主要是辩证逻辑，而非形式逻辑。马克思的逻辑思维和逻辑方法不是来自一般的西方哲学，而是主要源于黑格尔的辩证逻辑。黑格尔注重把传统的形式逻辑改造为辩证逻辑。于他而言，只有辩证逻辑才是真正的逻辑。他强调自己的辩证逻辑是对以亚里士多德为代表的传统形式逻辑的根本超越。"自亚里士多德以来，它既未后退一步，但也未前进一步。"① 在黑格尔看来，形式逻辑是无法继续发展的，只有辩证逻辑才是真正或高级的逻辑。在马克思的思想世界中，资本的运动逻辑是一种典型的辩证逻辑。

但"逻辑是什么，逻辑无法预先说出，只有逻辑的全部研究才会把知道逻辑本身是什么这一点，摆出来作为它的结果和完成"②。这要求我们认真把握黑格尔的整个逻辑研究。《逻辑学》乃至整个黑格尔哲学体系所诠释的是理念的逻辑运动与运动逻辑。综观《逻辑学》，辩证逻辑是由系统矛盾引发的内在否定性所推动的概念本身必然的运动过程。《逻辑学》从最初、最抽象的"纯存在"或"纯有"通过众多环节和阶段层层否定（扬弃），从而"必然性"地向前推进，最终上升至最高、最丰富的"绝对理念"。这就是理念本身的逻辑运动和运动逻辑。而黑格尔的整个哲学体系是由理念外化为自然，又通过精神在更高层次上复归至绝对理念的必然性的运动过程。在黑格尔看来，纯概念"这个逻辑的本性，鼓舞精神，

---

① ［德］黑格尔：《逻辑学》（上卷），杨一之译，商务印书馆1966年版，第33页。
② ［德］黑格尔：《逻辑学》（上卷），杨一之译，商务印书馆1966年版，第23页。

推动精神,并在精神中起作用,任务在于使其自觉"①。概念是逻辑运动的主体。否定性和必然性构成概念运动逻辑最核心的两个规定。

黑格尔指出,否定是一种"内在的超越"或"扬弃","凡有限之物莫不扬弃其自身。"② 他将辩证否定的方法称为"唯一能成为真正的哲学方法"或"唯一真正的方法"③。通过诸多否定过程,辩证逻辑成为一种活生生的运动的逻辑,富有"生气和实质",也使事物真正构成"历史发展的环节"④。辩证方法让僵死的材料流动起来,"使逻辑的枯骨,通过精神,活起来成为内容和含蕴"⑤。的确,辩证法对事物也做肯定的理解,但更注重对事物进行否定的理解。黑格尔强调,内在的否定是绝对理念自我运动的根本、"自身运动的灵魂","一切自然与精神运动的生动性的根本"⑥,构成辩证逻辑的首要向度。

"引导概念自己向前的,就是前述的否定的东西,它是概念自身所具有的;这个否定的东西构成了真正辩证的东西。"⑦ 在《逻辑学》的另一处,黑格尔再次强调,"多样性的东西,只有相互被推到矛盾的尖端,才是活泼生动的,才会在矛盾中获得否定性,而否定性则是自己运动和生命力的内在脉搏"⑧。可见,否定性构成辩证逻辑的内在灵魂。或许值得一提的是,尽管黑格尔的学说到处充斥"正反合"的演绎,但"正反合"只是辩证逻辑的表面,而非实质,更非精华,其内在的东西是否定。当然,这种否定是辩证的否定,亦即包含肯定的否定。"否定的东西也同样是肯定的。"⑨ 辩证法注重"从对立面的统一中把握对立面,或者说,在否定的东西中把握肯定的东西"⑩。

---

① [德]黑格尔:《逻辑学》(上卷),杨一之译,商务印书馆1966年版,第14页。
② [德]黑格尔:《小逻辑》,贺麟译,商务印书馆1980年版,第177页。
③ [德]黑格尔:《逻辑学》(上卷),杨一之译,商务印书馆1966年版,第36、37页。
④ [匈]卢卡奇:《历史与阶级意识——关于马克思主义辩证法的研究》,杜章智、任立、燕宏远译,商务印书馆1992年版,第56页。
⑤ [德]黑格尔:《逻辑学》(上卷),杨一之译,商务印书馆1966年版,第35页。
⑥ [德]黑格尔:《逻辑学》(上卷),杨一之译,商务印书馆1966年版,第39页。
⑦ [德]黑格尔:《逻辑学》(上卷),杨一之译,商务印书馆1966年版,第38页。
⑧ [德]黑格尔:《逻辑学》(下卷),杨一之译,商务印书馆1976年版,第69页。
⑨ [德]黑格尔:《逻辑学》(上卷),杨一之译,商务印书馆1966年版,第36页。
⑩ [德]黑格尔:《逻辑学》(上卷),杨一之译,商务印书馆1966年版,第39页。

否定性这种辩证逻辑的灵魂来源于事物的矛盾性。如前引黑格尔论述所表达的那样，正是事物内在的系统矛盾生成了否定性。矛盾性是辩证逻辑的内在基因，构成否定性的源头活水。矛盾是"一切自己运动的根本，而自己运动不过就是矛盾的表现。外在的感性运动本身是矛盾的直接实有"①。否定运动也不可能例外。"内在矛盾驱迫着定在不断地超出自己。"② 不过，需要注意，在黑格尔辩证法中，矛盾性并不具有后人所认为的核心地位。事实上，《逻辑学》与《小逻辑》对矛盾和矛盾性着墨不多，且更为看重对立面的统一。尽管否定性由矛盾性所引发，但在黑格尔那里，是否定性而非矛盾性，直接和决定性地规定了辩证逻辑的本质特征，构成辩证法"活的灵魂"和"精神精华"。而且，矛盾本身也会被否定、扬弃。因此，否定性才是辩证法最本质的规定。③

马克思准确把握了黑格尔辩证法这一最核心的本质。早在《1844年经济学哲学手稿》中，他就把"作为推动原则和创造原则的否定性"视为黑格尔《现象学》的最后成果——辩证法。④ 在《资本论》第一卷第二版跋中，马克思又明确将辩证法的本质理解为否定性、批判性和革命性。"辩证法在对现存事物的肯定的理解中同时包含对现存事物的否定的理解，即对现存事物的必然灭亡的理解；辩证法对每一种既成的形式都是从不断的运动中，因而也是从它的暂时性方面去理解；辩证法不崇拜任何东西，按其本质来说，它是批判的和革命的。"⑤ 这是思想成熟后的马克思对辩证法为数不多的"经典表述"之一，显然代表了马克思对辩证法理论"硬核"的理解。阿多诺的"否定辩证法"虽过度但有效地强调了这一点。卡尔·波普尔对黑格尔以及马克思的辩证法评价很低。但他并没有把握黑格尔辩证法最主要的精髓和贡献：否定性。《开放社会及其敌人》丝毫没有提及辩证法的否定性。他甚至认为黑格尔没有任何一点贡献，有的只是破坏。实际上，这本身是对黑格尔思想的一种纯粹破

---

① [德]黑格尔：《逻辑学》（下卷），杨一之译，商务印书馆1976年版，第66—67页。
② [德]黑格尔：《小逻辑》，贺麟译，商务印书馆1980年版，第206页。
③ 对黑格尔辩证法很有研究的邓晓芒先生也持这种看法。
④ 《马克思恩格斯全集》（第3卷），中央编译局编译，人民出版社2002年版，第320页。
⑤ 《马克思恩格斯全集》（第44卷），中央编译局编译，人民出版社2001年版，第22页。

坏性的解构。

除否定性外，黑格尔也十分注重逻辑的另一特质：必然性。他总是把理念或世界展示为具有内在必然联系和运动的整体。逻辑就是这种必然性的联系与运动，即"一个有机的进展的全体，一个理性的联系"①，也就是马克思所说的"联系在一起的一个整体的内在必然性"②。在《逻辑学讲义》中，康德把逻辑学视为"思维的必然法则"或"一般知性或理性的必然法则的科学"，它的"问题不在于偶然的规律，而在于必然的规律"③。对康德很不满意的黑格尔，在为数不多的对康德的称赞中，认为康德"曾经把辩证法提得比较高"，因为"他从辩证法那里把这种随意性的假象拿掉了，并把辩证法表述为理性的必然行动"④。用黑格尔的话说，是"概念发展的必然性"⑤。黑格尔强调，"只有通过辩证法原则，科学内容才达到内在联系和必然性"⑥。源于否定性及其推动，事物必然性的运动呈现为稳定、有规则并具有刚性力量的进程。人们常说的"铁（一般）的逻辑"正是在这个意义上言述的。构成辩证逻辑的诸环节或阶段——因素或对立面犹如链条般环环相扣、层层推进，令这种逻辑呈现出确定性、规则性、排异性和历史性等基本性质。

黑格尔强调，"作为自身具体、自身发展的理念，乃是一个有机的系统，一个全体，包含很多的阶段和环节在它自身内"⑦。而在每一概念或每一真理中，都有三个环节，即"逻辑思想就形式而论"的三方面："抽象的或知性（理智）的方面""辩证的或否定的理性的方面""思辨的或肯定理性的方面"⑧。需要特别强调的是，只有诸构成环节或阶段间稳定地形

---

① ［德］黑格尔：《哲学史讲演录》（第1卷），贺麟、王太庆等译，商务印书馆1959年版，第13页。
② 《马克思恩格斯全集》（第30卷），中央编译局编译，人民出版社1995年版，第395页。
③ ［德］康德：《逻辑学讲义》，许景行译，商务印书馆2010年版，第11—12页。
④ ［德］黑格尔：《逻辑学》（上卷），杨一之译，商务印书馆1966年版，第38—39页。
⑤ ［德］黑格尔：《小逻辑》，贺麟译，商务印书馆1980年版，第2页。
⑥ ［德］黑格尔：《小逻辑》，贺麟译，商务印书馆1980年版，第177页。
⑦ ［德］黑格尔：《哲学史讲演录》（第1卷），贺麟、王太庆等译，商务印书馆1959年版，第34页。
⑧ ［德］黑格尔：《小逻辑》，贺麟译，商务印书馆1980年版，第172页。

成环环相扣、层层推进的作用与关系，才可能出现"逻辑"，也才能称为"逻辑"。当斯密说"哲学家一辈子都在研究环环相扣的自然律"，"哲学就是关于相互衔接的自然律的科学"① 时，也含有近似的意思。在黑格尔之后，斯宾格勒也十分明确地将逻辑理解为必然性。②

以常用的方式说，这是一种必然性的"波浪式前进"和"螺旋式上升"的过程。用黑格尔自己的话说是，"每个单一的圆圈，因它自身也是整体，就要打破它的特殊因素所给它的限制，从而建立一个较大的圆圈。因此全体便有如许多圆圈所构成的大圆圈。这里面每一个圆圈都是一个必然的环节，这些特殊因素的体系构成了整个理念，理念也同样表现在每一个别环节之中"③。逻辑的环节与阶段非但不会被打断或打乱，而且一定是"合乎逻辑"地由前一环节或阶段孕育或推出，并孕育或推出后一环节与阶段。这种辩证逻辑的展开"就是事情本身的过程"，它具有"单纯的节奏"。譬如，精神（主观精神、客观精神和绝对精神）具有"从第一种形态进展到第二种形态和从第二种形态进展到第三种形态的必然性"④。从而，通过对逻辑的认识，能够把握事物发展的脉搏与方向。诚如黑格尔所言，"在全部的环节还未由事物本身引申出来之前，这种思考已经预先知道了并且指明了那些环节的顺序"⑤。这正是逻辑的力量之源，也是人类把握逻辑的目的所在。

在系统矛盾的作用（规约与型塑）下，辩证逻辑的运行在总体上是确定和稳定的。它不可能"变动不居"或"杂乱无章"，否则就构不成逻辑。无法想象，一种没有确定性和稳定性的东西能被称为逻辑。事实上，它只可能是非逻辑乃至反逻辑。这种确定性和稳定性源于逻辑的规则性。逻辑的运行一定是有规则的。"逻辑必须包含好多先天的法则，这些法则是必然的。"⑥

---

① 《亚当·斯密哲学文集》，石小竹、孙明丽译，商务印书馆 2016 年版，第 21 页。
② [德] 奥斯瓦尔德·斯宾格勒：《西方的没落》，齐世荣等译，群言出版社 2016 年版，第 6 页。
③ [德] 黑格尔：《小逻辑》，贺麟译，商务印书馆 1980 年版，第 55—56 页。
④ [德] 黑格尔：《精神哲学》，杨祖陶译，人民出版社 2006 年版，第 34 页。
⑤ [德] 黑格尔：《逻辑学》（上卷），杨一之译，商务印书馆 1966 年版，第 37 页。
⑥ [德] 康德：《逻辑学讲义》，许景行译，商务印书馆 2010 年版，第 11 页。

海德格尔亦认为，逻辑存在基本规则。① 这些规则或法则在某种意义上也就是列宁所说的"逻辑的格"。"这些格正是（而且只是）由于千百万次的重复才有着先入之见的巩固性和公理的性质。"② 每一种逻辑都按照其本身的准则与程序运作。形式逻辑有一套严密的规则，辩证逻辑同样具有稳定的规则。在黑格尔那里，最主要的规则就是后来的环节对前面的环节的否定与扬弃。不仅如此，当遇到对立面或本质性地悖反的东西时，辩证逻辑的内在否定性必然力图并实际地"克服"（排除或吸收）它们，使逻辑在总体上继续按照自身规定前行。这种拥有强大力量的逻辑在不断"扬弃"对手或同对手"和解"过程中稳定、重复地出现和推进。

当然，现存事物及其逻辑决不会永恒地存在。由于同样的否定性，它们注定是历史的、暂时的，必然被新的事物及其逻辑所扬弃，成为其内在构成因素或部分，从而生成更高意义上的逻辑。当黑格尔说"凡是现实的东西都是合乎理性的"③ 时，就隐含着这一意味。丧失合理性的东西不再是现实的，必将退出历史舞台。卢卡奇也将这种历史性指认为马克思辩证法的本质。可见，必然性过程贯穿着否定性的灵魂。要言之，同否定性一样，必然性也构成辩证逻辑的主要规定性，是其须臾不可离的"质的规定性"。没有必然性，就没有逻辑！粗略而言，否定性构成"辩证"，必然性则构成"逻辑"。不揭示出这种"铁的必然性"，绝不能认为已经揭示出逻辑。

在新唯物主义立场上，马克思批判地继承了黑格尔的上述辩证逻辑思想。应该说，刨去"思辨唯心主义""逻辑神秘主义""抽象形式主义"（如适用于并掌控一切的"正反合"）等消极因素，马克思在总体上是认可黑格尔辩证逻辑的，特别是当中的有益成分。当马克思说自己是"这位大思想家的学生"时，主要说的正是对其辩证逻辑思想的掌握与运用。《资本论》的辩证逻辑在否定性和必然性这两大关键质点上同《逻辑学》是一

---

① ［德］马丁·海德格尔：《形而上学导论》，熊伟、王庆节译，商务印书馆1996年版，第26页。

② ［苏］列宁：《哲学笔记》，林利译，人民出版社1990年版，第233页。

③ ［德］黑格尔：《法哲学原理》，范扬、张企泰译，商务印书馆1961年版，序言第12页。

致的。这部"工人阶级的《圣经》"依据辩证逻辑清晰揭示了资本由产生、发展到根本扬弃的必然性的辩证否定过程。

值得一提的是,遵循马克思思路的严肃的马克思主义者亦主要将"逻辑"理解为事物所存在的机理、法则、顺序规则等,也可进而概括为必然性。① 霍克海默和阿多诺在《启蒙辩证法》中说,"这种命中注定的必然性原则取代了神话中的英雄,同时也将自己看作是神谕启示的逻辑结果"②。知名左翼思想家、复杂性认识方法提出者——埃德加·莫兰说,"支配着可预见的客观进程的'逻各斯'('话语'、逻辑)"③。这种逻辑可以理解为支配事物发展过程的本质与规律。受马克思影响颇深的海尔布隆纳也说自己"是在因果关系意义上使用这个词的"④。因果关系同样蕴含必然性。"对马克思主义者而言,研究的唯一目的就是发现因果关系,即便是对政策的研究,也是秉持这一目的。"⑤

## 第四节 资本逻辑:否定性运动中的必然性

对资本和逻辑意涵的清理,为合理把握资本逻辑的内涵提供了方向与基础。马克思成功地把黑格尔的理念逻辑(辩证法)改造为资本逻辑(辩证法)。在黑格尔哲学中,运动主体是理念;在马克思哲学中,运动主体是现实的主体。《逻辑学》阐释的是理念的逻辑学,《资本论》揭示的是资本的逻辑学。虽然有时也说成"事物本身所固有的内在发展"⑥,但《逻辑

---

① 在"动力学"的名义下,弗洛姆对这种必然性或机理作了较为深入的考察。在《在幻想锁链的彼岸——我所理解的马克思和弗洛伊德》一书中,他对"动力学"方法作了精彩的运用和说明。
② [德]马克斯·霍克海默、西奥多·阿道尔诺:《启蒙辩证法——哲学断片》,渠敬东、曹卫东译,上海人民出版社2006年版,第8页。
③ [法]埃德加·莫兰:《人本政治导言》,陈一壮译,商务印书馆2010年版,第75页。
④ [美]罗伯特·海尔布隆纳:《资本主义的本质与逻辑》,马林梅译,东方出版社2013年版,第11页。不过,当海尔布隆纳在同一个地方将社会形态的逻辑说成社会制度生命历程中和制度构造过程中发生的运动时,是很不准确的,也没有达到他自己的思维水准。逻辑绝不是一般的运动,而是必然性的运动或运动的必然性。
⑤ [奥]鲁道夫·希法亭:《金融资本》,李琼译,华夏出版社2013年版,前言第3页。
⑥ [德]黑格尔:《法哲学原理》,范扬、张企泰译,商务印书馆1961年版,第2页。

学》中的事物归根结底是理念。而在《资本论》及其手稿中，最根本的运动主体是资本。马克思指出，资本具有独立性和个性，是掌控现代世界最高权力的主体。虽然资本的本质是人与人之间的生产关系，但它不仅不受人控制，而且反过来支配资本主义世界中的所有个体与共同体。从而，资本的运动呈现出不依赖于人，特别是不依赖于个人的自主性以至宰制性。但是，马克思同样强调，由于内在的系统性矛盾，资本最终必然走向自我扬弃，为更合理的社会形态和人的更高发展提供物质条件。这既表现了资本逻辑的必然性，也显露出其自我否定性。

从马克思思想出发，我们认为，可以将资本逻辑理解为资本在否定性运动过程中所具有并显现出的必然性。"作为能动的主体，作为过程的主体"①，"资本通过它的各个不同环节，因此资本表现为处于流动中的，流动着的东西。在每个环节上连续性可能中断，每个环节可能固定下来不向下一阶段过渡。就这一点来说，资本在这里同样也被表现为被固定在各种不同的关系中，而这种固定存在的不同方式构成不同的资本：商品资本、货币资本、作为生产条件的资本。"② 这段论述可被视为马克思对资本逻辑的简单表达。从它以及马克思其他相关论述看，资本逻辑是一个由诸多层面和向度构成、具有强烈否定性与必然性、内蕴独特机理并拥有刚性力量的有机整体，呈现为含有确定性与稳定性的运动轨迹③。

资本的运动显现出强烈的否定性。资本运动的每一环节、阶段向下一环节、阶段的过渡，都是辩证否定的过程。从商品到货币再到资本，从货币资本到生产资本再到商品资本，从绝对剩余价值到相对剩余价值再到二者的统一，从剩余价值的生产到剩余价值的实现再到剩余价值的分割，从原始积累到积累再到更大的积累，从高利贷资本、商业资本到工业资本再到金融资本，从现实资本到虚拟资本，从市民社会到民族国家再到世界市场，等等，资本一次次的形态转化和场域变换也是资本一次次的否定性运

---

① 《马克思恩格斯全集》（第31卷），中央编译局编译，人民出版社1998年版，第145页。
② 《马克思恩格斯全集》（第31卷），中央编译局编译，人民出版社1998年版，第73页。
③ 虽然资本的内在逻辑表现为外显的运动轨迹，但这些表层轨迹并不等同于作为深层必然性的资本逻辑本身。因此，不宜像一些学者那样将资本逻辑表述为资本的运行轨迹。

动。旧的资本或资本形态消失了，但不是变为"无"，而是被扬弃在新的资本或资本形态之中。甚至资本本身就是否定性的运动过程。从"物化劳动"到"剩余劳动"再到"积累起来的劳动"，或者说，从价值到剩余价值再到资本，资本的形成是一个辩证否定的过程。资本通过对劳动尤其活劳动的吮吸与否定，让自己"生成"为资本进而"成长"为新的更大的资本。

这种否定性更显著地体现于资本的"灭亡"。由于自行增殖的需要与运作，或者说随着增殖逻辑的展开，资本必然性地自我反对、自我否定，为更高生产资料、价值财富和生产关系的出现创造必要条件，并在某种程度上构成未来理想社会的内在基础。这是由增殖逻辑促成的资本总的逻辑趋向，也是资本逻辑的总的后果。换言之，资本运动的最终结果是资本自行终结和"消灭"自身。可见，自我扬弃构成资本铁一般的逻辑。资产阶级经济学以为乃至鼓吹资本主义是自然的、永恒的。与此相反，马克思总是旗帜鲜明地强调，资本及其运动是历史的、暂时的，资本的逻辑是一种自反性的辩证否定过程。这是马克思的政治经济学批判同资产阶级政治经济学的一个核心差别。

虽然从已有文献看，马克思不曾直接使用"资本逻辑"的表述，但他经常论说资本的规律、资本的趋势以及资本的机制等问题，亦即资本运动的"必然"。一些研究者也认为，"马克思本人并没有直接使用'资本逻辑'这个提法，他一般是用'资本的规律'或'资本的趋势'等字眼来表达较为接近的含义"[①]。马克思特别向德国人民强调了资本主义规律的必然性，"问题本身并不在于资本主义生产的自然规律所引起的社会对抗的发展程度的高低。问题在于这些规律本身，……工业较发达的国家向工业较不发达的国家所显示的，只是后者未来的景象"[②]。不仅如此，他还对资本必然性的机制和趋势作过许多论述，对于理解资本的逻辑富含启示。相关论述清楚表现了马克思对黑格尔辩证逻辑思想的吸收与改造。遗憾的

---

① 王林平、高云涌：《质—量分析方法与资本逻辑的时间尺度》，《南京社会科学》2016年第11期。

② 《马克思恩格斯全集》（第44卷），中央编译局编译，人民出版社2001年版，第8页。

是，学界目前对马克思资本机制思想还没有足够的认识和研究。《马克思恩格斯全集》中文第一版甚至将资本的机制译为资本的"机构"。基于马克思这些论述，我们认为，在内涵上，资本逻辑的主要内容是资本否定性运动中的必然性，包含规律、机制、模式与趋势这四个相互关联的必然性层面。

作为"事物的理性"①，规律是事物运动的本质的必然联系，是最高层次和最为抽象的逻辑。资本的运动规律也可视为资本逻辑的核心。马克思多次明确提出，他力图揭示资本的运动规律。毕生心血《资本论》的"最终目的就是揭示现代社会的经济运动规律"，这些规律是资本主义社会"本身运动的自然规律"②。马克思解剖了资本诸运动规律，如"资本主义生产的内在规律"③"资本的发展规律"④。于资本而言，最重要的是作为其绝对规律的增殖规律与积累规律，这是"资本的天生固有的规律"⑤。它也构成资本逻辑的核心内容。在马克思心目中，揭示规律是对资本及其运动最具决定意义的再现。学界对资本的规律已然较为熟悉，无须赘言。不过，需要注意的是，规律必须通过诸多环节与联系加以展开和实现，否则就会成为空洞的抽象。

最重要的是一系列的机制，它们是资本逻辑运行的必然方式与中介。马克思不仅论证了资本的增殖规律与积累规律，而且考察了资本的增殖机制与积累机制，如致富欲、竞争、产业后备军等具体机制。这些同样含有必然性程序与铁一般力量的机制使资本主义及其规律得以顺利运行和展开。斯密笔下那只"看不见的手"，即备受自由主义推崇的私人利益转化为公共利益机制，虽然在资本主义社会中很有局限性且经常失灵，但应该承认，它也一定程度地发挥出了历史作用。资本主义之所以能够取得比封建主义"大得多"的文明果实，其创造文明的逻辑之所以更为强劲，很重要的原因之一就在于充分激发了每个个体追求自身利益的积极性、主动性

---

① ［德］黑格尔：《法哲学原理》，范扬、张企泰译，商务印书馆1961年版，序言第8页。
② 《马克思恩格斯全集》（第44卷），中央编译局编译，人民出版社2001年版，第9—10页。
③ 《马克思恩格斯全集》（第44卷），中央编译局编译，人民出版社2001年版，第368页。
④ 《马克思恩格斯全集》（第31卷），中央编译局编译，人民出版社1998年版，第147页。
⑤ 《马克思恩格斯全集》（第46卷），中央编译局编译，人民出版社2003年版，第447页。

和创造性。在我国改革开放利用资本发展社会主义市场经济过程中，这一机制也产生了不小的积极影响。当然，资本主义之所以逐步失去历史的合理性，同样既由于也表现为这一机制的日渐失灵。

在规律、机制和其他要素的展开过程中，资本生成或实现为某些具有稳定性的较为具体的模式。譬如，资本的增殖模式可以区分为绝对剩余价值生产模式和相对剩余价值生产模式。从更广阔的视野看，资本主义在数百年的发展史上涌现出了诸多模式，如历史中的重商主义、工业主义、金融主义等"纵向"模式和当前的盎格鲁-撒克逊模式、莱茵河模式、东亚模式等"横向"模式。这些模式及其展开同样具有稳定性、规则性、排异性与历史性，令资本主义呈现出某种阶段性或区域性特点。而且，这些模式的演变也具有内在的必然性。例如，资本一定会着力让自己的增殖从绝对剩余价值生产模式转向相对剩余价值生产模式，因为后者所能获取的剩余价值显著高于前者，且具有更广阔的空间。重商主义、工业主义和金融主义则分别表征了商业资本、工业资本和金融资本在资本总体与资本世界中的主导地位，表达了资本发展必然的历史过程。

在规律、机制和模式等规约下，资本的整个运动过程表现出某些可以把握的明显趋势。这些趋势是资本运动的必然方向，表征资本逻辑总体的前行向度。马克思重视资本的必然趋势，曾强调"必须把资本的一般的、必然的趋势同这种趋势的表现形式区别开来"①。卢卡奇的强调更甚："如果说理论作为对总体的认识，为克服这些矛盾、为扬弃它们指明道路，那是通过揭示社会发展过程的真正趋势。因为这些趋势注定要在历史发展进程中来真正扬弃社会现实中的这些矛盾。"② 马克思还论述了规律和趋势的复杂关系。规律实现为趋势，趋势则表征规律。《资本论》第一卷第一版序言强调："问题在于这些规律本身，在于这些以铁的必然性发生作用并且正在实现的趋势。"③ 可见，趋势也能和规律一样具有"铁的必然性"。

---

① 《马克思恩格斯全集》（第44卷），中央编译局编译，人民出版社2001年版，第368页。
② [匈]卢卡奇：《历史与阶级意识——关于马克思主义辩证法的研究》，杜章智、任立、燕宏远译，商务印书馆1992年版，第58—59页。
③ 《马克思恩格斯全集》（第44卷），中央编译局编译，人民出版社2001年版，第8页。

当然，一般而言，趋势的必然性程度不如规律。由于一些客观条件的制约或"反作用"，规律有时也表现为力量较弱的趋势或倾向。"它不如说会使一般的规律作为一种趋势来发生作用，即成为这样一种规律，它的绝对的实现被起反作用的各种情况所阻碍、延缓和减弱。"① 在《1861—1863年经济学手稿》中，马克思也提出，当资本主义的规律还没有占据统治地位的时候，这种规律表现为力量相对较弱的倾向。但即使被异质乃至悖反的条件所冲淡，这些趋势、倾向依然相当"强势"地将资本的逻辑实现出来。波普尔曾这样批评马克思："作为一名预言家，马克思失败的原因完全在于历史主义的贫乏，在于这一简单的事实，即，即使我们观察今天所表现的历史趋势和倾向，我们也不可能知道，它明天是否会有同样的表现。"② 此言太过极端。波普尔一定认为他所认同的资本主义明天会继续存在。这有力地证明，只要主要条件没有根本性改变，历史的趋势定然继续推进。需要注意的是，必然性的趋势既表现在资本运动的结束阶段，也表现在其起始阶段和中间阶段。

规律、机制、模式和趋势，有机地构成了资本运动的逻辑。③ 值得再次强调的是，"资本逻辑"不单是一些学者所说的资本运动的内在联系，而且是当中必然的联系。只有不易被诸多异质因素打破的硬性联系才能构成逻辑，才有资格被称作逻辑。否则，资本众多内在的偶然联系就可能都成为逻辑了。在"生命周期"内，资本必然性地"创造"、实现和分割剩余价值。这是作为核心逻辑的资本增殖逻辑。但是，资本又必然性地自我否定，为更高的生产方式和文明形态创造条件，并成为其内在基础。这是由增殖逻辑促成的资本总的逻辑趋向。资本的逻辑不以少数人的意志为转移，也不简单地为多数人的观念所改变，而是拥有"外在"于人特别是个人的具有客观性的强大力量。这也是马克思之所以时常强调他不要求个人对资本主义生产关系负责的重要原因。"我的观点是把经济的社会形态的

---

① 《马克思恩格斯全集》（第46卷），中央编译局编译，人民出版社2003年版，第261页。
② ［英］卡尔·波普尔：《开放社会及其敌人》（第2卷），郑一明等译，中国社会科学出版社1999年版，第306页。
③ 马克思时常把资本的规律、机制和趋势等不加区别地使用。例如，马克思既把竞争说成规律，也说成机制。当然，这也从另一个角度说明了资本的规律、机制和趋势等之间的密切联系。

发展理解为一种自然史的过程。"① 但资本逻辑实际上并不外在于人，而是将人特别是无数个人裹挟其中，甚至把他们作为运作手段（要么是增殖工具，要么是人格化身），利用他们展开和实现自己的本性，宛如黑格尔所说的"理性的狡计"。这是资本更为"强大"之处。

资本运动的上述必然性内容又是辩证否定的。资本运动的逻辑具有并呈现出辩证逻辑的核心规定：否定性与必然性。二者相互蕴含、相辅相成；否定性通过必然性彰显，必然性则展现否定性。资本的否定性运动实现和显示于一系列必然的环节、阶段或规律、机制、模式与趋势，而资本总体的和个体的必然性运动又总是表现出辩证否定的性质。也可以说，资本的否定性是必然的，而资本的必然性又是否定的。当然，不同层面、不同领域逻辑的力量、效应和地位存在较大差别，有强逻辑与弱逻辑或"大逻辑"与"小逻辑"之分，但只要是资本运动过程中具有必然性的机理，就可以认定为资本的逻辑或其构成内容。笔者以为，在准确把握资本逻辑核心规定基础上，如此理解资本逻辑有助于凝聚学界关于这一概念的本质共识，较大程度地涵盖相关有价值的研究成果，进而有益于对资本逻辑实际的驾驭与超越。对资本颇有研究的庞巴维克定义资本的思路不无道理，和本研究的思路也有一致之处。"我采用这种定义有两种便利的理由。第一，采用这种定义至少在名词上能与多数学者相协调，他们大多数人的观点是我们将要叙述的。第二，这种资本概念的限制更能正确地限定了我们所研究问题的范围。"②

还值得一提的是，资本的逻辑和资本的本质之关系需要更为合理的理解。在名著《资本主义的本质与逻辑》中，海尔布隆纳认为，资本主义的逻辑是由资本主义社会的本质决定的，体现了资本主义制度的能量。"社会形态的'逻辑'概念，……是由社会形态的本质力量和社会制度所决定的。"③ 应该说，这一观点在一定程度上是可以成立的。但是，且不论应如

---

① 《马克思恩格斯全集》（第44卷），中央编译局编译，人民出版社2001年版，第10页。
② ［奥］庞巴维克：《资本与利息》，何崑曾、高德超译，商务印书馆2010年版，第6页。
③ ［美］罗伯特·海尔布隆纳：《资本主义的本质与逻辑》，马林梅译，东方出版社2013年版，第11页。

何理解"本质"和对待"本质主义"思维，资本主义的逻辑和本质之间的关系是相当复杂的，至少比海尔布隆纳所说的要复杂得多。事实上，逻辑不仅体现本质，而且也构成本质，使本质得以成立和实现。没有存在的本质是非现实的。正是由于存在及其过程，才使本质能够生成和延续。甚至，存在还可能令本质发生转化。在这个意义上，存在和本质相互型塑。而运动的逻辑正是事物之存在最深刻的内容。不通过资本运动逻辑来把握资本主义的本质，对资本主义本质的把握就无以充分和深入。诚如哈维正确指出的那样，"我们越是理解资本主义是如何运作的，就越是理解这些概念指的是什么"①。

总之，当代中国马克思主义哲学研究者，唯有自觉地从马克思思想立场出发，深度挖掘与阐释马克思关于资本、逻辑和资本逻辑的基本观点与方法，生成对资本逻辑概念意涵较为合理的当代理解，方能为关于资本逻辑的理论认识和实践应对提供坚实基础。当然，对内涵的理解只是一种最初的抽象把握，对资本逻辑概念的思索绝非就此止步，毋宁说才刚刚展开。黑格尔曾深刻地论说，"哲学有这样一种特性，即它的概念只在表面上形成它的开端，只有对于这门科学的整个研究才是它的概念的证明，……才是它的概念的发现，而这概念本质上乃是哲学研究的整个过程的结果"②。同样，资本逻辑及其概念，也只有在对它的研究过程"完成"之后，更为完整和清晰的理解才能出现。资本逻辑的进一步澄明，必须在对其结构、矛盾、运行与效应等重要规定的科学解剖中展开和实现。

---

① [美]大卫·哈维：《资本的限度》，张寅译，中信出版社2017年版，第45页。
② [德]黑格尔：《哲学史讲演录》（第1卷），贺麟、王太庆等译，商务印书馆1959年版，第6页。

# 第二章　资本逻辑的层次结构①

明确了资本逻辑的内涵，这种逻辑的外延或内容及其结构，就"逻辑"地呈现在我们面前要求予以探讨了。近年来，马克思主义哲学界关于资本"双重逻辑"——创造文明逻辑和价值增殖逻辑的解析，有力推进了资本逻辑及其结构的研究，得到了广泛接受，目前仍是主流的理解范式。但笔者以为，这种理解方式和表述方式也潜藏某些隐忧，容易让人误认为创造文明和价值增殖是两种并列的逻辑，从而难以准确理解这两种逻辑间的本质关联，也无法清晰把握资本逻辑系统中的层级关系。更重要的是，这种观点没有探讨资本的其他重要逻辑，从而没有足够充分地揭示出资本逻辑系统的复杂结构。另一些研究亦分别从不同向度，推进了对资本逻辑内容特别是形态的理解，相较于以往的笼统把握向前迈出了很大一步。但应该说，资本逻辑的结构至今还没有足够明晰地显露出来。无论是具体形态，还是形态间的相互关联，都需要运用复杂性思维进一步加以敞开。"任何具有某种复杂性的理论只能通过不断的智力再创造保持其复杂性。它不断地遭受蜕变的危险，亦即被简化的危险。因此任何听任惰性制约的理论都倾向于萎缩、片面化、异己化和机械化。"② 我们的研究尝试在先贤前辈的基础上探索性地提出一种新的理论构想，并期冀在未来的学术讨论中进一步完善自身。

相较于"类型学"在当下中国学界的门庭若市③，"层次学"研究方式可谓"门可罗雀"，尽管它往往是更能揭示事物规定性的方法。在笔者

---

① 本节主要内容原载《教学与研究》2019年第1期和《马克思主义与现实》2017年第1期。
② [法]埃德加·莫兰：《复杂思想：自觉的科学》，陈一壮译，北京大学出版社2001年版，第271页。
③ 在当下中国的学术论文中，类型学的梳理几乎成为一项必需的工作。

看来，这种方法的遭受冷遇，一定程度地表明了我们理论思维的不尽完善。事实上，仅有"类型学"而无"层次学"的解剖，是无论如何也无法充分把握问题或对象的。对于资本逻辑及其结构，也只有有效运用"层次学"的研究方式，才能真正透彻地加以澄明和揭示。资本逻辑的层次结构问题首先摆在笔者面前。由于这是本研究的基础和重点部分，因此，我们将以较大篇幅予以展开。资本运动所呈现出的各具规定性与影响力的逻辑，大致可以界分为四个层次，即总逻辑、核心逻辑、基本逻辑和具体逻辑。它们之间存在着内在、有机的联系，形成了资本逻辑稳定的层次结构。

## 第一节 总逻辑：形成、扩张与扬弃

从本质向度看，资本"进行的总运动"①或"生活过程"②，表现为"资本的生成、它的成长"③和"灭亡"，即在整体上展开为必然性地形成、扩张与扬弃的过程。当然，这要求"把资本主义生产过程看作整体和统一体"④。作为现代世界的主体性存在⑤，资本在形成之后必定不懈增殖和膨胀自身，但又必然由于这种扩张而否定和超越自己，最终走向彻底扬弃，成为更高社会形态的内在因素。这是资本运动过程内含的总的必然性，亦即资本运动的总逻辑。马克思以毕生心力揭示并论证了这一逻辑。《资本论》及其手稿所分析和强调的主旨正是资本由于无限扩张而根本性地扬弃自身的必然性。但目前为止，它并未得到足够明晰的阐释。形成、扩张和扬弃是资本历史运动的三个关键性环节，可以将总逻辑进一步界分为形成逻辑、扩张逻辑和扬弃逻辑。

在直接意义上，资本的形成表现为货币转化为资本的过程。作为商品流通过程的最后产物，货币构成资本最初的表现形式。每一个新资本开始

---

① 《马克思恩格斯全集》（第46卷），中央编译局编译，人民出版社2003年版，第382页。
② 《马克思恩格斯全集》（第30卷），中央编译局编译，人民出版社1995年版，第513页。
③ 《马克思恩格斯全集》（第30卷），中央编译局编译，人民出版社1995年版，第513页。
④ 《马克思恩格斯全集》（第46卷），中央编译局编译，人民出版社2003年版，第386页。
⑤ 在《共产党宣言》中，马克思已经初步形成了"资本主体"论。

时都是作为货币"出现在市场上——商品市场、劳动市场或货币市场上，经过一定的过程，这个货币就转化为资本"①。具体而言，当货币将增殖作为主观目的，把占有抽象财富作为唯一动机，并且能够较为稳定地"生出"更多货币——剩余价值时，资本就真正形成了。一般而言，工业资本和商业资本起初均以货币资本形式出现。生息资本更是以货币资本的面貌问世。货币转换为资本，本质上是价值转化为资本。作为一般等价物，货币代表的是价值。在资本产生过程中，价值是"自动的主体"。当"价值成了处于过程中的价值，成了处于过程中的货币"②，亦即成为自行占有新价值的主体时，也就成为资本。进一步看，价值转变为资本，本质上是劳动转化为资本。价值不过是凝结在商品中的人类劳动而已。资本的形成表面上看是货币成为资本，但归根结底，是劳动转化为资本。在这个意义上，资本不是在出生之后，而是在出生之中就将劳动掌控在自己手中。

  资本的"成长"集中体现为扩张。"扩张是所有资本的共同利益"③。资本的扩张首先表现为价值的不断增大，这是其扩张的核心内涵。资本主义是一个"自我扩张的价值体系"④。这以作为死劳动或物化劳动的资本，对活劳动尤其剩余劳动的吸吮为基础。除价值增殖外，资本的扩张也表现为统治和权力的扩大，以及意识形态层面各种拜物教的强化。从主体角度看，资本的扩张表现为对工人以至"诸众"反抗的瓦解。"在现代意义上的斗争中，资本所展现出的瓦解由工人阶级发起（在经济和政治两个层面上）的抵抗的动力是极具扩张性的。"⑤ 资本既在广度上竭力扩张，拓展统治空间，在全球绝大部分地区布展开来，完成了真正意义上的资本主义世界体系；又大力开辟支配领域，将社会、文化、生态、道德和身

---

① 《马克思恩格斯全集》（第44卷），中央编译局编译，人民出版社2001年版，第172页。
② 《马克思恩格斯全集》（第44卷），中央编译局编译，人民出版社2001年版，第181页。
③ ［奥］鲁道夫·希法亭：《金融资本》，李琼译，华夏出版社2013年版，第372页。
④ ［美］约翰·福斯特：《生态危机与资本主义》，耿建新、宋兴无译，上海译文出版社2006年版，第29页。
⑤ ［意］安东尼奥·内格里：《超越帝国》，李琨、陆汉臻译，北京大学出版社2016年版，第4页。

体等尽数纳入操控范围，使它们成为自己的内在构件，衍生出"社会资本""文化资本""知识资本""技术资本""生态资本""道德资本"乃至"身体资本"等众多"资本"形态；还在深度上强化扩张，渗透进各种微观层面，愈加深入地座架和型塑当代人的日常生活，统摄人们的灵魂与行动。

"资本主义向外扩张的动力，……是其自身独特的内在运动规律的产物，以及独特的自我扩张能力和需求的产物。"① 在扩张过程中，资本不可避免地遭遇许多外部局限，当然更多遭遇的是内部局限。从而，资本发生了诸多自我异化和自我克服，而资本的扩张也呈现为一系列复杂乃至曲折的过程。持续强化的扩张逻辑让资本的收益率越来越高于经济的增长率和劳动的回报率，并使资本的统治和"教化"越发膨胀。虽然利润率趋向下降，但剩余价值的量却不断增加。而且，资本获取的是更广泛意义的财富。除由劳动铸成的价值外，财富另有自然等其他来源。这让资本拥有更为广阔得多的"增殖"与扩张空间。自然等和劳动一道被资本吸纳进其自身之中，成为资本的内在组成部分，从而进一步壮大了资本的力量与权力。资本的再生构成其扩张逻辑的稳固根基。马克思曾经深刻地分析指出，在资本主义生产的历史范围内，资本总是强有力地再生出自身，而且是更为强大的自身。这种积累与再生既是资本扩张的强大动力，也是资本扩张的集中展现。

但扩张逻辑的过度强化也意味着资本扬弃逻辑的来临。"只有在这种把社会生活中的孤立事实作为历史发展的环节，并把它们归结为一个总体的情况下对现实的认识，才能成为对现实的认识。"② 扩张是资本辩证运动的环节，也是其根本扬弃的"前夜"。在马克思看来，资本的结局并非简单的"灭亡"，而是彻底扬弃，并且是自我扬弃。这是资本的"天命"。资本构成自身增殖最根本的界限。当价值增殖到一定程度，"超过一定点"，资本就会发生根本性扬弃，成为理想社会的现实基石。"扬弃在语言中，

---

① ［加］埃伦·伍德：《资本主义的起源——一个更长远的视角》，夏璐译，中国人民大学出版社2015年版，第159页。

② ［匈］卢卡奇：《历史与阶级意识——关于马克思主义辩证法的研究》，杜章智、任立、燕宏远译，商务印书馆1992年版，第56页。

有双重意义，它既意谓保存、保持，又意谓停止、终结。保存自身已包括否定，因为要保持某物，就须去掉它的直接性，从而须去掉它的可以受外来影响的实有。——所以，被扬弃的东西同时即是被保存的东西，只是失去了直接性而已，但它并不因此而化为无。"① 人类进入崭新的发展阶段，迎来"真正的人类史"。至此，资本的运动逻辑完整地实现了出来。虽然鲍德里亚等人认为资本不存在这样的"辩证法"——"马克思却在生产力的**辩证法**的惬意中把我们引入歧途，带到了这一过程的**灾难性**终点"②，但马克思很好地作出论证，系统性矛盾推动资本不断触碰继而突破自身的内外界限，展开具有必然性的内在超越与自我扬弃。

罗莎·卢森堡犀利而精彩地指出，"毫无疑问，扩张伴随着资本主义的整个历史和它的现阶段、最终阶段以及帝国主义阶段，这种扩张表现得如此没有限制，以致整个人类的文明都受到威胁。这种难以驯服的资本扩张驱动力实际上逐渐造成一个世界市场，将现代世界经济连接起来，并因此为社会主义奠定了历史基础"③。需要注意的是，资本从诞生伊始，就一直在调整、超越和扬弃自身，从部分扬弃到根本扬弃。但"恰恰是它所取得的成功，破坏了保护它自身的社会制度，'不可避免地'创造了使自己无法存活的条件"④。当然，资本的这种自我扬弃还必须以若干条件作为前提，譬如人类世界的正常运行。

有研究者以为，"社会运行中的矛盾和漏洞并不意味着其必然不可救药。包括资本主义在内，还没有任何体系会因为其内在的矛盾而崩溃"⑤。这种论证是虚弱乏力的。且不说过去没有发生的事情不等于未来就不会发生，它对历史现象的判断实际上是错误的。在人类历史上，众多体系都因为其内在矛盾而崩溃过，如资本主义之前的奴隶社会和封建社会等。更重

---

① [德] 黑格尔：《逻辑学》（上卷），杨一之译，商务印书馆1966年版，第98页。
② [法] 波德里亚：《象征交换与死亡》，车槿山译，译林出版社2012年版，第13页。
③ 转引自 [美] 哈里·马格多夫：《马格多夫关于资本主义和社会主义的四封书信》，孔德宏、牛晋芳摘译，《国外理论动态》2007年第4期。
④ Joseph Schumpeter, *Capitalis, Socialism, and Democracy*, London: George Allen&Unwin, 1954, p. 6.
⑤ [德] 约瑟夫·福格尔：《资本的幽灵》，史世伟、赵弘、张凯译，中国法制出版社2014年版，第114页。

要的是，必须区分根本性矛盾与非根本性矛盾、可化解的矛盾与不可化解的矛盾。资本主义的历史局限性同人类对更好生活的追求构成了一对不可化解的根本性矛盾。这一矛盾意味着：资本主义一定会在人类历史发展过程中被超越和扬弃。海尔布隆纳等人说得好："所有伟大的经济学家都能看出，这种制度最终会走向终结，因为它不能无止境地继续发现新的有利可图的投资领域"①，"甚至亚当·斯密也认为，在未来的某个时期，完全自由的社会……，将创造社会所需的所有商品——此后，该制度将趋于衰落，造成低水平维持生存的某种停滞！"②

不断扩张的资本在历史进步中实际地为建构更具合理性与优越性的社会形态提供了越来越丰富的主客体条件（生产力、自由时间、人的发展等等），使扬弃逻辑逐步显露和发展。马克思经常指出这一点。譬如，"**社会劳动生产力的发展**是资本的**历史**任务和**历史**权利。正因为如此，资本无意之中为一个更高的生产方式创造物质条件"③。他还曾就不断发展的信用制度说道："信用制度固有的二重性质是：一方面，把资本主义生产的动力……发展成为最纯粹最大的赌博欺诈制度，并且使剥削社会财富的少数人的人数越来越减少；另一方面，造成转到一种新生产方式的过渡形式。"④马克思还曾引用欧文的说法，"资本的发展是改造社会的**必要条件**"⑤。在合理范围内，马克思会同意这个观点。意大利马克思主义者保罗·维尔诺在《诸众的语法》一书中提出，可以用"资本的共产主义"来概括西方在20世纪80年代和90年代发生的蜕变。"这意味着资本主义的开创精神为了其自身的利益而主动协调那些物质和文化条件，这正好为潜在的共产主义提供一个平静的现实主义版本做了保证。"⑥显然，在维尔诺

---

① ［美］海尔布隆纳、米尔博格：《经济社会的起源》，李陈华、许敏兰译，格致出版社、上海人民出版社2012年版，第199页。

② ［美］海尔布罗纳、米尔博格：《经济社会的起源》，李陈华、许敏兰译，格致出版社、上海人民出版社2012年版，第200页。

③ 《马克思恩格斯全集》（第32卷），中央编译局编译，人民出版社1998年版，第462页。

④ 《马克思恩格斯全集》（第46卷），中央编译局编译，人民出版社2003年版，第500页。

⑤ 《马克思恩格斯全集》（第31卷），中央编译局编译，人民出版社1998年版，第109页。

⑥ ［意］保罗·维尔诺：《诸众的语法：当代生活方式的分析》，董必成译，商务印书馆2017年版，第145页。

看来，后福特制为资本主义向共产主义的过渡提供了某些基础。准确而言，这种自我扬弃并非对资本及其逻辑的外在超越，而是资本内在的运行逻辑，是资本运动总逻辑的基本组成部分。①

但必须强调的是，资本的自我扬弃并非外在于人的纯粹客观的过程，自我扬弃逻辑也不是自足的"冰冷逻辑"。主体条件与客观条件一道，共同构成历史必然性的内在因素。资本的扬弃同人类主体性的发展与发挥密不可分。更准确地说，它只有通过人的能动性活动特别是革命性实践才能真正展开和实现。在这个意义上，没有人的能动活动，资本是不可能自我扬弃的。诚如希法亭所言，"认识到一种事物的必然性，和以实际行动来实现这种必然性，二者是不相同的"②。马尔库塞也正确地指出，辩证理论"规定了诸种历史的可能性，甚至必然性；但这些可能性和必然性只有在辩证理论相呼应的实践中才能实现"，虽然他认为"实践尚未作出这种呼应"③。波伏娃也认为："如果人们以为除了已经存在的以外什么都不可能做，那么他永远将无所作为。"④ 这些论述都是对人的能动活动之于社会历史运动意义的正确强调，合乎马克思主义的基本原则。

在1979年撰写的名著《十五至十八世纪的物质文明、经济和资本主义》结语部分中，布罗代尔提出了针对"马克思"的不同看法，"资本主义不可能由于'内在的'衰败而自动垮台；为使资本主义垮台，必须有极大的外力冲击和可靠的替代办法"，"社会主义在世界各地的历次胜利都依靠强大的外力所推动"⑤。事实上，这一观点并没有越出马克思的思想视

---

① 郗戈教授认为，资本逻辑及其扬弃是《资本论》的哲学主线。这个观点无疑是正确的，但表述不够准确。事实上，资本的自我扬弃本身就是资本逻辑的内在构成环节或内容。参见郗戈《〈资本论〉的哲学主线：资本逻辑及其扬弃》，《华中科技大学学报》（社会科学版）2017年第3期。
② [奥]鲁道夫·希法亭：《金融资本》，李琼译，华夏出版社2013年版，前言第4页。
③ [美]赫伯特·马尔库塞：《单向度的人——发达工业社会意识形态研究》，刘继译，上海译文出版社2008年版，第200页。
④ 转引自[美]保罗·巴兰：《增长的政治经济学》，蔡中兴、杨宇光译，商务印书馆2018年版，第14页。
⑤ [法]费尔南·布罗代尔：《十五至十八世纪的物质文明、经济和资本主义》（第三卷），顾良、施康强译，商务印书馆2018年版，第795—796页。

域。布罗代尔所说的外力其实指的是革命的主体力量。但马克思从来没有说共产主义革命和对资本主义的超越不需要主体力量，相反，他非常重视发挥无产阶级的主体能动性。在马克思的理论中，历史的客体向度和主体向度始终是密切结合、辩证统一的。无论生产力、生产关系（经济基础）还是上层建筑，都绝不只是外在于人的客体向度，而是同时内蕴主体的向度。在它们当中，主客体向度高度统一。因为，它们在本质上是人的生产能力、社会关系和思想观念或制度力量。绝不能认为马克思关于唯物史观的"经典表述"只有客体向度，没有主体向度。事实上，这一表述中始终充满主客体向度的有机统一。在这个意义上，我们可以说，布罗代尔对"马克思"的批评，实际上只是对关于马克思思想的一种错误理解的批评，而非马克思思想本身。

对资本主义精神颇有研究的马克斯·舍勒强调，"只有当资本主义类型的人及其'精神'失去其法统，对资本主义制度的改造本身才有可能"①。在合理范围内，对社会主体向度的这一思索是值得重视的。的确，没有变革的主体和主体的变革，就没有社会的变革。至少，社会变革会不完整。在此，我们不能不想起卢卡奇当年对无产阶级阶级意识的呼唤。"作为第二国际的成员，社会主义政党为了防止战争，做了它们所能做的一切事情。但当战争依然爆发时，它们迅速重新集合在它们的民族事业下，确实令人惊奇。德国马克思主义者甚至比英国工党成员更少犹豫。"②在国际工人运动陷入低潮的年代，能够清晰地看到社会主体提升超越资本逻辑和资本主义素养的重要性。苏联解体、东欧剧变后，"只有一小部分人仍敢持批判态度，寻求对人类生命和自然构成现实威胁的原因，并在思考任何可能存在的替代方式"③。有鉴于此，西尔维尔·罗廷格直截了当地提出，"难题不在于摧毁资本或帝国……难题在于增强自身的能力。关键

---

① ［德］马克斯·舍勒：《资本主义的未来》，刘小枫主编，曹卫东等译，北京师范大学出版社 2014 年版，第 89 页。
② ［美］约瑟夫·熊彼特：《资本主义、社会主义与民主》，吴良健译，商务印书馆 1979 年版，第 506 页。
③ ［德］乌尔里希·杜赫罗：《全球资本主义的替代方式》，宋林峰译，中国社会科学出版社 2002 年版，序言第 1 页。

在于这个主体有什么能耐？"① 这的确是我们这个时代最为关键和艰巨的课题之一。不过，需要指出的是，主体能力的增强和资本"帝国"的摧毁是同一个历史过程。马克思说得精彩："环境的改变和人的活动或自我改变的一致，只能被看做是并合理地理解为**革命的实践**。"②

从历史视域看，资本的运演在纵向上表现为社会形态的演进，由前资本主义过渡至资本主义继而转化为共产主义，在横向上表现为资本全球化的推进，民族历史转变为受资本统治的世界历史，进而纵向和横向合一，在整个世界促成共产主义社会的实现。资本总逻辑的这种历史运演与前述本质运演内在一致。资本的形成表现为前资本主义向资本主义的转变，资本的扩张表现为资本主义的全球扩张，而资本的扬弃则表现为资本主义被共产主义取代。熊彼特说得不错，"在资本主义制度内部有一种固有的自我毁灭的趋势"，"资本主义过程不单毁灭它自己的制度结构，它还为另一个制度结构创造条件"，"事物与人以这样的方式进行转变：它们变得越来越适合社会主义的生活方式"③。本质运演是历史运演的抽象规定，而历史运演则为本质运演的具体展开。二者分别是从抽象和具体两种视角把握的资本总逻辑。

马尔库塞不无忧虑乃至略带悲观地说："单向度的人将始终在两种矛盾的假设之间摇摆不定：（1）对可以预见的未来来说，发达工业社会能够遏制质变；（2）存在着能够打破这种遏制并推翻这一社会的力量和趋势。我并不认为能够作出一个明确的回答。两种趋势一起存在着，甚至一种趋势就存在于另一种趋势中。第一种趋势是主要的，并且任何可能存在的推翻这一趋势的先决条件都正被用来阻止它。或许，一个偶然的事件可以改变这种情况，但除非是对做什么和不做什么的认识扭转了原来的意识和人的行为，否则即使是一场大动乱也不会带来这种变化。"④ 应该说，马尔库

---

① 参见西尔维尔·罗廷格为保罗·维尔诺《诸众的语法》所作序言。[意] 保罗·维尔诺：《诸众的语法：当代生活方式的分析》，董必成译，商务印书馆2017年版，第17页。

② 《马克思恩格斯选集》（第1卷），中央编译局编译，人民出版社2012年版，第134页。

③ [美] 约瑟夫·熊彼特：《资本主义、社会主义与民主》，吴良健译，商务印书馆1979年版，第251页。

④ [美] 赫伯特·马尔库塞：《单向度的人——发达工业社会意识形态研究》，刘继译，上海译文出版社2008年版，导言第5—6页。

塞正确地指出了超越资本逻辑的复杂性和艰巨性以及对主体能动性的迫切要求，但当时的他没有看到，人类超越资本主义、扬弃资本逻辑的不懈努力，终将让自己迎来光明的前途。"从一种社会制度转变为另一种社会制度是一个不停顿的、其本身又是很缓慢的过程。……此外，这个过程常常出现倒退，看到这种倒退现象，可能使他认为是一种相反趋势。但我们也时时看到这种过程的加速现象"①。但即便如此，人类也完全有理由期待比当下资本主义更优的社会形态。甚至连处于悲观状态中的马尔库塞也认为，"人类生活是值得过的，或者可能是和应当是值得过的"，"在一个既定的社会中，存在着种种改善人类生活的特殊可能性以及实现这些可能性的特殊方式和手段"②。并且，他将这两点视为"社会批判理论"的"价值判断"。

虽然生成、扩张和扬弃的总逻辑在《资本论》中没有被直接标示，但却是内在地蕴含着的。它规定并呈现了资本运动的整体过程。包括价值增殖逻辑在内的其他各种逻辑，所规定和展现的只是资本运动的某个方面或向度，而非总体。缺失了对总逻辑的理解，是无论如何也不能完整、清晰地把握资本逻辑的。在方法论上，这是对"总体性"方法的忘却。因此，这一资本运动的总逻辑理当得到同其地位相匹配的更为透彻的洞察。

## 第二节 核心逻辑：价值增殖

在资本总逻辑当中，存在着一个核心性的内容，即价值增殖逻辑。从诞生伊始，资本就是要增殖的。"资本主义生产的决定目的，总是预付价值的增殖。"③ 增殖不仅是资本的本性和灵魂，而且是生命线。马克思精辟地指出，资本只有不断增殖价值才能存在下去。所以，"资本只有一种生活本能，这就是增殖自身，创造剩余价值，用自己的不变部分即生产资料

---

① ［美］约瑟夫·熊彼特：《资本主义、社会主义与民主》，吴良健译，商务印书馆1979年版，第31页。
② ［美］赫伯特·马尔库塞：《单向度的人——发达工业社会意识形态研究》，刘继译，上海译文出版社2008年版，导言第2页。
③ 《马克思恩格斯全集》（第45卷），中央编译局编译，人民出版社2003年版，第171页。

吮吸尽可能多的剩余劳动"①。在马克思之后,对后世资本主义研究很有影响的桑巴特,也提出了资本主义的"营利原则":"在它的支配之下,经济的直接目的不复是一个生存的人的满足需要,专在增殖货币的额数。"② 波德里亚把剩余价值称为资本的机制。③ 沃勒斯坦亦言,"资本主义的世界经济本质上是对积累的资本的酬报"④。

随着资本主义生产的发展,积累"对于任何单个资本家都成为一种必要"⑤。资本不懈的价值增殖,成为一种既利用人而又超乎人的强大逻辑。马克思精彩地分析道:"资本划了一个圆圈,作为圆圈的主体而扩大了,它就是这样划着不断扩大的圆圈,形成螺旋形。"⑥ 罗莎·卢森堡也把资本的积累理解为螺旋,"如果引用西斯蒙第的名言,可以用一连串的螺旋圈来代表。每一个螺旋圈从小环开始,重复上次形象,直至达到阻断点为止。这种周期性的从再生产最大规模到它的缩减至于部分停顿之间的波动,这种所谓的萧条、高涨和危机的循环,是资本主义再生产的最显著的特点"⑦。哈维形象地将资本的运动比喻为水的循环,但他也强调二者的根本差异:资本运动不是一般的循环,而是不断增殖和扩张的螺旋。⑧

作为一直以来最受关注的资本逻辑,价值增殖逻辑得到了大量研究。然而,它的整体过程还较为欠缺哲学清理。笔者以为,价值增殖逻辑可以理解为资本创造、实现和分割剩余价值的具有巨大强制力量的必然性。在《1857—1858年经济学手稿》中,马克思提出,资本只能作为剩余价值生产和实现的统一来理解。循着这一思路,他决定先行解剖剩余价值的生产,再说明剩余价值的实现,进而分析二者的矛盾及其处理。于是,《资

---

① 《马克思恩格斯全集》(第44卷),中央编译局编译,人民出版社2001年版,第269页。
② [德] 维尔纳·桑巴特:《现代资本主义》(第1卷),李季译,商务印书馆1936年版,第206页。
③ [法] 波德里亚:《象征交换与死亡》,车槿山译,译林出版社2012年版,第12页。
④ [美] 伊曼纽尔·沃勒斯坦:《现代世界体系》(第1卷),郭方、刘新成、张文刚译,社会科学文献出版社2013年版,第424页。
⑤ 《马克思恩格斯全集》(第45卷),中央编译局编译,人民出版社2003年版,第92页。
⑥ 《马克思恩格斯全集》(第31卷),中央编译局编译,人民出版社1998年版,第146页。
⑦ [德] 罗莎·卢森堡:《资本积累论》,彭尘舜、吴纪先译,生活·读书·新知三联书店1959年版,第4—5页。
⑧ 2017年夏,哈维在中国人民大学马克思主义学院的讲座上提及了这一观点。

本论》三卷分别剖析了剩余价值创造、实现和分割的机理。① 资本在生产领域"创造"剩余价值，在流通②领域实现剩余价值，之后各种资本形态按照自己的份额及其所蕴含和代表的权力分割剩余价值。"在资本主义生产中，……要用那个预付在生产中的资本，取出和任何一个同量资本所取得的一样多的或者与资本的大小成比例的剩余价值或利润，而不管预付资本是用在哪个生产部门……每个资本家都按照他在社会总资本中占有的份额而分享这种权力。"③ 剩余价值的生成、实现和分割，作为一条完整连贯的线索，构成资本运动的核心内容，贯穿于《资本论》整个理论部分。可以将价值增殖逻辑进一步细分为剩余价值的创造逻辑、实现逻辑和分割逻辑。

第一卷：资本的（狭义）生产过程。主要分析的是剩余价值的生成。价值增殖是资本生产过程的真正目的，劳动过程不过是实现这一目的的手段而已。在关于资本形成的必要考察之后，第三篇分析绝对剩余价值的生产，第四篇分析相对剩余价值的生产，第五篇则分析绝对剩余价值生产和相对剩余价值生产的综合及总过程。以上三篇直接分析剩余价值的生产过程。第六篇从劳动力价格的角度考察了剩余价值的形成与增加。第七篇——资本的积累过程中的第二十二章，分析了剩余价值转化为资本这一整个资本主义生产的关键转换，它让资本源源不断地获取剩余价值。第二十三章所分析的资本主义积累也同剩余价值生产内在一致。显然，有充分理由认为，剩余价值生产构成资本主义生产的核心。当然，资本的增殖存在着不可克服的界限。

第二卷：资本的（大）流通过程。主要分析的是剩余价值的实现。按照马克思后来的看法，"一切现实的危机的最后原因，总是群众的贫穷和他们的消费受到限制，而与此相对比的是，资本主义生产竭力发展生产

---

① 2019年6月17日，美国曼荷莲学院弗雷德·莫斯利教授在中国人民大学马克思主义学院的讲座中提出《资本论》有两个层次，一个是剩余价值的生产，另一个是剩余价值的分配，但没有提及剩余价值的实现。

② 在《资本论》及其手稿中，流通有三种不同的含义，可分别称为总流通、大流通和小流通。与《资本论》第一卷阐述的资本生产相对应的资本流通是大流通，即《资本论》整个第二卷所阐述的内容。这是马克思最常赋予流通的意涵。小流通即资本流通，亦即资本表现为货币资本、生产资本和商品资本的流通。而总流通实际上就是资本的全部运动，亦即资本广义"生产的总过程"。

③ 《马克思恩格斯全集》（第46卷），中央编译局编译，人民出版社2003年版，第217页。

力,好像只有社会的绝对的消费能力才是生产力发展的界限"①。换言之,消费能力同生产能力的矛盾,即有效消费能力同实际生产能力或者说有效需求同实际供给不相匹配,构成经济危机的最后原因。从剩余价值的角度看,这就是剩余价值的生产和实现之间"永恒"的深刻矛盾。哈维也说,"剩余价值的生产和实现存在深刻的矛盾"②。作为资本主义生产的核心性矛盾,它始终内生于资本主义之中,导致经济危机频繁爆发。马克思先在第一卷中假定剩余价值的实现完全没有问题,而把研究焦点集中于剩余价值的创造。"资本在流通领域所经历的形式变换和物质变换被假定为前提,而没有进一步加以论述。"③ 在第二卷中,他反过来"假设剩余价值生产领域没有任何困难,而把惊险且不稳定的剩余价值实现过程放到显微镜下分析"④。于是,剩余价值的实现构成了这一卷的主题。无论是单个资本的流通进而周转,还是社会总资本的流通(简单再生产和扩大再生产),核心目的都是克服剩余价值实现的困难,降低剩余价值实现的成本,最大限度地实现剩余价值。

第三卷:资本主义生产的总过程。虽然从标题上看是对整个资本主义生产(广义生产)过程的分析,但其内容主要是不同资本形态对剩余价值的分割⑤。诚如马克思所言,这一卷所要考察的是资本"各种具体形式"的运动,而"不能是对于这个统一的一般的考察"⑥。马克思力图在这一卷

---

① 《马克思恩格斯全集》(第46卷),中央编译局编译,人民出版社2003年版,第548页。
② [美]大卫·哈维:《跟大卫·哈维读〈资本论〉》(第二卷),谢富胜、李连波等译,上海译文出版社2016年版,第2页。
③ 《马克思恩格斯全集》(第45卷),中央编译局编译,人民出版社2003年版,第391页。
④ [美]大卫·哈维:《跟大卫·哈维读〈资本论〉》(第二卷),谢富胜、李连波等译,上海译文出版社2016年版,第1页。
⑤ 之所以不用"分配"而用"分割",意在突出不同资本形态对剩余价值的瓜分是主动乃至贪婪的,而非中性以至"文明"地分配。而且,马克思也经常使用"分割"一词,包括"利润的分割"以至"量的分割""质的分割"等表述方式。参见《马克思恩格斯全集》(第46卷),中央编译局编译,人民出版社2003年版,第401、417等页。
⑥ 《马克思恩格斯全集》(第46卷),中央编译局编译,人民出版社2003年版,第29页。有研究考证,在马克思手稿中,第三卷的题目为"总过程的各种形态",研究的重心是资本的"各种形态"。另外,在《1861—1863年经济学手稿》中,马克思把相应的内容标示为"资本和利润",意在考察不同资本形态对利润的分割。

从总体上揭示资本主义生产是如何分割剩余价值的。一至三篇分析产业资本分割剩余价值的机理。剩余价值转化为利润、利润转化为平均利润、利润率趋向下降,这是作为现代资本典型形态的产业资本分割剩余价值的基本规律。由于产业资本是资本一般的主导形态,因此,产业资本的分割机理也代表了资本一般的分割机制。四至六篇分析其他资本形态或所有权形式对剩余价值的分割。商业资本分割商业利润,生息资本分割利息,租地农场主像产业资本家那样分割产业利润,土地所有权分割地租。第七篇则对资本的剩余价值分割模式作出总结。马克思强调,产业利润、商业利润、利息、地租等都不过是作为"纯粹形式"的剩余价值的不同组成部分与表现形式而已,它们的本质和源泉都是无产阶级剩余劳动所形成的剩余价值。在马克思心目中,这是他的剩余价值理论超越全部资产阶级经济学的关键之点。因而,马克思对整个剩余价值理论史作了这样的"总的评论":"所有经济学家都犯了一个错误:他们不是纯粹地就剩余价值本身,而是在利润和地租这些特殊形式上来考察剩余价值。"① 从而,古典经济学必然酿成根本性的理论谬误。

由此可见,《资本论》理论部分以相当大比重甚至可以说主要篇幅,揭示了剩余价值生成、实现和分割的整体过程。② 在马克思看来,资本最致命的"矛盾"(冲突)是剩余价值的生产与实现的矛盾。为了最大限度地增殖,资本必须一方面在生产领域极力压低工人的劳动力价格,但另一方面在流通流域又亟须工人不断提高实际的购买力。这构成了不可和解的冲突。为了根本性地揭露整个资产阶级以及地主阶级剥削无产阶级所创造剩余价值的事实③,根本性地说明资本主义必然被更高生产方式所代替,马克思将剩余价值的创造、实现和分割这一线索暗含在资本的生产、流通和总过程这一逻辑主线之中。或许可以说,剩余价值的创造、实现和分割同资本的生产、流通和总过程的逻辑主线在根本上是同一的。因为,剩余

---

① 《马克思恩格斯全集》(第33卷),中央编译局编译,人民出版社2004年版,第7页。
② 相对而言,三者当中,剩余价值的创造和实现处于"抽象"层面,也更为重要。剩余价值的分割则处于"具体"层面。当然,离开它,资本的增殖也不可能实现。
③ 或许在马克思心目中,揭露这一点是剖析资本主义生产方式最重要的目的之一。

价值和资本在根本上是同一的。资本"创造"剩余价值，而剩余价值又转化成新的资本。在这个意义上，《资本论》也可以称为《剩余价值论》。《资本论》理论和历史两部分可分别称为《剩余价值论》和《剩余价值论史》，亦即马克思的剩余价值论和马克思之前的政治经济学家们对于剩余价值的看法。① 有研究者提出，"在《资本论》中，我们见到的是以剩余价值论为核心的、系统而不是零碎的、具体的而不是抽象的资本主义经济理论"②。哈维甚至认为，马克思在《资本论》中"聚焦于剩余价值的生产，将其他一切都暂时搁置"③。

## 第三节　基本逻辑：创造—消解文明

"资本本身是处于过程中的矛盾"④，资本逻辑亦如是。资本的矛盾性决定了资本逻辑的矛盾性。当然，资本逻辑的矛盾性反过来也强化了资本的矛盾性。作为"活生生的矛盾"，资本生发出并运行着诸多相互矛盾的逻辑。同资本的生产一样，资本的逻辑也"是在矛盾中运动的，这些矛盾不断地被克服，但又不断地产生出来"⑤。资本逻辑的矛盾性和矛盾映现着资本本身的矛盾性和矛盾。更准确地说，它以全息的方式映现着资本本身的矛盾性与矛盾。

在价值增殖逻辑支配下，资本同时内含创造文明⑥逻辑（或文明化逻辑）与消解文明逻辑（或反文明逻辑）这对相互矛盾的逻辑。马克思曾明确分析过资本的"文明面"，充分肯定过资本之于文明进步的重要意义，

---

① 这样可以更清楚地理解恩格斯为什么把剩余价值理论和唯物史观一道看作马克思的"两大发现"，并作为科学社会主义的基础。郝晓光等研究者也对《资本论》作如此理解。
② [美]哈尔·范里安：《微观经济学：现代观点》，费方域等译，上海人民出版社2006年版，第二版译者的话第11页。
③ [美]大卫·哈维：《世界的逻辑》，周大昕译，中信出版社2017年版，第337页。
④ 《马克思恩格斯全集》（第31卷），中央编译局编译，人民出版社1998年版，第101页。
⑤ 《马克思恩格斯全集》（第30卷），中央编译局编译，人民出版社1995年版，第390页。
⑥ 其实，无论从本质维度还是历史维度看，文明都不是资本创造的。本质而言，文明是人创造的；历史而论，文明先于资本产生。"创造"所指的只是资本对于文明的推动意义和主宰地位。鉴于学界已约定俗成，我们沿用这一表述。

并具体探讨了资本推动文明发展的效应与机理。"在资本的简单概念中必然自在地包含着资本的文明化趋势等等,这种趋势并非像迄今为止的经济学著作中所说的那样,只表现为外部的结果。"① 这意味着,文明化的趋势不是资本偶然的、外在的运作,而是必然的、内在的规律——一种呈现为趋势的规律。这种文明化的趋势也就是资本创造文明的逻辑。学界对创造文明逻辑已有相当深入的研究,在此不再赘述。但值得注意的是,资本同时现实地存在着与这种发展和创造文明逻辑相反的逻辑:使文明成果丧失,文明程度降低、倒退至野蛮、蒙昧的状态,乃至完全消除文明,即消解文明逻辑。

虽然人们的思想渴望辩证,但又难免发生游移。当然,有时伴随历史变迁的游移并非毫无合理性。改革开放前,学界对资本的分析主要集中于其野蛮面,较为忽视其文明面。近年来,加强了对资本文明面和创造文明逻辑的研究,相对而言,对资本反文明面的重视程度又有所下滑。这尤其表现在一些研究者身上。虽然近期的研究对资本文明化的限度方面也给予了相当的关注,但没有充分地意识到资本不仅在文明化方面具有内在的界限,而且它直接就具有摧毁文明的逻辑。

现代是一个众多思想家纷纷指认的文明与反文明并行和对抗的极其矛盾的时代。西方最早使用文明概念的米拉波就提醒人们,文明和野蛮存在"自然循环",现代文明有堕落的危险。② 马尔库塞称之为"文明的辩证法"。马克思十分犀利地指出,"在我们这个时代,每一种事物好像都包含有自己的反面。我们看到,机器具有减少人类劳动和使劳动更有效的神奇力量,然而却引起了饥饿和过度的疲劳。财富的新源泉,由于某种奇怪的、不可思议的魔力而变成贫困的源泉。技术的胜利,似乎是以道德的败坏为代价换来的。随着人类愈益控制自然,个人却似乎愈益成为别人的奴隶或自身的卑劣行为的奴隶。甚至科学的纯洁光辉仿佛也只能在愚昧无知的黑暗背景上闪耀。我们的一切发明和进步,似乎结果是使物质力量成为有智慧的生命,而人的生命则化为愚钝的物质力量。现代工业和科学为一

---

① 《马克思恩格斯全集》(第30卷),中央编译局编译,人民出版社1995年版,第395页。
② [美] 布鲁斯·马兹利什:《文明及其内涵》,汪辉译,商务印书馆2017年版,第14页。

方与现代贫困和衰颓为另一方的这种对抗，我们时代的生产力与社会关系之间的这种对抗，是显而易见的、不可避免的和毋庸争辩的事实"①。这是对现代性之悖反性的准确揭示。

许多思想家都有和马克思同样的看法。伽达默尔深刻地认为，"自然和自然环境的技术化所带来的深远后果，都打着合理化、反神秘化、反神话和破除轻率的拟人对应的旗号。最后经济的可行性以及我们时代无情变化过程的新平衡变成了越来越强大的社会力量，所有这一切都是我们文明成熟的标志，或者也可以说，是我们文明危机的标志，因为二十世纪是第一个以技术起决定作用的方式重新确立的时代，并且开始使技术知识从掌握自然力量扩转为掌握社会生活"②。霍克海默和阿道尔诺更加直截了当地指出："人类没有进入真正的人性状态，反而深深地陷入了野蛮状态。"③ 埃德加·莫兰也说："三百万年的人类演化可谓漫长，但至今人类精神及意识依然不成熟，人类的自我完成过程中充满着幼稚、残缺和野蛮，……人类可以轻而易举地重新堕入野蛮。"④ 当然，究其根本而言，现代性的这一特质并不源于启蒙思想，而是源于资本同时具有创造文明和消解文明的逻辑。马克思从资本逻辑角度揭示了现代性深刻的悖论性之根源。

概括而言，资本既具有"文明因素"⑤，又具有反文明因素；既具有"文明面"⑥，又具有反文明面；既具有"文明化趋势"，又具有反文明趋势；既具有"伟大的文明作用"⑦，又具有严重的反文明效应。⑧ 所谓反文明或消解文明，就是使人类的文明成果丧失，文明程度下滑，倒退至野

---

① 《马克思恩格斯选集》（第1卷），中央编译局编译，人民出版社2012年版，第776页。
② [德] 伽达默尔：《科学时代的理性》，薛华等译，国际文化出版公司1988年版，第63页。
③ [德] 霍克海默、阿道尔诺：《启蒙辩证法——哲学断片》，渠敬东、曹卫东译，上海人民出版社2006年版，前言第1页。
④ [法] 埃德加·莫兰：《伦理》，于硕译，学林出版社2017年版，第8页。
⑤ 《马克思恩格斯全集》（第30卷），中央编译局编译，人民出版社1995年版，第247页。
⑥ 《马克思恩格斯全集》（第46卷），中央编译局编译，人民出版社2003年版，第927页。
⑦ 《马克思恩格斯全集》（第30卷），中央编译局编译，人民出版社1995年版，第390页。
⑧ 资本的这种双重向度也淋漓尽致地表现在货币身上。诚如苏珊·斯特兰奇所言："货币有效可行的行善能力与其可怕的分裂、破坏的作恶能力相抗衡。"参见 [英] 苏珊·斯特兰奇《赌场资本主义》，李红梅译，社会科学文献出版社2000年版，前言第2页。

蛮、蒙昧的状态,乃至完全消灭文明。巴迪乌描绘道:"资本主义的发展过程实际上是野蛮的掠夺过程,它短暂而野蛮的繁荣是不公平的,这些繁荣的背后是经济危机中天文数字般的价值财富的丧失,是对对资本主义战略有重大影响或者有威胁的地区的血淋淋的征伐,是以世界大战作为代价的。"① 哈维尖锐地批判资本的掠夺式积累:"在真正的文明世界,这种野蛮掠夺行径根本不应出现。"② 然而,在资本文明的世界中,它终究还是切切实实地存在着,展示资本反文明逻辑的强大力量。罗莎·卢森堡认为,人类如果不是走向社会主义,就必然被资本主义拖回至野蛮状态。在文明由于资本宰制而面临深度危机的现时代,重视这一向度尤为必要。她甚至强调,野蛮的暴力不仅存在于资本主义原始积累阶段,而且存在于资本积累的整个过程。应该说,从资本主义发展的过程看,这一观点是有见地的。

世界大战是资本消解文明逻辑最显著的体现。意大利学者、知名资本主义研究专家乔万尼·阿瑞吉③在深入考察资本积累与战争爆发的关系后,提出了系统性资本积累周期必定以大规模战争作结的观点。资本为了增殖和扩张,定然逐步在全球范围内引发个人与个人、阶级与阶级、民族与民族、国家与国家、联盟与联盟之间的激烈争夺乃至残酷战争。在两次世界大战的背后,都不难看到资本忙碌的身影。在当前时代条件下,源于资本争夺全球"注定"稀缺的资源而导致新的大规模战争乃至世界大战的可能性并非完全没有,甚至一直在增加。"当国家开始抢夺稀缺自然资源时,人类离战争就更近了。虚弱的政权为维系统治将寻求军事冒险。"④ 更不能不忧虑的是,人类目前仍旧深处核战争的威胁之中。"核恐怖平衡"虽然维持了几十年,但它在本质上是脆弱的。一旦爆发大规模的核战争,就可能毁灭整个人类、文明和世界。据报道,世界上现有的核武器足以将地球

---

① [法]阿兰·巴迪乌:《巴迪乌论当前的金融危机》,肖辉、张春颖译,《国外理论动态》2009年第8期。
② [美]大卫·哈维:《世界的逻辑》,周大昕译,中信出版社2017年版,第325页。
③ 又译为杰奥瓦尼·阿锐基。参见[意]杰奥瓦尼·阿锐基:《漫长的20世纪——金钱、权力与我们社会的根源》,姚乃强、严维明、韩振荣译,江苏人民出版社2001年版。
④ [英]约翰·格雷:《伪黎明:全球资本主义的幻象》,刘继业译,中信出版社2011年版,第231页。

摧毁数十次乃至数百次。各个国家动不动就比谁的核弹头更多、谁的核弹头更有杀伤力，这离真正的文明十分遥远。然而，为了暴利，资本一直在积极地推动核武器的研发与生产，仿佛只是一种"单纯"的商品。事实上，资本主义的产生和发展一直都同军事存在千丝万缕的联系。可以说，军事以及更广义的暴力，伴随着资本主义产生和发展的整个过程。以至于在《军事与资本主义》中，桑巴特竟呼吁"重视军队的合同对资本主义发展的巨大重要性"①。

在资本统治的时代，"文明的一切进步，……也可以说劳动本身的生产力的一切增长，……都不会使工人致富，而只会使资本致富；也就是只会使支配劳动的权力更加增大；只会使资本的生产力增长"②。这是资本最深刻的反文明表现。在本质上，文明不是资本创造和发展的，而是人类创造和发展的。然而，这种努力的果实却被资本窃取了。本是人类智慧结晶的文明，现在不仅不受人类的掌握，而且反过来宰制人类，增强着资本这一人间主宰的统治权力。在这个意义上可以说，资本的创造文明逻辑本身就内在地蕴含并展现了消解文明的逻辑。当我们依据现实说资本创造文明的时候，就意味着我们不得不将创造文明的成就归功于资本，从而在深层的意义上再次否定了自己。

略显遗憾的是，人们虽早已明了资本的反文明面并加以猛烈抨击，但没有将其提升至与创造文明逻辑相对应的消解文明逻辑的高度。一个重要原因在于，人们往往将这一逻辑等同于价值增殖逻辑。人们在模糊的意识中将消解文明逻辑和价值增殖逻辑相等同，以为只要资本增殖价值就一定会破坏文明。这两种逻辑之间的确有着千丝万缕的联系。不过，它们也存在着本质的差异与内在的距离。二者作用的直接目标、核心领域与主要机理各不相同。更重要的是，价值性质明显二致。和消解文明逻辑不同，价值增殖逻辑不一定就是反文明的。正如近年的研究所呈现的那样，价值增殖的逻辑并不只是消解文明。为了实现价值增殖，资本也可能创造文明。

---

① ［德］维尔纳·桑巴特：《奢侈与资本主义》，王燕平、侯小河译，上海人民出版社2005年版，第167页。
② 《马克思恩格斯全集》（第30卷），中央编译局编译，人民出版社1995年版，第267页。

换言之，价值增殖的逻辑既引发了创造文明的逻辑，也引发了消解文明的逻辑。事实上，和文明化一样，反文明也不只是资本外在的、偶然的和相对的效应，而是内在的、必然的和绝对的运动，并且在资本自身范围内不可能被消除，从而，它也是资本一种铁的逻辑。

资本主义数百年"创造性破坏"与破坏性创造的并置交织，增长与衰退、繁荣与危机的周期轮转，解放与奴役、自由与束缚的相互缠绕，反复证明了资本同时包含创造文明和消解文明的逻辑，总是既创新、推进而又破坏、消解文明。资本消解文明的力量同创造文明的力量并不完全是此消彼长的，在某种范围内一道增长着。确若马尔库塞所言，在资本主义社会中，"增长着的生产力和增长着的破坏性"是"统一"[①]的。质言之，这两种悖反的逻辑并存且共同作用于资本的全部生命周期之中，构成一对真实的矛盾。在这个意义上，可以将资本之于文明的矛盾逻辑，标示为创造—消解文明逻辑。在这两种相互对立逻辑的共同作用下，资本不仅以迅猛的速度创造着现代世界，而且也以同样的速度摧毁着这个世界。这样，我们就能更清楚地理解为何现代是一个文明与反文明并行的极其矛盾的时代。埃德加·莫兰说得不错："到处都有这个两重性的问题：有序和无序的必然的和难解的交织和对抗的问题。"[②] 既看到资本发展和创造文明的逻辑，又强调其阻碍和摧毁文明的逻辑，这是马克思主义对资本的辩证的、历史的眼光与态度。将资本内含的这两个扭结在一起的相反相成的方面透彻地揭示出来，是马克思的重要理论贡献。这也是今天的研究者应有的思维。"俱分进化"构成人类世界基本的运演方式。总体而言，当代马克思主义者更为注重对资本及其历史效应的否定与批判，肯定与建设相对不足。

当然，马克思主义创始人在《资本论》及其手稿所论述的主要逻辑过程，是资本循环往复地生产和再生产自身的具有巨大强制力量的必然

---

[①] [美]赫伯特·马尔库塞：《单向度的人——发达工业社会意识形态研究》，刘继译，上海译文出版社2008年版，导言第4页。

[②] [法]埃德加·莫兰：《复杂思想：自觉的科学》，陈一壮译，北京大学出版社2001年版，第154页。

性及其展开过程，亦即资本以其特有的方式循环往复地生产、实现和分割剩余价值的价值增殖过程。前资本主义生产的目的是使用价值，而资本主义生产的目的则是交换价值，并且是不断增加的交换价值。如果说资本只有一种本性，那就是无限地增殖价值。价值增殖对于资本是性命攸关的事情，无限的自行增殖是资本的生命线。只有不断增殖，它才可能保存自身。资本一旦不能增殖，不仅不能发展，而且连存在都成为问题。随着资本主义生产的发展，资本的积累"对于任何单个资本家都成为一种必要"①。因此，资本总是处于竭尽全力追逐价值增殖的运作之中。社会性而非个体性地增殖和积累价值，这是资本主义社会异于前资本主义剥削社会的根本质点。埃及和中国的国王把劳动者的"新的活的剩余劳动"用来修建金字塔、阿房宫，而资本则用来"使对象化的剩余劳动即剩余产品增殖价值"②。结果，资本"不懈"地增殖价值，成为一种既利用人而又超乎人的强大逻辑。

创造文明和消解文明这对逻辑既是资本作用于世界的主要过程，也是作用的主要结果，以悖论的方式清晰表征了资本作为现代世界主体的总体历史效果，因而构成资本的基本逻辑。它也可以被理解为人化—物化逻辑或解放—奴役逻辑。这三种逻辑在本质上是一致的。文明同人特别是"文化"的人内在相通。创造文明就是人化，使人从非人或低级的存在状态中解放出来，通达更高和良性的生存之境。资本消解文明也就是令人物化，将人奴役在资本这种最强大"物"的魔掌之下，为物所用，进而成为物，堕入物化的生存样式而难以自拔。

在根本的意义上，创造文明和消解文明这两种相反的逻辑，都是由价值增殖这同一个逻辑所衍生的。一方面，价值增殖逻辑促使资本发展和创造文明。虽然都以榨取剩余劳动为基础，但同奴隶制、农奴制相比，资本的文明面和优越性就在于，"它榨取这种剩余劳动的方式和条件，……都更有利于生产力的发展，有利于社会关系的发展，有利于更高级的新形态

---

① 《马克思恩格斯全集》（第45卷），中央编译局编译，人民出版社2003年版，第92页。
② 《马克思恩格斯全集》（第30卷），中央编译局编译，人民出版社1995年版，第419页。

的各种要素的创造"①。在马克思看来，资本获取剩余劳动亦即剩余价值的方式和条件，或者说资本的价值增殖逻辑，更有助于生产力、社会关系和更高形态要素等文明内容的创造，亦即更有力地推动了文明的发展。"资本创造文明的能力也是来自资本的本性，正是追求利润最大化的强烈欲求，促使资本不断开拓、创新，由此形成文明创造的逻辑和新的文明成果。"② 可以说，价值增殖逻辑不仅比创造文明逻辑更为根本，更具决定意义，而且还直接衍生了资本创造文明的能力与逻辑。资本之所以愿意看到文明的进步，根本原因在于，文明的发展对于资本获取更多剩余价值有帮助。

另一方面，价值增殖逻辑也促使资本阻碍和消解文明，暴露出野蛮的本性。"资本来到世间，从头到脚，每个毛孔都滴着血和肮脏的东西。"③资本原始积累的方法并不是田园诗式的，而是极其野蛮的。"人民群众遭受的这种可怕的残酷的剥夺，形成资本的前史。这种剥夺包含一系列的暴力方法……对直接生产者的剥夺，是用最残酷无情的野蛮手段，在最下流、最龌龊、最卑鄙和最可恶的贪欲的驱使下完成的。"④ 不但原始积累是野蛮的，实际上资本所有的积累活动都存在"野蛮性"。马克思赞同地引证道："为了100%的利润，它就敢践踏一切人间法律；有300%的利润，它就敢犯任何罪行，甚至冒绞首的危险。如果动乱和纷争能带来利润，它就会鼓励动乱和纷争。"⑤ 质言之，极端伪善的资产阶级文明具有野蛮的本色，"显示出自己真正的凶残面目"，"就是赤裸裸的野蛮行为"⑥。

作为价值增殖的狂热追求者，资本总是处于永不停歇的突破限制的运动之中。"资本突破各种限制的过程，也就是文明进步的过程。就此而言，资本确实内含着创造文明的逻辑。"⑦ 不过，资本突破各种限制的过程，也

---

① 《马克思恩格斯全集》（第46卷），中央编译局编译，人民出版社2003年版，第927—928页。
② 丰子义：《全球化与资本的双重逻辑》，《北京大学学报》（哲学社会科学版）2009年第5期。
③ 《马克思恩格斯全集》（第44卷），中央编译局编译，人民出版社2001年版，第871页。
④ 《马克思恩格斯全集》（第44卷），中央编译局编译，人民出版社2001年版，第873页。
⑤ 《马克思恩格斯全集》（第44卷），中央编译局编译，人民出版社2001年版，第871页。
⑥ 《马克思恩格斯全集》（第17卷），中央编译局编译，人民出版社1963年版，第377页。
⑦ 丰子义：《全球化与资本的双重逻辑》，《北京大学学报》（哲学社会科学版）2009年第5期。

可能是文明退步的过程，内含着的也可能是消解文明的逻辑。因为，资本"决不是废除一切界限和一切限制，而只是废除同它不相适应的、对它来说成为限制的那些界限"①，它所竭力突破的限制，既可能是负面的、消极的限制，也可能是正面的、积极的限制。如果突破的是负价值的限制，资本能够起到推动文明发展的作用，但如果资本突破正价值的限制，就会阻碍文明的发展，进而破坏人类文明。这对于资本是家常便饭的事情。就此而言，资本又内含着消解文明的逻辑。而当资本突破那些保护人类和文明最基本的限制或者说底线时，它就有可能毁灭全部人类文明。可见，价值增殖的本性与逻辑使资本必然"同时"衍生创造文明和消解文明这两种相反的逻辑。

为了最大限度地增殖价值，只要是有助于实现增殖的方式与手段，资本都会积极地采用。而无论是创造和发展文明，还是阻碍和消解文明，都不是资本的目的，只是其增殖的方式与手段。资本并不是只能通过创造和发展文明实现价值增殖，它也可以通过阻碍和消解文明这种相反的方式做到这一点。譬如，掠夺自然资源、污染生态环境、压榨弱势的原材料供应者、剥夺劳动者的应有报酬等侵害人类文明的方式，是资本节约成本获取更大利润的基本手段。确若阿克洛夫和席勒所言，"市场竞争的压力会迫使他们以设局和欺骗为手段，诱导顾客花冤枉钱购买自己原本不需要的东西，使员工做毫无意义的工作，使我们的生活最终变得一团糟"②。虽然这两种方式明显异质，但对于资本而言，它们是一致的，能够起到相同的效果。而且，更要紧的地方还在于，创造文明对于价值增殖并不总是有利的，正如消解文明对于价值增殖不都有害一样。因此，资本必须"理性"地、审时度势地作出选择。"只有对资本增殖和扩张来说有益的或绝对需要的东西，才能够存在，反之就没有存在的依据、价值和意义。"③ 人类的文明也毫不例外。当创造文明有助于价值增殖，或者说价值增殖需要创造文明的时候，资本会卖力地发展文明；而当消解文明有助于价值增殖，或者说价值增殖需要

---

① 《马克思恩格斯全集》（第31卷），中央编译局编译，人民出版社1998年版，第41页。
② ［美］乔治·阿克洛夫、罗伯特·席勒：《钓愚——操纵与欺骗的经济学》，张军译，中信出版社2016年版，前言第1页。
③ 王森：《资本统治、异化与全球化——马克思对资本主义消费的分析与批判》，《东岳论丛》2011年第11期。

消解文明时，资本也会义无反顾地阻碍乃至破坏文明发展。简言之，资本之所以必然摧毁文明的原因，同它之所以必然创造文明的原因是一致的。

以降低成本为例。资本需要尽可能地降低成本，但降低成本有很多种方法。有些方法有益于人类文明，许多方法却是有害于人类文明的。譬如，以科技创新的方式节约成本有助于文明的发展，然而，以掠夺自然资源、污染生态环境、压榨弱势的原材料供应者、剥夺劳动者的应有报酬等方式节约成本，无一不是对文明的伤害。资本"在世界范围内寻找降低成本的机会，……结果会造成地球上越来越多的地方变得越来越不适宜居住"①。但资本不会管自己降低成本的方式是有益于文明还是有害于文明，它只会看哪种方式最有利于自己实现价值增殖，并坚定地选取这种方式。"对于非慈善的资本而言，保护生物圈的要求是不被考虑在内的，它需要在可预见的未来收回投资并回流利润。"② 在"灵魂"的深处，资本在乎的只有价值的增殖。"不论经济的增长是否有意义——比如不管经济增长是否符合可持续发展的要求，也不管它对公众的福利有益还是有害，现存的资金总是千方百计地寻找……机会，以达到增值的目的。"③ 资本按照这种自行增殖的本性与逻辑运动，按照是否有利于乃至是否最有利于价值增殖的标准行动，而至于是创造文明还是消解文明，并不是资本真正在乎的事情。即便资本对此事关心起来，也必定是由于创造或消解文明对它的价值增殖造成了影响，让它不得不在乎。对此，马克思早就入木三分地指出，"资本是根本不关心工人的健康和寿命的，除非社会迫使它去关心。人们为体力和智力的衰退、夭折、过度劳动的折磨而愤愤不平，资本却回答说：既然这种痛苦会增加我们的快乐（利润），我们又何必为此苦恼呢？"④

虽然从理论上说，发展文明比破坏文明更有利于资本的"长远利益"，

---

① ［英］约翰·格雷：《伪黎明：全球资本主义的幻象》，刘继业译，中信出版社2011年版，第89页。

② ［美］哈里·马格多夫：《马格多夫关于资本主义和社会主义的四封书信》，孔德宏、牛晋芳摘译，《国外理论动态》2007年第4期。

③ ［德］格罗·詹纳：《资本主义的未来：一种经济制度的胜利还是失败？》，宋玮、黄婧、张丽娟译，社会科学文献出版社2004年版，第147页。

④ 《马克思恩格斯全集》（第44卷），中央编译局编译，人民出版社2001年版，第311—312页。

但在现实中，处于残酷竞争压力下的资本并不都是理性而目光长远的，往往还是反理性和目光短浅的。反文明手段能够增加资本在与其他资本激烈竞争中胜出的可能性，从而总是令资本趋之若鹜。从"主观目的"上看是如此，从"客观效果"上看更是如此。虽然《资本论》所批判的"面包素"这样"假冒伪劣"的东西在发达资本主义国家被一定程度地遏制，但在发展中国家却仍然十分流行。而从根本上危害人类文明的军工企业、转基因企业等则在整个世界蔓延开来，掌控了强大的力量，在某种程度上决定着人类的命运。"已经成为垄断资本主义经济中永久和庞大的组成部分的军工企业成为不断推动投资和科技进步的'外部刺激'。军方的需求在相当大程度上取代了未来投资者的需求。"[①] 由于军工企业的"发展"需要，人类和自然付出了巨大的代价。

最大限度的价值增殖还要求资本想尽一切办法从文明的变化（发展也好，停滞、倒退也罢）中获取好处。它不会放过文明中每一个有利于自己增殖价值的变化。只要有一点"积极"的改变，资本就会趋之若鹜地加以利用。同样，它也不会放过文明中每一个不利于自己增殖价值的变化。出现一丝"消极"的变化，资本也会如坐针毡。资本是"顺我者昌，逆我者亡"这一信条的忠实践行者。在文明的变化有利于价值增殖的情况下，它必然竭尽所能地加以维护和巩固，并力争将文明的变化控制在有利于增殖价值的范围和程度之内。而如果文明的变化不利于价值增殖，资本必定直截了当乃至赤裸裸地对文明"动手"，改变文明的水平与状态，努力让文明按照自己所需要的方向变化。总之，如果文明的进步有助于价值增殖，资本就会允许和促成；但如果不利于价值增殖，这个最高"统治者"也绝不会听之任之。

由上可见，在价值增殖逻辑支配下，资本必定总是既衍生和支配文明创造逻辑，又同时衍生和支配文明摧毁逻辑。这样，我们就能够理解价值增殖逻辑必然同时规约创造文明和摧毁文明这对矛盾逻辑的缘由与机理。但我们还可以更加具体地探究，价值增殖逻辑为何以及如何同时衍生和支

---

① ［美］保罗·巴兰：《增长的政治经济学》，蔡中兴、杨宇光译，商务印书馆2018年版，第22页。

配这两种逻辑。价值增殖逻辑既可以通过生产力、人、社会、自然等路径衍生和支配创造文明的逻辑，也可以通过这些相同的路径衍生和支配摧毁文明的逻辑。换言之，资本可以促成与推进生产力、人、社会和自然的文明化，同样可以阻碍与破坏生产力、人、社会和自然的文明化。通过这四个现代世界中最为重要的维度，能够更为深入地把握价值增殖逻辑对创造—摧毁文明逻辑的衍生与支配。限于篇幅，在此我们仅以最具基础性的生产力为例，说明为什么价值增殖逻辑必须同时规约文明创造逻辑和文明摧毁逻辑。在马克思心目中，生产力是人类文明最主要的果实。它不仅是人类生产所获得的外在成果，而且就是人类生产的能力本身，深刻地表征着人类的发展程度。在这种意义上，发展或破坏生产力，也就是创造或摧毁文明。

生产力的发展既可能有助于资本的价值增殖，又可能不利于价值增殖，或者说生产力的停滞和倒退也可能有利于价值增殖。马克思曾充分论证，生产力的发展能够让资本榨取更多的相对剩余价值。但发展的生产力也存在妨碍资本增殖价值的另一面。随着生产力的发展和传播，特别是科学技术的创新与推广，开放市场中的资本，尤其是先前处于优势从而占有较大利益的资本，将遭遇新的或更剧烈的竞争，从而削弱乃至丧失之前在生产资料、生产对象以至生产者或者研发设计、技术工艺等方面建立起来的优势，导致成本上升、产出下降、利润空间缩小等不利于价值增殖的情况出现。更重要的是，资本还可能模糊地感觉到，不断发展的生产力最终会冲破自己的掌控，甚至还可能反过来冲垮自己，从而根本地取消增殖价值的可能性。

因而，对于生产力的发展，资本总是表现出两种相反的态度与行为：既实际地促进生产力的发展，又实际地阻碍乃至破坏生产力的发展。鲁品越先生正确地指出，"资本追求自身增值是资本的市场权力的自我扩张，创造物质财富只是这种权力扩张的手段：目的是通过创造物质财富而增加社会对资本权力的依赖度，……当这种手段（创造财富）与目的（价值增值）相一致的时候，资本激发社会财富的创造，推动生产力的发展。而当二者不一致则阻碍生产力发展。"[①] 当生产力的发展有助于价值增殖的时

---

① 鲁品越：《〈资本论〉是关于市场权力结构的巨型理论——兼论社会主义市场经济的理论基础》，《吉林大学社会科学学报》2013年第5期。

候，资本不遗余力地促进生产力的发展；而当生产力的发展不利于价值增殖的时候，资本会同样不遗余力地改变和破坏生产力的发展，为自己的价值增殖扫清障碍。"当这种发展和进步不利于资本主义生产目的实现的时候，它就……宁可人为地阻止甚至是破坏生产力。"① 为了保证充分的利润空间，在经济危机时倾倒牛奶这一熟悉的事件，就是资本为自己增殖价值而破坏生产力的典型事例。同价值增殖相比，包括生产力在内的其他一切（哪怕是看起来十分重要的东西）对于资本都是无关紧要的。马克思明确指出，资本既提高也限制生产力，"资本在具有**无限度地提高生产力**趋势的同时，又……使**主要生产力**，即人本身片面化，受到限制……总之，资本具有限制生产力的趋势"②。无论是劳动者、劳动资料或劳动对象等结构性要素，还是科学技术等功能性要素，只要它们的发展有助于价值增殖，资本都会热烈欢迎；但是，只要这种发展"胆敢"不利于价值增殖，资本就会毅然决然地加以阻挠。这就是资本对生产力极其矛盾的态度。尽管看似悖谬，但这却是资本无比真实的状态。它真切地揭示出资本及其统治的本性。

  需要明确的是，资本拥有很强的影响生产力的能力。它并不是被动地受生产力决定，而是能动地反作用于生产力，甚至在特定范围内改变和限制生产力。马克思曾将资本主义社会的生产力指认为资本的生产力。"一切社会生产能力都是资本的生产力，因此，资本本身表现为一切社会生产能力的主体。"③ 在这个意义上，和生产关系一样，生产力也成为资本的属性。"在流动资本中各种劳动相互之间的社会关系表现为资本的属性，正像在固定资本中劳动的社会生产力表现为资本的属性一样。"④ 这就是说，在特定意义上，资本掌控了生产力。当生产力的发展达到一定程度，资本成为生产力发展的最大障碍。"资本不可遏制地追求的普遍性，在资本本身的性质上遇到了界限，这些界限在资本发展到一定阶段时，会使人们认

---

① 王峰明：《"一个活生生的矛盾"——马克思论资本的文明面及其悖论》，《天津社会科学》2010 年第 6 期。
② 《马克思恩格斯全集》（第 30 卷），中央编译局编译，人民出版社 1995 年版，第 406 页。
③ 《马克思恩格斯全集》（第 30 卷），中央编译局编译，人民出版社 1995 年版，第 587 页。
④ 《马克思恩格斯全集》（第 31 卷），中央编译局编译，人民出版社 1998 年版，第 113 页。

识到资本本身就是这种趋势的最大限制。"① 它不只在自己的能力范围内规约生产力发展的空间,而且还明目张胆地阻碍生产力的发展。不断提升的生产力,越来越不利于资本的增殖,因此,资本也越来越反对进而毁坏生产力,越来越表现出自身的局限性与狭隘性。不但在根本上破坏生产力的发展,宰制现代世界的资本还使生产力走向反面,成为一种有利于资本却对人类和自然造成严重负面效应的"破坏力"。

对生产力这一根本要素的分析表明,价值增殖逻辑不但衍生出创造文明逻辑与消解文明逻辑,而且也牢固地支配着这两种逻辑的运行及其方向与状态。创造文明和消解文明的逻辑在形成之后,按照其由价值增殖逻辑所规约的取向与程序展开运作,顺从地为增殖价值服务。但资本还始终严密地监视并管控着它们运作的"效果",使之绝对地服从于自己。如果运作的效果良好,有利于价值增殖,资本会继续保持或强化这两种逻辑;一旦运作的效果不佳,不利于价值增殖,甚至只是无法达成最大程度的价值增殖,资本就会予以调整。对于资本而言,这种监控与调整的能力格外重要。资本主义在五百年中不断的自我调整,是它延续生命力的重要保障。价值增殖逻辑还决定了这两种逻辑的消亡。一旦价值增殖逻辑消失,资本的创造文明逻辑和消解文明逻辑也不可能继续存在和发挥作用。取消了价值增殖逻辑,虽然资本不会继续摧毁文明,但也不能再寄希望于它创造文明。当然,反过来说,取消了价值增殖逻辑,尽管资本不会继续创造文明,但也不用再担心其摧毁文明。由此可以说,创造—消解文明的逻辑同价值增殖的逻辑是共存亡的。

不光创造文明的逻辑和消解文明的逻辑皆由价值增殖的逻辑所衍生和支配,而且它们之间的矛盾关系也由价值增殖逻辑这一核心逻辑所规约。创造文明的逻辑和消解文明的逻辑既互相对立,又内在一致、并存共生,乃至相互转化。因此,资本往往在创造文明的同时也摧毁文明,而在摧毁文明的同时也创造文明。在特定历史条件下,资本要创造文明,就必须消解文明。只有依靠野蛮的手段破坏文明,它才能实现创造和发展文明的"作用"。资本原始积累的血腥历史充分说明了这一点。而在另一些时候,

---

① 《马克思恩格斯全集》(第30卷),中央编译局编译,人民出版社1995年版,第390页。

资本又以发展文明之名行阻碍文明之实。资本将前资本主义文明拉进自己的体系，并不是真正为了进一步提升人类的文明，而是为了让人类及其文明永远停留在它的统治之中。要言之，增殖价值的本性迫使资本不得不变出这种令人眼花缭乱的"魔术"。创造文明逻辑和消解文明逻辑相反相成的关系，确证并强化了价值增殖逻辑的主导地位。以上是价值增殖逻辑同时衍生与支配创造文明逻辑和消解文明逻辑的机理。

## 第四节　诸相反相成的具体逻辑

矛盾无处不有、无时不在，它是"一切自己运动的根本，而自己运动不过就是矛盾的表现。外在的感性运动本身是矛盾的直接实有"①。从不同视角看，资本创造—消解文明的基本逻辑可以进一步分解为诸相互对立的具体逻辑，如理性化逻辑与反理性逻辑、提高效率逻辑与降低效率逻辑、竞争逻辑与垄断逻辑、创新逻辑与守旧逻辑、节约逻辑与浪费逻辑、公共性逻辑与私独性逻辑。资本总是内在地包含这些相反相成的逻辑。它们以各自的方式展示资本作用于人与世界的过程和机理。虽然力量强弱和显明程度各不相同，但它们都具有资本逻辑的本质规定，因而都是资本名副其实的逻辑，和其他三个层次逻辑一道，共同构成了资本逻辑总体。

（一）理性化—反理性逻辑。理性化是资本内含的强大逻辑。在资本主导下，整个世界不断体制性地"祛魅"。这得到学界充分的重视和研究。除马克斯·韦伯的著名分析外，熊彼特也从经济视角对资本主义的理性化作了相当到位的考察。在他看来，"资本主义不仅仅是一般性的经济活动，它毕竟是人类行为理性化的推进力量"②，"资本主义发展了理性，并用两种相互联结的方法增添理性的新锋芒"③。熊彼特还断言："资本主义文明

---

① ［德］黑格尔：《逻辑学》（下卷），杨一之译，商务印书馆1976年版，第66—67页。
② ［美］约瑟夫·熊彼特：《资本主义、社会主义与民主》，吴良健译，商务印书馆1979年版，第202页。
③ ［美］约瑟夫·熊彼特：《资本主义、社会主义与民主》，吴良健译，商务印书馆1979年版，第199页。

是理性主义的。"① "原本是经济理性发展产物的成本—利润计算法反过来对理性起作用；……这种类型的逻辑（态度或方法）……，强制地决定——合理化——人的工具和哲学、他的医药实践、他的宇宙观、他的人生观，事实上包罗万象，包括他的审美观念、正义感和他的精神抱负。"②特别是涉及投资与收益、成本与利润的时候，资本更是高度理性化地精打细算。资本家们总是希望"在一个可预测的时间段内收回投资，并在此后永久获利。在这方面有很成熟的测算公式，尤其是在资源发展领域，例如，在大石油公司工作的博士们，整日孜孜不倦地忙于这类测算"③。资本的理性化逻辑的确醒目。但需要注意的是，这种理性化并不就是有利于人之良性生存或美好生活的。虽然它能够一定程度地提升人的生存质量，但绝不能忽视其负面效应。甚至这种理性化本身就蕴含着对人之良性生存的阻碍与破坏，就实际地包含着非理性甚至反理性的向度。

反理性化同样是资本必定发生的趋向。不少思想家都强调要注意资本主义的非理性乃至反理性向度。布罗代尔就提醒人们不要"在资本主义和理性之间画等号"④。在资本主义世界中，"自由竞争是一种理性。垄断、投机和权势是另一种理性"⑤。赌博、投机、冒险和作弊等，都是资本主义内在的固有的因素，甚至在一定程度上可视为"资本主义发展的重要原因"⑥。这些论述都是有见地的。可以说，资本和全部现代人与世界，始终处于理性化与反理性化交糅变换之中。更要命的是，在表层的理性背后隐匿着深层的反理性。资本主义十分理性地制造出体制性的浪费，因为这是它的运行

---

① [美]约瑟夫·熊彼特：《资本主义、社会主义与民主》，吴良健译，商务印书馆1979年版，第205页。
② [美]约瑟夫·熊彼特：《资本主义、社会主义与民主》，吴良健译，商务印书馆1979年版，第200页。
③ [美]哈里·马格多夫：《马格多夫关于资本主义和社会主义的四封书信》，孔德宏、牛晋芳摘译，《国外理论动态》2007年第4期。
④ [法]费尔南·布罗代尔：《十五至十八世纪的物质文明、经济和资本主义》（第二卷），顾良、施康强译，商务印书馆2018年版，第708页。
⑤ [法]费尔南·布罗代尔：《十五至十八世纪的物质文明、经济和资本主义》（第二卷），顾良、施康强译，商务印书馆2018年版，第708—709页。
⑥ [法]费尔南·布罗代尔：《十五至十八世纪的物质文明、经济和资本主义》（第二卷），顾良、施康强译，商务印书馆2018年版，第711页。

和发展所必需的环节。"浪费远远不是非理性的残渣。"① 相反，它是一种理性的产物。资本非常明了，没有浪费，就没有积累。著名经济学家保罗·克鲁格曼指出，"私人支出或多或少是浪费的，只要它不会为未来埋下祸根，它就是件好事儿"②。经济学家们（无论左翼还是右翼）都已经看得很清楚，对于当代资本主义而言，"不仅政府赤字是必要的，而且'浪费性'支出在一定意义上也是必要的（不管这类支出是属于公共支出还是私人支出），甚至金融泡沫也都成为必要，只要这些措施不动摇整个系统的稳定性，它们都会有助于实现更快的经济增长"③。但这种理性的浪费却本真地显露出资本主义深刻的反理性。

资本生产以至整个资本文明，在表面和局部范围内是理性乃至高度理性的，但在深层和总体上却是反理性甚至高度反理性的。资本主义众多"理性的具体体现"使"这个社会作为总体却是非理性的"④。每个资本主义生产的单元都拥有发达的理性，但整个资本主义生产却表现出强烈的不理性乃至反理性，难以产生社会总体的界限意识。一度喧嚣的共享单车市场异常清晰地暴露了资本生产的非理性与反理性。公共的反理性甚至往往由私人的过度"理性"造成。在金融资本主义世界中，为了获得最大化的收益，理性人越来越被动地跟着不理性的人行动，最终造成社会的反理性。非理性乃至反理性的情绪普遍地高涨起来。连以阿克洛夫和席勒等许多拥护自由市场的西方经济学家都清楚地看到了这一点。资本主义生产非但不以人的存在及其优化为目的，而且不惜以人作为手段乃至代价。不仅物质生产如此，精神生产、社会关系生产乃至人本身的生产也都如此。资本文明在本质上是一种使人物化的文明。事实上，当我们依据现实把人类所创造的现代文明称为资本文明时，就已然内在地表征和泄露了这种文明的反人性。

---

① [法] 让·鲍德里亚:《消费社会》，刘成富、全志钢译，南京大学出版社2014年版，第22页。

② Paul Krugman, *Secular Stagnation, Coalmines, Bubbles, and Larry Summers*, New York Times blog, November 16, 2013, http://Krugman.blogs.nytimes.com.

③ [美] 弗雷德·马格多夫、约翰·福斯特:《停滞与金融化：矛盾的本质》，张雪琴译，《政治经济学报》第4卷。

④ [美] 赫伯特·马尔库塞:《单向度的人——发达工业社会意识形态研究》，刘继译，上海译文出版社2008年版，导言第2页。

## 第二章 资本逻辑的层次结构

资本对自然加诸了残酷的掠夺与破坏，甚至威胁到自然和人类存在的底线。诚如社会学家格罗·詹纳所言，"高度发达的工业文明对自然具有如此强大的统治力量，以至于它像一个危险的火药桶，它本身激起的威力就可能使它爆炸"①。然而，人们却近乎盲目和疯狂地把对自然的伤害也归入经济增长，并且还为此自鸣得意，从而进一步加剧了这种伤害。在现行的经济评价体系中，"人们没有把对自然的毁坏作为借方项目从国民生产总值的计算中扣除，……却把它计入贷方项目。……根据目前计算的国民生产总值，对自然的不断破坏却体现了人类'福利'的增加！"② 这不仅是对自然的伤害，而且也是对人类自身的伤害。"由此勾勒出的国民经济产值增加的假象是十分危险的，因为它抹煞了现实存在的威胁"③，将人类置于危险却不自知的境地。④

作为本质上反人类、反自然的文明，资本文明当然也是反理性的文明。启蒙理性之所以走向它的反面，根本原因正是资本的宰制。资本所看重的理性主要是工具理性或形式理性，而非价值理性或实质理性。工具理性的过度膨胀，意味着价值理性的式微乃至消弭和对虚假价值理性的追逐，进而反转为非理性乃至反理性的勃兴。社会越是工具理性化，就越是反理性化。在这个意义上，资本促成工具理性的统治，也就是反理性的过程，亦即韦伯所说的理性化的中断，理性被拘押在"铁笼"之中。马尔库塞指出了发达工业社会"整体日益增长的不合理性"⑤。市场社会主义的代表人物——大卫·施韦卡特甚至认为，资本主义全部功能都是非理性的。⑥

---

① ［德］格罗·詹纳：《资本主义的未来：一种经济制度的胜利还是失败？》，宋玮、黄婧、张丽娟译，社会科学文献出版社 2004 年版，第 188 页。
② ［德］格罗·詹纳：《资本主义的未来：一种经济制度的胜利还是失败？》，宋玮、黄婧、张丽娟译，社会科学文献出版社 2004 年版，第 184 页。
③ ［德］格罗·詹纳：《资本主义的未来：一种经济制度的胜利还是失败？》，宋玮、黄婧、张丽娟译，社会科学文献出版社 2004 年版，第 184 页。
④ 在这种国民生产总值的计算体系中，不仅诸如河流污染这样对自然的伤害，而且连交通事故这样对人的伤害也有助于增加国民生产总值，从而为一些人津津乐道。
⑤ ［美］赫伯特·马尔库塞：《单向度的人——发达工业社会意识形态研究》，刘继译，上海译文出版社 2008 年版，第 199 页。
⑥ ［美］大卫·施韦卡特：《超越资本主义》，宋萌荣译，社会科学文献出版社 2006 年版，第 4 页。

在资本统治下，人与社会表现出显著的反理性特别是反价值理性的面相，变得盲目、偏执乃至疯狂，反对理性的声音越发强劲，甚至引发了反理性主义的浪潮，令一些学者不得不强调重建理性主义信念的必要性。甚嚣尘上的"后真相"是资本反理性逻辑的最新征象。综上所述，如果没有有效的调整转换、改善创优，在某种范围内，资本的理性化注定也就是反理性化。

（二）提高—降低效率逻辑。资本既具有提高效率的逻辑，又存在降低效率的逻辑；在特定的方面显著改善了效率，但在根本的意义上又是反效率的。效率是产出同投入的比率。要想有效率，首先得有产出。为此，资本总是以"有用性的眼光"看待和处理一切，在效用关系中构造出一个普遍有用性的体系，让一切存在都变成这个体系的构件与体现者，丧失自身感性、诗意的光辉。从而，资本为自己创造出一个"有用"的世界。在效用原则的基础上，资本进而追求效率原则。为了价值的更大增殖，资本总是尽可能地增加产出与收益，同时尽可能地减小成本与投入，从而显著提高了效率。"全球资本主义曾经是，现在依旧是一台高效无比的机器，它以不可思议的速度进行着生产和消耗。"① 马克思明确指出，较之于奴隶制和封建制，资本的生产效率是最高的，大幅度地增加了人们生产乃至全部活动的效率，从而创造出更高的生产力和文明。

资本对效率的提升是以一整套相当完善的体制机制作为保证的。在前资本主义社会，"生存并不取决于一个人的生产过程是多么高效"，但在资本主义社会中，"为了确保获得生存所需的物品，人们现在必须转向市场"，"经济主体全面依赖市场"。这种"全面的市场依赖性，促成一项系统的规定，以降低与价格相关的生产成本"。"这种积累的逻辑成为一个隐性的、理所当然的元素，嵌入每个业务决策中"②。效率的不断提升，是资本主义一个重大历史进步性。社会主义只有在继承和超越资本主义生产效率的基础上才能健康发展，并取代资本主义。

---

① ［美］米格尔·森特诺、约瑟夫·科恩：《全球资本主义》，郑方、徐菲译，中国青年出版社2013年版，第4页。

② ［加］尼克·斯尔尼塞克：《平台资本主义》，程水英译，广东人民出版社2018年版，第7页。

但是，如果对资本主义的效率产生盲从乃至迷信，就大错特错了。米瑟斯曾反复强调，"只有资本主义和自由主义，只有私有制和自由经营活动，才能确保人类劳动达到最高的效益"①。此言过于盲目自信了。实际上，在增殖价值的压力之下，资本也存在着很多反效率逻辑的因素。约翰·罗默甚至认为资本主义是低效的，他说："当今马克思主义者最重大的任务在于建构一种现代社会主义理论。这种理论必须论证当代资本主义的低效和不公正。"② 这一见解包含着真理的成分。

首先，在资本内部，就存在着降低效率的另一面。效率并不总能成为资本主义社会的主导原则。"当其他的因素比个人效率能够更多地导致更高的收入时，个人效率准则仅仅起到一种从属的作用。比如当个体可以通过关系和政治影响带来社会地位的上升时，上述动机链条就不再起作用了。当个体通过个人效率来谋求成功时，其他人却能够简单地通过关系的途径而使这种努力失败。"③ 资本在演变的过程中越来越丧失效率。"自由市场经济应该将其强大归因于个人效率准则，但同时这一准则正逐渐被同样强大的相反力量所替代"，在资本主义经济形态中，"财富的积累越来越缺乏效率的支持或干脆以牺牲效率为代价"④。资本主义甚至已然"不再需要这种基本的效率准则"，结果，"效率准则被废止"⑤。因此，斯蒂格利茨正确地总结道："今日学术界中已无人会支持自律性市场必导向高效率且均匀的资源分配这一论点。"⑥

其次，资本的效率也不等于人的效率。在主要的意义上，这种效率只

---

① ［奥］路德维希·米瑟斯：《自由与繁荣的国度》，韩光明等译，中国社会科学出版社1995年版，第212页。
② 转引自李旸《试论分析的马克思主义的政治哲学转向》，《中国人民大学学报》2013年第2期。
③ ［德］格罗·詹纳：《资本主义的未来：一种经济制度的胜利还是失败?》，宋玮、黄婧、张丽娟译，社会科学文献出版社2004年版，第96页。
④ ［德］格罗·詹纳：《资本主义的未来：一种经济制度的胜利还是失败?》，宋玮、黄婧、张丽娟译，社会科学文献出版社2004年版，第98—99页。
⑤ ［德］格罗·詹纳：《资本主义的未来：一种经济制度的胜利还是失败?》，宋玮、黄婧、张丽娟译，社会科学文献出版社2004年版，前言第9—10页。
⑥ 这是斯蒂格利茨为波兰尼这一富有思想的名著撰写的序言的一句话。参见［英］卡尔·波兰尼《巨变：当代政治与经济的起源》，黄树民译，社会科学文献出版社2017年版，第4页。

是资本的效率，它增加的只是相对于资本的产出，减少的也只是相对于资本的投入，而不是其他存在特别是人的投入与产出。因而，于人而言，资本的效率并不就是效率，资本效率的提升并不一定就是效率的提升。而且，资本效率的提升往往不是人的效率的提升。因为，无论产出还是投入，都不以人为中心，而是以资本为出发点计算的。当然，资本制造出诸多假象，让人误以为它所提升的是一种"真正"有利于人的效率。资本造成了社会的"加速逻辑"，导致"生活节奏的加速"[①]。但这样一来，资本的效率就更不会是人的效率了，而是一种"骗人"的效率。它确定无疑地只是资本的效率。任何对这种效率的过度期待和迷信都是可怕而可悲的。

最后，也是最重要的，资本的效率还经常直接建立在损害社会效率的基础上。资本在追逐效率的过程中，制造了巨大的浪费和严重的破坏，让人类为之付出了高昂的代价。安德烈·高兹甚至认为，资本主义生产就是破坏。虽然极端，但也正确强调了资本主义生产的内在破坏性。从投入或成本的角度看，如前所述，资本降低成本的方式可能是有害于人与社会的。资本不仅可以将成本"内化"给本国的自然与他人，而且能够"外化"给整个世界的所有他者。从产出或收益的方面看，资本的产出对于人与社会而言也可能是负担。生产过剩就是典型表现。为了资本的效率而牺牲人类的效率，这是一种本末倒置的反效率。许多资本主义的拥护者看不到甚至不想看到资本的这种反效率逻辑，不仅十分错误，而且非常危险。究其根本而言，资本唯一的效率逻辑是增殖的效率逻辑，只有这个逻辑是必然的，其他的一切都视其而定。

（三）竞争—垄断逻辑。价值增殖的逻辑既催生了资本的竞争逻辑，也派生出垄断逻辑。资本经常性地处于竞争状态之中。"竞争不过是资本的内在本性，是作为许多资本彼此间的相互作用而表现出来并得到实现的资本的本质规定，不过是作为外在必然性表现出来的内在趋势。"[②] 人们普遍认为，竞争是资本开拓、创新的驱动力量，也是资本主义的"核心竞争

---

[①] ［德］哈尔特穆特·罗萨：《加速：现代社会中时间结构的改变》，董璐译，北京大学出版社2015年版，第86页。

[②] 《马克思恩格斯全集》（第30卷），中央编译局编译，人民出版社1995年版，第394页。

力"与历史进步性。"资本主义的首要基础是市场,也就是竞争。"① 竞争甚至还是使资本成为资本的条件之一。于是,汉克提出,"世界经济必须更加严格地按照盎格鲁－撒克逊模式发展。……并不是因为美国有好的境况……,而是因为在那里市场在最明确的竞争中运行着"②。

但必须注意,"竞争的积极作用是必须与特定的前提相联系的。若竞争不与对社会有益的目标相联系的话,就会体现出其破坏性的内在特征"③。而且,事实上,竞争只是资本增殖价值的一种方式而已。无论竞争还是垄断,只要有助于增殖和积累,资本都会支持。当然,需要合理地理解垄断。"垄断资本学派"说得好:"当我们使用'垄断'一词,我们不是在非常狭隘的意义上、仅指只有一个卖家的市场。这种意义上的垄断实际上根本不存在。我们是按经济学经常使用的那样,指的是公司拥有足够的市场实力来影响价格、产量和行业投资——因而行使'垄断权力'——限制新的竞争对手进入该行业,即使存在高利润率。"④

当其他资本处于垄断地位时,资本渴望获得竞争的机会。只有通过竞争,它才可能分得一杯羹。而当自己处于垄断地位时,资本却十分排斥竞争,极力维护其垄断地位。不仅如此,从内心深处看,较之竞争,垄断是资本更加梦寐以求的。对于最大化的价值增殖而言,垄断显然要比竞争有利得多。"在完美竞争的情况下,是绝对不可能赚取有意义的利润的","要获取有意义的利润,需要的不是竞争,而是垄断",即使不是绝对垄断,也是相对垄断。充分竞争的市场不可能保证长期的高额利润。而在垄断的条件下,利润的得来要容易得多,甚至还可能"赢者通吃"。"只要世界经济正在经历急剧扩张,……总会有一些'主要'产品是被相对垄断的","正是从这些相对被垄断的产品中,才获取了大量利润,也才积累了

---

① [法]米歇尔·阿尔贝尔:《资本主义反对资本主义》,杨祖功等译,社会科学文献出版社1999年版,引言第5页。
② [德]赖纳·汉克:《平等的终结——为什么资本主义更需要竞争》,王薇译,社会科学文献出版社2005年版,第82页。
③ [德]格罗·詹纳:《资本主义的未来:一种经济制度的胜利还是失败?》,宋玮、黄婧、张丽娟译,社会科学文献出版社2004年版,前言第8页。
④ [美]约翰·福斯特、罗伯特·麦克切斯尼、贾米尔·约恩纳:《21世纪资本主义的垄断和竞争》(上),金建译,《国外理论动态》2011年第9期。

大笔资本"①。一旦不得不接受其他资本的竞争，就意味着不能再像过往那样单凭垄断地位就轻松获得高额收益。从而，资本总是憧憬着将这种垄断地位永恒化。但是，为了得到垄断的机会，将所有的"羹"都据为己有，资本又不得不参与竞争。在这个意义上，竞争只是资本实现垄断目的的手段而已。而且，资本还制造了许多恶性的竞争，它们的重要目的之一就是获取垄断地位。"竞争总有导致垄断的趋势。"②

可见，价值增殖逻辑使资本内在地具有反竞争的垄断逻辑。这一逻辑的发展必然逐步削弱竞争逻辑。资本主义从自由竞争过渡到垄断，进而从私人垄断过渡到国家垄断乃至国际垄断，正是由垄断逻辑决定的。列宁正确地指出，"现在已经是垄断者在扼杀那些不屈服于垄断、不屈服于垄断的压迫和摆布的企业了"③。资本主义特别是垄断资本主义世界虽然在某些方面充满竞争，但在某些方面却抛弃了竞争，"作为一般规则，真正的价格竞争在资本主义的垄断阶段中是受到严厉禁止的"④。当然，在资本主义的发展过程中，从来没有过完全垄断的时期，正如从来没有过完全竞争的时期一样。"垄断性竞争"也是当代资本主义的常见形式。布罗代尔说得好："从市场经济的自由竞争中脱胎出来的……资本主义……并不完全消除竞争，而是凌驾于竞争之上，与之并存。"⑤除了竞争实际的益处外，表面的竞争还有一些其他的好处，如造成行业已"企满为患"的假象，也可以让内行人看到再加入行业竞争的前景只能是那些边缘企业的现状。因此，资本主义经常试图在垄断和竞争之间促成某种平衡。⑥波德里亚甚至

---

① [德]于尔根·科卡、[荷]马塞尔·范德林登：《资本主义：全球化时代的反思》，于留振译，商务印书馆2018年版，第249页。

② [美]大卫·哈维：《跟大卫·哈维读〈资本论〉》（第二卷），谢富胜、李连波等译，上海译文出版社2016年版，第28页。

③ [苏]列宁：《帝国主义是资本主义的最高阶段》，中央编译局编译，人民出版社2001年版，第19页。

④ [美]约翰·福斯特、罗伯特·麦克切斯尼：《垄断金融资本、积累悖论与新自由主义本质》，武锡申译，《国外理论动态》2010年第1期。

⑤ [法]费尔南·布罗代尔：《十五至十八世纪的物质文明、经济和资本主义》（第二卷），顾良、施康强译，商务印书馆2018年版，第710页。

⑥ [德]格罗·詹纳：《资本主义的未来：一种经济制度的胜利还是失败？》，宋玮、黄婧、张丽娟译，社会科学文献出版社2004年版，第29页。

认为,"在所有领域,两家垄断都是垄断的完成阶段。……权力只有使自己分解为一些等价的异体,只有使自己分裂为两部分而得到倍增,才是绝对的"①,"垄断稳定在二元形式上"②。

(四)创新—守旧逻辑。创新是资本的突出特征和重要优越性。资本展现出显著的创新逻辑,学界给予了充分重视。譬如,在代表作《经济发展理论》中,熊彼特就提出,创新是资本主义社会经济历史中突出的事实。在前资本的生产方式中,别说创新,甚至连更新都不积极和及时。而处于激烈竞争的资本不得不积极地进行更新乃至创新。在增殖逻辑催动下,"技术创新成了反映资本家欲望的一种拜物对象"③。哈维所言非虚。而且,资本主义社会中的创新是总体性的,并不局限于某个或某些领域。创新构成资本主义自我调整和生命延续的源泉之一。要超越和扬弃资本主义,不能不借鉴和吸收其创新性,否则只能是一种守旧乃至危险的行动。

但资本也存在着守旧的另一面。尽管面临巨大的竞争压力和被淘汰的危险,许多企业还是自觉或不自觉地守成。在资本主义数百年的发展过程中,这种现象层出不穷。并非每一个微观资本都愿意或能够实现创新,更不是每一个微观资本都愿意或能够长久创新。曾经的手机巨头诺基亚轰然倒下,根本原因就在于守旧。而取而代之的苹果手机近年来也由于创新乏力,市场优势不断消弭,大有被众多先前的"小鱼"赶超之势,以至于它的政府代理人不得不亲自出面严酷打压强大的竞争者——华为手机。

事实表明,当守旧比创新更有利于增殖价值,或者守旧同样可以增殖价值的时候,资本也会选择守旧,而不总是选择创新。因为,创新是有难度的,需要很大的投入与成本,而且并非都有更高的产出与收益,还必须实实在在地冒失败的危险。而且,失败的可能性要远大于成功。相比之下,守成就比创新容易得多,近于"不费吹灰之力"。如果以先前的办法能够有效增殖,那么资本就可能倾向于不冒或少冒风险以旧有方式进行价值增殖。任平先生总结得很到位:"创新成功的永远是少数,而有无数资

---

① [法]波德里亚:《象征交换与死亡》,车槿山译,译林出版社2012年版,第91页。
② [法]波德里亚:《象征交换与死亡》,车槿山译,译林出版社2012年版,第92页。
③ [美]大卫·哈维:《资本社会的17个矛盾》,许瑞宋译,中信出版社2016年版,第99页。

本因循守旧而崩溃，无数个体资本创新失败而归于消亡。"①

但资本最根本的守旧之处在于，它永远顽固地维持自己的生产方式与文明形态，维护自己的统治地位，破坏和抵抗一切不利于它的新的生产方式和文明因素。资本越是强大，越是维护自身，这种守旧性越是表现得淋漓尽致。可以说，创新只能在有益于资本及其"主义"的范围内进行，因为创新是为了强化而不是摧垮资本。一旦创新威胁到核心利益，资本不仅不会鼓励而且还会毫不留情地压制乃至破坏创新。这是再简单不过的账目，精于算计的资本是绝不会算错的。然而，尽管资本在主观上不会允许创新越出自己的掌控，但在客观上，正如无法控制不断发展的生产力一样，资本也无法抑制创新所促成的对于自己的"革命"。不过，即便如此，资本依然奢望"终结"历史，不可能心甘情愿地交出最高权杖，而势必螳臂当车般地同终将推翻自己的新的生产方式和文明形态殊死搏斗。

（五）节约—浪费逻辑。资本看似喜欢节约，实则更喜欢浪费。在人们的一般印象中，资本为了降低成本，获得更多利润并在竞争中获得有利地位，会积极地促成节约。对此，一些研究者在考察或歌颂资本的优越性时已做过充分的分析和强调。资本有时的确会有节约的需要。高效意味着资本在总的生产过程中节约了大量不必要和低水平的投入或成本。这种成机制、成体系的节约是资本主义重要的历史进步性。"传统社会主义"模式之所以没能根本超越资本主义，很重要的原因之一就在于，虽然在特定的方面或环节更能集中力量，但在总体上不及资本主义高效和节约。桑巴特甚至把节约、节俭等视为创造资本主义的"市民精神"之重要内容。②然而，这只是资本主义"故事"的美妙开头，接踵而至的却是可怕的浪费。

事实上，节约时常并不能让资本对自己产生太大的兴趣，因为它并不能给资本带来太多的好处，并非实现价值增殖和获得垄断地位最有力的手段。

---

① 任平：《论"21世纪马克思主义"的出场路径与当代使命》，《吉林大学社会科学学报》2017年第6期。

② ［德］维尔纳·桑巴特：《现代资本主义》（第一卷），李季译，商务印书馆1936年版，第215页。

譬如，在原材料方面，资本并不特别需要节约。因为，随着经济的全球化，"发达国家拥有强大的经济和军事力量，它们可以利用原料供应者的竞争从中获利。许多第三世界国家对西方的负债很高，它们只能出卖自己的自然资源获得收入。就算是没有外国的压力，穷国之间的竞争也会使它们在世界市场上廉价出售自己的自然能源。由于这个原因，许多产品的原材料价格在总成本中所占的比例极小，能源节约并不能使经营具有太大的竞争优势"①。

另外，资本所增加的成本完全可以通过更高的收入所弥补。目前世界上流行的各种各样的"排放税""污染税""拥堵费"，等等，不能真正解决资本所造成的各种社会与生态问题。因为，它们并没有抓住事情的根本，而且还以资本而非超资本的方式解决现实中的问题与困境。② 更关键的是，节约对于资本及其价值增殖甚至可能是致命的。"每个资本家虽然要求他的工人节约，但也只是要求他的工人节约，因为他的工人对于他来说是工人，而决不要求其余的工人大众节约，因为其余的工人大众对于他来说是消费者。因此，资本家不顾一切'虔诚的'词句，却是寻求一切办法刺激工人的消费，使自己的商品具有新的诱惑力，强使工人有新的需求等等。"③ 因此，为了价值增殖的有效实现，资本并不需要节约，甚至还可能反对节约。在当代最发达的资本主义国家中，民众所消耗的资源的人均数量是发展中国家的数倍。如果每个人都以美国的标准来生活，那么，地球根本提供不了如此多的资源。在这当中，一部分是由资本促成的不必要消耗。

从而，较之资本所制造出的更大的浪费，它的节约显得微不足道。早在《1844年经济学哲学手稿》中，马克思就指出，资本"推崇节约是为了生产出财富即奢侈"④。在后来的《资本论》中，马克思又强调指出，资本家的"奢侈——奢侈本身现在也成为获得信用的手段——正好给了另一种关于禁欲的说法一记耳光。在资本主义生产不很发达的阶段还有某种意

---

① ［德］格罗·詹纳：《资本主义的未来：一种经济制度的胜利还是失败？》，宋玮、黄婧、张丽娟译，社会科学文献出版社2004年版，第199页。
② 在我国，类似现象似乎也越来越多。
③ 《马克思恩格斯全集》（第30卷），中央编译局编译，人民出版社1995年版，第247页。
④ ［德］马克思：《1844年经济学哲学手稿》，中央编译局编译，人民出版社2000年版，第124页。

义的各种观念，在这里变得完全没有意义了"①。这种奢侈必然造成不必要的浪费。后来的桑巴特还详细考察了资本主义和奢侈的密切关联，指出资本主义是"奢侈的产物"，"奢侈促进了当时将要形成的经济形式，即资本主义经济的发展"②。

资本主义模式在生产和消费两端都制造出大量浪费。新的、时髦的代替了旧的、不时髦的，但还没等到稳固下来就已经被更新、更时髦的取代了。生产过剩所造成的浪费显而易见，无须多言。这种过剩和对物质欲望的过度开发，是对资源和劳动以至人本身的浪费。"不求天长地久，但求一朝拥有。"这是一个美妙的格言，富有吸引力。任何商品和服务都注定只可能成为匆匆一现的昙花。可见，两极相通。在许多情况下，节约也就是浪费。以掠夺自然资源、污染生态环境、压榨弱势的原材料供应者、剥夺劳动者的应有报酬等方式节约成本，无一不是对文明的侵害。急速生长起来的快递业，在为人们节省大量时间、带来巨大便利的同时，也造成了严重的浪费和污染，亟须加以调整和矫正。然而，在资本主义生产方式范围内，这个问题是无法完全解决的。可以说，在追求效率过程中，资本付出了巨额的成本和高昂的代价，制造了可怕的浪费。

资本浪费物，浪费自然，但更重要的是浪费人。这是资本最具根本性的局限与负面效应。在早期资本主义条件下，马克思指出，"资本主义生产……是最节省**已实现的劳动**，即实现在商品中的劳动的。但同时，资本主义生产比其他任何一种生产方式都更加浪费人和劳动，它不仅浪费人的血和肉，而且浪费人的智慧和神经"③。于资本而言的节约，往往是于人而言的浪费。马克思早就做过严厉的批判："国民经济学这门关于财富的科学，同时又是关于克制、穷困和节约的科学，而实际上它甚至要人们节约对新鲜空气或身体运动的需要。"④ 资本使人不仅在直接感觉如吃等等方

---

① 《马克思恩格斯全集》（第46卷），中央编译局编译，人民出版社2003年版，第498页。
② ［德］维尔纳·桑巴特：《奢侈与资本主义》，王燕平、侯小河译，上海人民出版社2005年版，第160页。值得注意的是，在《现代资本主义》中桑巴特就指出了资本主义和奢侈的关联。
③ 《马克思恩格斯全集》（第32卷），中央编译局编译，人民出版社1998年版，第405页。
④ ［德］马克思：《1844年经济学哲学手稿》，中央编译局编译，人民出版社2000年版，第123页。

面,"而且也应当在普遍利益、同情、信任等等这一切方面节约"①。一句话,资本总是试图"节约"一切对增殖不利或无益的东西,至于这些东西对于人的意义并不是资本所关心的内容。即便资本关心起来,也是因为它们同资本的利益发生了关联。当然,随着资本主义的发展,这些现象或多或少有所改变。

但必须注意的是,以上只是对人表层的浪费,还有更为深层的浪费。在资本驱使下,现代人也和资本一样高度注重效率,时时处处、一举一动都小心翼翼地贯彻效率原则。然而,人们所执行的只是资本而非真正人的效率原则,对根本的人的效率问题视而不见,甚至漠不关心。在孜孜不倦地追求"成功"的道路上,人们投入了生命这一最大的成本。然而,不加节制地损耗和透支生命,实际上极大地抬高了"成本"。可见,即使按照效率"法则",不顾身心健康地提高所谓效率也是不明智的。更重要的是,既然以宝贵的生命作为"成本",那么"产出"应该配得上所付出的生命。然而,在资本的魔法城堡中,人们迷失了方向,往往忘记或者根本看不到这一点,趋之若鹜地追逐一些配不上生命的东西,从而也只能得到对于生命而言不值一提的东西。施特劳斯说得好,"我们落到了这样的地位:在小事上理智而冷静,在面对大事时却像个疯子在赌博;我们零售的是理智,批发的是疯狂"②。事实上,既然最根本的投入是生命,那么最重要的"产出"也应该是生命——高质量的生命。在这个意义上,资本是对人的生命和生命的人的根本否弃。然而,至今,绝大多数人依然看不穿自身也被包含其中的浪费,甚至仍然趋之若鹜地将其实现出来。

自然、社会和人越来越商品化、货币化特别是资本化,受资本宰制,沦为增殖和统治的工具,成为资本的构件或者说派生物,而无法恢复或超拔至应有的境界。这是自然、社会和人最根本的浪费。自然、社会和人的一切特点,无论缺点还是优点,都被资本处心积虑地加以利用。马克思曾

---

① [德] 马克思:《1844年经济学哲学手稿》,中央编译局编译,人民出版社2000年版,第124页。
② [美] 列奥·施特劳斯:《自然权利与历史》,彭刚译,生活·读书·新知三联书店2016年版,第4页。

指出，异化劳动"把人对动物所具有的优点变成缺点"①。有理由认为，浪费是资本主义的内在基因。而且，多数的成本和代价并不在自己的"账簿"上，资本可以无意或有意地忽略，从而可以更加肆无忌惮地发挥这一基因。资本将这种浪费的"基因"植入全部现代人与现代世界的存在之中。从而，使整个现代世界不仅存在，而且反复地生成这种浪费的"基因"。可以说，如果摒除了浪费，资本就无法继续存在，资本世界也就瓦解了。

只有依靠浪费，资本才能源源不断地获取高额利润。人的需要不是无限的，而是有限的。没有所谓的"时尚""潮流"和"更新换代"以至"炫耀性消费"，一句话，没有浪费，市场很快就会饱和，商品很快就失去销路，从而，资本就无法增殖。"满足需求，保持就业岗位，保护自然是经济的三个核心目标，但是它们之间的关系并不是很协调。如果需求得到了满足，就业岗位就会减少。如果想要保持就业岗位，就不得不发展为一种浪费性的经济，还要忍受它带来的种种后果。刺激浪费的一种办法就是缩短产品的使用周期。"② 在资本主义社会中，"企业都采取了双重策略，在生产方面，它们没有限制消费的积极性（与成本下降有关），在销售方面，它们甚至要不惜一切去鼓励浪费，为的就是把生产出的成品尽可能多地卖出去。节约对于企业来说永远都是为了达到目标的临时性措施"③。可以毫不夸张地说，资本可以浪费除自己和自己的增殖之外的一切存在。

在当代，资本这种表面节约下的浪费愈演愈烈。资本主义体系的生产过剩在一些领域已经越出相对过剩的范围，而达至绝对过剩的程度。譬如，服装生产在数量上已经绝对地超出了人类所需要的范围。这既过分消耗自然资源，无可挽回地破坏生态系统，也过度耗费"人力资源"，占用人们本可以享有的自由时间。鲍德里亚深刻地指出，在资本主义生产方式

---

① 《马克思恩格斯全集》（第3卷），中央编译局编译，人民出版社2002年版，第274页。
② [德]格罗·詹纳：《资本主义的未来：一种经济制度的胜利还是失败？》，宋玮、黄婧、张丽娟译，社会科学文献出版社2004年版，第197页。
③ [德]格罗·詹纳：《资本主义的未来：一种经济制度的胜利还是失败？》，宋玮、黄婧、张丽娟译，社会科学文献出版社2004年版，第200页。

中，"为生产而生产中不再有浪费"①，浪费"具有特别的社会功能"。对于个人而言，"在浪费出现盈余或多余现象情况时，才会感到不仅是生存而且是生活"②，"商品只有在破坏中才显得过多，而且在消失中才证明财富"③。对于整个生产方式来说，"这种最高形式的'消费'与个人对商品如饥似渴的渴望一样属于消费社会的一部分。两者共同保证了生产范畴的再生产。"④ 从而，"浪费式消费已变成一种日常义务"⑤。即便生产不过剩，即使众多"想要"仍旧嗷嗷待哺，但对"想要"而非需要的"满足"本身就是浪费。资本主义总是对"需求不足"忧心忡忡，但对于人的良性生存而言，过度充盈和活跃的"需求"并不是有益的。

（六）开放—封闭逻辑。资本表现出强烈的开放性。这种开放性首先体现在空间上。资本天生是一个"世界主义者"。它绝不会满足于只在某个特定地域活动，而势必将足迹踏向宽广的领域乃至整个世界。"没有祖国"或许更适用于资本及其化身。它在整个世界都打上深刻烙印，按照自己的秉性创造出一个属于自己的世界。如果人类活动能够实质性地拓展到宇宙，那么，浩瀚的宇宙也必定成为资本的活动场所。但除空间的开放性外，资本的开放性还有更为根本的向度和深层的内涵。它总是主动、积极乃至近乎贪婪地放开吸收一切有助于增殖的因素。为了更好地获取利润，资本可以同所有新鲜、异质的东西打交道，吮吸其精华。或者将自己变成它们，或者把它们变成自己，或者两个方面同时进行。于是，肇始于西方的资本文明同世界各地传统乃至古老的历史文化十分紧密地融合在一起。麦当劳、肯德基的中餐化和中餐的麦当劳、肯德基化是非常生动的例子。这种开放性是资本之所以能够不断自我调整和改良的重要原因。

---

① ［法］波德里亚：《象征交换与死亡》，车槿山译，译林出版社2012年版，第34页。
② ［法］让·鲍德里亚：《消费社会》，刘成富、全志钢译，南京大学出版社2014年版，第22页。
③ ［法］让·鲍德里亚：《消费社会》，刘成富、全志钢译，南京大学出版社2014年版，第27页。
④ ［法］让·鲍德里亚：《消费社会》，刘成富、全志钢译，南京大学出版社2014年版，第26页。
⑤ ［法］让·鲍德里亚：《消费社会》，刘成富、全志钢译，南京大学出版社2014年版，第26页。

然而，资本开放性的源泉也就是其封闭性的源头。也可以说，开放性本质上也是资本封闭性的表征。因为，资本一切开放性活动的最终目的都是它的根本利益，即增殖与统治。在这个意义上，开放性不过是资本封闭性的手段而已。正是为了达成封闭性的目的，资本才不得不无比积极地开放。换言之，开放性在深层的意义上强化和构成资本的封闭性。资本必须始终牢固地掌控这个世界为其所用。整个世界归根到底都必须按照它的方式运转。这是资本的"座架"。"对于资本而言，一方面它需要新的想法和人才来加速资本积累的过程，另一方面为了使效率和利润最大化，它要求对这些过程进行严格的控制。"① 作为现代世界的"本体"，一切都从资本中来又复归于它，都必须服从于资本而不能违背它的利益，都必须为资本服务，有助于它的增殖与统治。资本和资本主义世界的运动形成一个强而有力的回环。表面上看，资本的开放性表现远多于封闭性。但就是这一个起决定作用的封闭性，使资本在本质上成为封闭性的存在，注定在历史中灭亡，而无法永远开放下去。

（七）公共性—私独性逻辑。资本具有反公共性或私独性的逻辑，但也现实地存在某些公共性的因素。毫无疑问，资本呈现出不可掩盖的私独性的面相与本质，它们一切的"奋斗"和"奋斗"的一切都不曾离开过自己的根本利益——无限的价值增殖。对这种利益的狂热追逐，让资本将一切都作为代价，并越来越趋于非理性乃至反理性，从而对社会的公共性造成严重伤害。身兼"国际金融大鳄"和"资本研究者"双重角色于一身的索罗斯公开承认，"资本主义体系自身并没有显示出走向均衡的趋势。资本的拥有者总是寻求其利润的最大化。让他们自行其是的话，他们会持续积累其资本甚至局面失衡"②。他还明确提出，"认为金融市场会自动趋向于均衡"是这个时代的"错误学说"，"全球金融危机的发生与这种观点不无关系，在我看来这既错误又危险"③。完全有理由说，在直接和主要的意

---

① 姚建华：《媒介产业的数字劳工》，商务印书馆 2017 年版，第 15 页。
② 转引自童世骏《资本的"文明化趋势"及其内在限制》，《学术月刊》2006 年第 10 期。
③ ［英］威尔·赫顿、安东尼·吉登斯：《在边缘：全球资本主义生活》，达巍等译，生活·读书·新知三联书店 2003 年版，第 127 页。

义上，资本是私独性的。虽然资本之间也出现了某些表面上的"互主体性"，不乏合作、共赢，结成"利益共同体"，但它们又极易为了利益的最大化而激烈竞争乃至斗争。在资本之间，违反根本利益的公共性合作是没有的。

不过，也应该看到，资本的确蕴含着某种公共性的逻辑。马克思认为，资本在现实中已经一定程度地显露出社会性、公共性的力量与趋势，并客观地造成了某些公共性的效应，经过特定的历史过程，能够内在地超越其私独性的向度，自我扬弃为一种真正公共性的存在。这种自我扬弃是由资本内在的矛盾决定的。马克思指出，在资本之中，存在着作为私人权力和作为社会力量的矛盾。随着资本的不断积累，资本越来越成为社会力量，"然而是异化的、独立的社会力量，这个力量作为物并且通过这种物作为个别资本家的权力而同社会相对立。……资本转化成的普遍社会力量同单个资本家控制这些社会生产条件的私人权力之间的矛盾越来越触目惊心，并预示着这种关系的消灭，因为它同时包含着把物质生产条件改造成为普遍的、从而是公共的、社会的生产条件"①。

可以看出，在资本身上存在着两种不同的力量或因素。一种是"个别资本家的权力"，即私人权力。它在本质上是为"单个资本家"私人利益服务的，亦即私独性的。另一种是合乎历史发展方向的"社会力量"。但这种力量在资本主义社会中是独立的、异化的，它同生产条件的真正创造者相对立，并压迫着这些创造者，因此是一种"社会权力"②。不过，虽然这种力量处于异化状态，但它毕竟是一种真实存在的社会性的力量，而且内含着转变为真正代表社会利益的公共性力量的趋势。于是，在这两种异质的力量之间，发生了严重的矛盾与对立。伴随资本积累的推进，这种矛盾和对立会变得越来越尖锐。在马克思看来，资本将逐渐褪去其作为私人权力的外壳，而成为一种彻底的公共性力量，为理想社会奠定力量基础。资本扬弃为"公共的、属于社会全体成员的财产"，从而"失掉它的阶级

---

① 《马克思恩格斯全集》（第32卷），中央编译局编译，人民出版社1998年版，第501页。
② 《马克思恩格斯全集》（第46卷），中央编译局编译，人民出版社2003年版，第293页。

性质"①。资本的社会性、公共性最终克服了阶级性与私独性。

（八）规避—制造风险逻辑。在哲学的视野中，风险即出现不良状况特别是严重不良状况的可能性。虽然风险从来都有，但在资本统治世界后，风险的逻辑发生了根本性变换，成为一种从属于资本的逻辑。风险在资本主义时代反复地累积与发作，令人们越来越清晰地意识到了这种逻辑。乌尔里希·贝克等学者所剖析的"反思性的现代化"的风险逻辑，本质上就是这种资本的风险逻辑。首先，它意味着"资本运动在其现实展开过程中具有增殖结果难以保证的不确定性"②与危险。不仅如此，它还意味着资本支配下人的生存和生存世界的不确定性与危险。易言之，资本的风险逻辑包含两个递进的层面，一个是资本所遭遇的风险及其应对，另一个则是资本所造成的风险及其衍变。前者构成资本的前提，后者构成资本的结果。

对于风险，资本既憎又爱。资本生而渴望无风险地获利，却无所不在风险中，既有市场风险，又有政治风险、社会风险和自然风险，还有源于资本自身的风险。这些风险都是于资本生存和扩张而言的险阻，使它的生命历程充满"惊险的跳跃"，还可能令其无法达成终极目标，甚至血本无归。因此，资本力求规避和化解风险。"资本逐利的本性要求人们在社会生产和物质交换中，要尽最大努力降低风险、压缩'试错'空间，要尽一切可能，最大化地舍掉各种不确定和杂乱无章的'偶性'，以此种种保证利润的最大化获得。"但资本并非纯粹厌恶风险。它时常还喜爱风险。因为，风险并不只是危险，也意味着机遇与收益。"资本主义和企业，就其本意来讲，恰恰是风险的同义词。……美国的全部神话都在赞扬这种风险，并且始终把工业风险看做开拓者风险的继续"③。而且往往风险越大，机遇和收益越大。"它有时还代表着可用于获利的空间大，机会多，风险

---

① 《马克思恩格斯选集》（第1卷），中央编译局编译，人民出版社1995年版，第287页。
② 高云涌：《资本逻辑的中国语境与历史唯物主义的当代使命》，《北京行政学院学报》2016年第1期。
③ ［法］米歇尔·阿尔贝尔：《资本主义反对资本主义》，杨祖功等译，社会科学文献出版社1999年版，第59页。

与利润成正比，……资本本身具备创造风险的主观意愿。"① 因此，可以说，资本身上充满冒险的"天赋"，骨子里是一个"冒险主义者"。

对待风险的二重性，决定了资本之于风险生产的效应也是双向的。简单而言，资本既缓解了风险，又制造了风险。资本所促成的生产力（特别是科学技术）、制度体制、观念习俗以及人本身等各个方面或向度的进步，让人类应对自然风险和满足自然需要的能力大幅提升。换言之，源于自然和本能的风险大为降低。但与此同时，资本又引发或强化了许多风险，尤其是贝克等人所说的"人为风险"或"社会风险"。风险并不总在资本把控的范围之内。正如风险理论研究者阿赫特贝格所言，"风险社会不是一种可以选择或拒绝的选择。它产生于不考虑其后果的自发性现代化的势不可挡的运动中"②。在根本意义上，资本规定着风险的现代生产，创生了风险社会。显然，和其他逻辑一样，资本的风险逻辑也充满矛盾。但必须看到，在总体上，资本大幅强化了人与世界的风险。较之前资本主义社会，资本统治下的现代社会风险系数激增，人们生活在更为本体性的风险和不安之中。而且，风险对于人类和资本的意义并不完全同一。于人类而言的风险对于资本并不一定就是风险。反过来看，对资本不是风险的东西，于人类却可能隐藏着可怕的危险。这让资本可以更加无所顾忌地制造和利用风险。

但这种现代的风险逻辑还有更为深层的内容。资本不仅掌控了风险的生产，而且掌控着风险的分配、交换和消费。换言之，资本在整体上规定了"风险分配的逻辑"③，形塑了风险社会的基本面貌。在资本的支配下，不同人和国家所"得到"的风险各不相同。齐泽克说得对，"真实的情况是有权力的人在作选择，相反其他人则处在风险中"④。在很长时间内，多

---

① 李娟、刘庆丰：《资本逻辑视野下人的物质依赖性的当代特征》，《学术界》2014年第6期。
② ［荷］沃特·阿赫特贝格：《民主、正义与风险社会：生态民主政治的形态与意义》，周战超编译，《马克思主义与现实》2003第3期。
③ 这是著名风险理论研究专家乌尔里希·贝克使用的术语。参见［德］乌尔里希·贝克《风险社会》，何博闻译，译林出版社2004年版，第15页。
④ ［斯］斯拉沃热·齐泽克：《齐泽克论当前的金融危机》，郑亚捷译，《国外理论动态》2008年第12期。

数人与国家领受的风险要比少数人与国家多得多。少数掌握权力的资本人格化身不仅拥有较强防范和抵御风险的能力,而且能够将本属于自己的风险转移给他人。发达资本主义国家把高能耗、高污染、高危险的产业"赐予"发展中国家,也就是在转嫁自然风险和社会风险。发展中国家出于自身的考量或无奈,主动或被动地承接了这些风险。但随着风险分配和交换的进行,它最终的"消费者"终将浮出水面。"或早或晚,现代化的风险同样会冲击那些生产它们和得益于它们的人。"① 风险并不只属于弱势群体,它同样会对准强势群体乃至资本本身。不过,在特定时间范围内,直接"消费者"所受风险之苦并不是那些间接"消费者"能够比拟和感受的。

甚至不同资本间的风险分配和消费都有很大差异。现在的情形是:小资本大风险,而大资本小风险。垄断资本不仅垄断了高额利润,而且垄断了风险的分配权。将大风险"送给"小资本,而把小风险留给自己,这是当前垄断资本的拿手好戏。金融寡头擅于将风险控制在自己可以承受的范围内,尤其是将金融风险转移给他人和社会。一些学者甚至认为,金融危机是金融寡头主动制造出来的,他们希望每隔若干年就借助这种方式将大众特别是中产阶级手中的财富大量转移到自己口袋里。虽然风险最终必定将金融资本击垮,但它却反转为金融寡头牟取暴利的有力手段。这既可怕又可悲。这种伎俩并不仅限于民族—国家内部,而是在民族—国家之间大规模上演。"世界范围内的危机制造、危机管理、危机操控,已经发展成为一场精心的再分配表演,将财富从贫穷国家转移到富裕国家。"② 而且,"由于大而不能倒"的缘故,在这些庞大的垄断资本处于危险之际,他们的政权代言人必定既惊慌失措又冠冕堂皇地出面"救市"。"2008年后,在相关著作中司空见惯的是,证明银行的影响太大而不能倒闭,因而银行对政治产生影响以确保它们的损失由政府买单(最终是由纳税人承担)。"③ 垄断资本权势的膨胀可见一斑。

---

① [德] 乌尔里希·贝克:《风险社会》,何博闻译,译林出版社2004年版,第21页。
② [美] 大卫·哈维:《新自由主义简史》,王钦译,上海译文出版社2016年版,第169页。
③ [德] 于尔根·科卡、[荷] 马塞尔·范德林登:《资本主义:全球化时代的反思》,于留振译,商务印书馆2018年版,第208—209页。

## 第五节　四个层次间的关联

"具体之所以具体，因为它是许多规定的综合，因而是多样性的统一。"① 四个层次间的内在联系与相互作用，使资本逻辑成为一个有机整体。考察这些关联，是解剖资本逻辑结构的必要环节。然而，目前为止这还没有得到应有的重视。一个基本的原因在于，以往的研究主要停留在资本逻辑总体的层次，没有深入到具体的构成形态层面，从而没有也无法意识到需要把握这些形态之间的关系。在分别把握资本逻辑的形态与类型基础上，总体地、根本地省思它们之间的关系，就成为我们的理论任务。

资本运动的总逻辑通过其他三个层次逻辑加以实现，并规约它们运行的整体走向。这些逻辑都蕴含于总逻辑之中，或者说共同表征、构成和推动总逻辑，从而都是总逻辑的组成部分，可视为这一有机体的器官和细胞。其中，价值增殖逻辑构成总逻辑的主要动力。正是不断增殖价值的需求与行动，才使资本形成、扩张直至根本扬弃。创造—消解文明逻辑是总逻辑的基本内容与效应。既促生和发展文明，又阻碍乃至消解文明，是资本运动的必然态势。理性化—反理性、提升—降低效率、创新—守旧等具体逻辑则为总逻辑的具体内容与效应。资本的运动在具体层面上呈现为既理性化、创新和提升效率，又反理性化、守旧和降低效率的众多矛盾状态。没有这些逻辑，总逻辑就不可能运行和展开。但这三个层次逻辑的运作并不是杂乱无章的，而是在总逻辑所确定的范围内和轨道上展开，不会根本性地偏离和悖逆整体方向。只有在资本形成之后，这三个层次的逻辑才能出现，同时也必然出现；当资本强势扩张时，它们变得十分活跃；而当资本走向消亡，它们就无法继续存立了。虽然难免会有差异，但这三个层次逻辑在根本上是和总逻辑一致的。当然，反过来看，没有这三个层次的逻辑，资本运动的总逻辑也只能是抽象和空洞的。

理性化—反理性、提升—降低效率、竞争—垄断、创新—守旧、节约—浪费、公共性—私独性等具体逻辑，都是创造—消解文明这对基本逻

---

① 《马克思恩格斯全集》（第30卷），中央编译局编译，人民出版社1995年版，第42页。

辑的具体化或展开，从不同角度或侧面构成和呈现这对逻辑。从而，这些具体逻辑和创造—消解文明逻辑的运作具有同构性，在本质或总体上协调一致，连它们受价值增殖逻辑支配的机理都是一样的。甚至可以说，它们同创造—消解文明逻辑是一体的，犹如"理一分殊"。这也部分地说明了创造—消解文明逻辑缘何能够成为资本的基本逻辑。不过，换个角度说，正是得益于这些具体逻辑的运作，创造—消解文明逻辑才能现实地实现出来。并且，这些逻辑的具体操作虽不会"各自为政"，但也不可能对创造—消解文明的基本逻辑"亦步亦趋"，而是有着各自具体的运行轨迹。换言之，它们具有不同程度的独立性和影响力。

价值增殖逻辑之所以成为资本的核心逻辑①，一是因为它构成总逻辑的核心，二是由于它衍生和支配诸从属逻辑。增殖逻辑贯穿资本运动始终，是资本必然性运动的核心内容，亦即资本总逻辑的根本。本质地看，增殖是资本作为主体自我形成、扩张和扬弃的主要条件乃至过程本身。对剩余劳动的吮吸，是资本总逻辑运行最根本、最源始的动力。用海德格尔的话说，是"伟大的开端"。不仅资本的产生和发展，而且连扬弃，也都源于价值增殖逻辑的运作。没有增殖价值作为前提，资本不可能自我扬弃。剩余价值的创造、实现和分割，构成资本生产、流通和总过程亦即"生命"运动的中心。在这个意义上，价值增殖逻辑规约了资本的"生命"历程，型塑了资本的总逻辑。但同样需要看到的是，增殖逻辑再强大，也不可能改变总逻辑及其所表征的资本运动的整体进程，不可能改变资本的命运。甚至，价值增殖逻辑越是强劲，资本的自我扬弃逻辑就可能越早实现，资本也就越早完成其历史"使命"。当然，这也再次确证了价值增殖逻辑的核心地位。只有增殖实现，资本的积累才能实现和持续，从而资本的逻辑才能运转和持续。

同时，价值增殖逻辑规约另两个层次逻辑。在总逻辑之下，只有增殖逻辑是核心、根本和起决定作用的逻辑，统驭其他所有逻辑的形成、运作乃至消亡。如前所述，价值增殖逻辑同时内在地衍生与支配创造文明逻辑

---

① 哈维曾有过这样的表述："资本主义积累的根本逻辑"。[美]戴维·哈维：《后现代的状况——对文化变迁之缘起的探究》，阎嘉译，商务印书馆2013年版，第189页。

及其诸具体逻辑等正向逻辑和消解文明逻辑及其诸具体逻辑等负向逻辑。换言之，增殖逻辑塑造了资本运动逻辑的悖论性。其他逻辑都只是非核心、非根本、不起决定作用的从属逻辑，在归根结底的意义上服从和服务于价值增殖逻辑。无论是创造—消解文明的基本逻辑，还是构成这一基本逻辑的各种具体逻辑，都以价值增殖为最高目的，都是实现这一目的的手段。比较而言，资本的核心逻辑具有绝对性，只要基本条件具备，它就必然实现出来。而资本的附属逻辑则更多地显示出相对性。在相互对立的两种从属逻辑中，何者在何时何地以何种方式与程度实现，均以核心逻辑的实现为旨归。从而，它们的影响力与地位也都取决于价值增殖逻辑。

价值增殖逻辑驱使创造文明逻辑和消解文明逻辑以及构成它们的全部具体逻辑，制造出不同乃至相反的现实影响与历史效应。既然创造—消解文明逻辑是价值增殖逻辑的从属逻辑，那么作为创造—消解文明逻辑表现的具体逻辑自然也都是价值增殖逻辑的从属性逻辑。这些看似相反的逻辑，在根本上都是价值增殖这一逻辑的衍生物，都服从和服务于它。和创造—消解文明逻辑一样，这些具体逻辑看似各具特点，甚至截然相反，但都有一个共同的灵魂，即不懈增殖价值的灵魂。价值增殖逻辑衍生和支配这些对立逻辑的机理，同它衍生和支配创造—消解文明逻辑的机理是一致的。换言之，价值增殖逻辑以同样的"手法"运作了资本众多运动逻辑。

理性化与反理性、提升效率与降低效率、竞争与垄断、创新与守旧、节约与浪费、开放与封闭、公共化与私独化等，都只是实现价值增殖的手段而已。资本没有理由一定只要这些相互矛盾的对立面中的一个而不要另一个，也没有理由非得固守当中的某一个。只要是有助于价值增殖的方式与手段，资本都会采用；而只要是有碍于价值增殖的方式与手段，资本都会毫不留情地抛弃。因此，资本及其价值增殖逻辑总是既促成效率、竞争、创新、节约、开放和公共性等正向的逻辑，又引发反效率、垄断、守旧、浪费、封闭和私独性等负向的逻辑，进而综合地运用这些手段实现剩余价值最大化的"梦想"。实为仆役却以主人面貌出现的资本家是资本的"主动轮"，为资本及其价值增殖逻辑衍生和支配这些矛盾逻辑鞍前马后。

可以说，没有任何逻辑比价值增殖逻辑更为重要。它是资本逻辑整个系统结构的中心枢纽和动力源泉。如果说资本只有一种逻辑的话，那么一定是价值增殖逻辑，而绝非其他。即使在先进的政治和意识形态方式和观念的束缚和包围下，资本的积累仍然是发达资本主义国家的生命力，"不仅仅是这些国家经济生活的中心，而且是这些国家社会和政治生活的中心"，"因此，即使资本主义最深层次的逻辑也必须体现出对积累的迫切需要。推动这一制度不断前进的根本力量是它对利润的追求，作为整体的社会形态，其历史命运已经与这种追求的结果紧密地联系在一起了"①。

但反过来看，价值增殖逻辑的运作也需要具体地通过诸从属逻辑加以实现。这些逻辑的运行状况直接推动和型塑增殖逻辑的运作及其力量，使资本得以增殖，并影响增殖的程度与速度。诚如丰子义先生所言，"创造文明的逻辑也并不是被动决定的，文明创造的能力、状况如何，直接影响到资本的活力和生命力"②。不仅创造文明逻辑如此，事实上，所有附属性逻辑均如此。从属逻辑的运行在令价值增殖逻辑实现的同时，也以之为中介和桥梁使资本总逻辑得以实现。有理由认为，它们对资本的"生命"运动生发了间接却实质性的作用，而非可有可无的存在。没有各种从属逻辑的"工作"，增殖逻辑乃至总逻辑一定是虚弱的、非现实的。因此，虽然价值增殖逻辑是资本逻辑的核心，是当中最为关键的内容，但也不能像一些研究者那样只是从增殖角度理解资本逻辑，过于偏狭地将资本逻辑认定为价值增殖逻辑。

## 第六节　资本逻辑的类型

对"层次学"考察之价值的强调，并不意味着"类型学"梳理不再具有意义。资本逻辑既有层次之分，也有类型之别。梳理资本逻辑的类型，对于进一步把握资本逻辑亦有益处。当然，对资本逻辑的类型学考察，在

---

① ［美］罗伯特·海尔布隆纳：《资本主义的本质与逻辑》，马林梅译，东方出版社2013年版，第112—113页。
② 丰子义：《全球化与资本的双重逻辑》，《北京大学学报》（哲学社会科学版）2009年第5期。

理论上并非难点。从不同视角看资本的各种逻辑,它们可以被区分为多种不同的类型。资本各种逻辑的力量强弱、运作范围和明显程度不尽相同。形成、扩张和扬弃的总逻辑和价值增殖逻辑的力量最强、范围最大,创新—消解文明逻辑和统治逻辑次之,各种具体逻辑更次之。只要资本存在,价值增殖逻辑和总逻辑就必然要实现,而其他逻辑则不具有这种确定无疑的必然性。

按照资本的形态,资本逻辑可分为工业资本逻辑、商业资本逻辑和金融资本逻辑(生息资本逻辑的当代形式)等。它们的根本目标都是获取剩余价值、实现价值增殖,但具体运行方式各有特点。为达成相同目标,它们既相互协作,又彼此冲突。在资本主义发展早期,工业资本逻辑最为突出;随着资本主义的发展,金融资本逻辑的地位逐步攀升。伴随金融资本成为当代资本的主导形态和资本主义世界的核心力量,金融资本逻辑成为资本逻辑的引领形态,内在而有力地推动资本逻辑的运作,规约资本逻辑的总体走向,深刻地型塑人类生存与当代世界。金融资本逻辑的运作展现出新的特点。借助和超越金融资本逻辑,实现更高程度的解放与自由,已成为当代人类的重要课题。还值得一提的是,随着数字资本及其逻辑的凸显,我们也越来越有必要划分数字资本逻辑和非数字资本逻辑。需要注意的是,数字资本及其逻辑并不直接对应于或者说取代金融资本及其逻辑。在准确的意义上,它相对的是非数字资本及其逻辑。金融资本及其逻辑既可能是非数字资本及其逻辑,也可能是数字资本及其逻辑。基于数字资本及其逻辑的急剧凸显,下文将作出专门考察。

按照资本的所有制性质,资本逻辑可界分为私有资本逻辑和公有资本逻辑。随着私有资本逻辑和传统经济体制局限性的暴露,中国等社会主义国家在改革中大力发展公有资本及其逻辑,打破了私有资本逻辑一统天下的局面。经过行之有效的改革,社会主义国家的公有资本较之私有资本发展速度更快、态势更好,对人类生存和发展的改变愈加明显。公有资本同样存在形成、扩张和扬弃的总逻辑,以价值增殖逻辑为核心逻辑,但具有私有资本不可比拟的优势,更能够运用创造文明逻辑及其诸具体逻辑,抑制消解文明逻辑及其诸具体逻辑,从而发挥出显著的积极作用。然而,也存在若干私有资本所没有的局限,特别需要处理好效率、主动性、灵活性等问题，但能够在党政力量和人民力量的引领与规范下不断优化。公有资本逻辑拥有强大生命力和光明前景，将逐步取代私有资本逻辑，成为资本逻辑的主要形态，为理想社会的到来奠定更加坚实的基础。不过，在总体上，公有资本及其逻辑目前仍处于成长阶段，还需要进一步加以建构和完善。

还可以从历史效应的视角考察资本逻辑的类型。这是资本逻辑类型中最有意义的区分。按照效应的性质，可以将资本的逻辑界分为正向逻辑、负向逻辑与双向逻辑。在前述每一组对立的逻辑中，就总体而言，在相对而非绝对的意义上，前一种逻辑是正向的、积极的，后一种逻辑则是负向的、消极的。也就是说，创造文明逻辑及其诸具体逻辑（提高效率逻辑、竞争逻辑、创新逻辑、节约逻辑、开放逻辑与公共性逻辑）属于正向逻辑，而消解文明逻辑及其诸具体逻辑（降低效率逻辑、垄断逻辑、守旧逻辑、浪费逻辑、封闭逻辑与私独性逻辑）则属负向逻辑。在整个资本主义世界体系中，都可以同时看到它们的身影。从资本诞生的那一刻起，这两类相反的逻辑就始终共在地发生作用，并将在一定历史时期继续延续。另外，还有一类逻辑属于双向逻辑，即同一逻辑生成两种相反的作用。例如，理性化逻辑与非理性逻辑。二者都造成了两种相反的现实与历史效应。理性化逻辑并不绝对形成正向效应。同样，非理性逻辑也不只有负向效应。

以上对资本逻辑的类型作了简要的分析，这能让我们形成更为具体的认识，是对"层次学"分析的有益补充。当然，同层次相比，类型不是资本逻辑系统结构的重点，从而没有也不能构成本研究的重点。在接下来的数章中，我们将尝试更为具体地考察资本的若干重要逻辑，以使资本逻辑特别是其系统结构更为具象而丰富地呈现出来。

# 第三章　资本的统治逻辑[①]

主体能力显著增强的现代人持有一个普遍、深沉却必须加以深刻反思的强烈信念：人是社会历史的主体。不仅哲学"原理教科书"这样教授，而且许多现当代思想家也如此认为和批判。譬如，海德格尔就曾郑重指出，在现代，"人变成主体而世界变成客体"[②]，尽管他对这一"事实"持激烈的否定态度。表面上看的确如此，但究其本质而言，在现代资本主义世界中，真正的主体并非人，而是资本。如果说人统治了自然，那么资本则统治着人。这是思想成熟后的马克思反复揭示和强调的事实。资本拥有强大的力量，登上了现代世界的王座；而人成为资本"不自觉"的"人格化身"或"增殖工具"。作为现代世界最高的支配力量，资本的运作蕴含并呈现出特定的统治逻辑。不清楚资本的这一逻辑，对资本逻辑的研究一定是不深入的。

资本在生成、扩张和再生过程中始终进行着或显或隐的统治，同时又在统治过程中周而复始地生成、扩张和再生强大的权力，巩固自己的"王位"。资本的这种统治逻辑和它的增殖逻辑是一致的，它们有着共同的"目标"——增殖，而且为了实现这一目标密切配合、相辅相成。可以认为，统治逻辑是资本增殖价值的基本保障，是资本总逻辑的本真展现和构成部分。正是源于对劳动、人进而整个世界强力而牢固的统驭，资本才能如其所愿地增殖。或许也可以认为，统治逻辑是从权力视角看的价值增殖逻辑，因为死劳动对剩余劳动的吮吸，正是价值增殖逻辑的根本环节。进而言之，资本的各种具体逻辑都展示并强化了资本的统治权力，在某种意义上均构成资本统治逻辑的环节。因此，在澄清资本逻辑的层次结构之

---

[①]　本章原载《湖北社会科学》2016年第4期，系笔者与王赢合作。
[②]　[德]马丁·海德格尔：《林中路》，孙周兴译，上海译文出版社2004年版，第304页。

后，还需要我们进一步把握资本的统治逻辑。揭示这一逻辑，对于进一步把握资本逻辑特别是其结构不无裨益。

## 第一节　资本对现代世界的支配

资本来到世间，每个毛孔都奔涌着主宰世界的血液。并且，资本越是向前迈进，这种血液就越是亢奋。运用马克思所说的"抽象力"加以分析，能够发现，资本对整个现代世界无处不在、无时不有的统治，在"理想类型"的意义上依次展现为对生产、经济生活、社会生活和现实世界这四个逐级递进的层次的支配，从而生成具有特殊规定性的强大的统治逻辑。

### 一　对生产的统治

生产蕴含着现代社会运行和发展的不竭动力。资本的支配性力量首先表现为它对生产的统治和生产对它的从属。通过对生产的支配，资本逐渐主宰了现代世界。马克思认为，在"奴隶制基础上的生产""超额收益归地主所有"的经济中，"资本还没有支配生产"，也就不存在严格意义上的资本，不存在资本主义生产[1]。而在现代大工业生产中，"生产过程从属于资本"[2]，亦即资本支配了整个生产过程。只有到这个时候，真正意义上的资本主义生产才开始出现，并在经济生活中确立了统治地位。也只有到这个时候，才能将人类的物质生产称为资本主义的生产。

资本破除旧有的生产方式，而以新的方式组织工人进行生产。资本"不再让工人继续停留在它所遇到的那种生产方式中……而是创造一种与自己相适应的生产方式作为自己的基础"，并在这个新基础上建立自己的权力。它使工人的生产"有共同的地点，监工的监督，统一的规章制度，较严格的纪律，连续性和已经确立起来的在生产中对资本的依赖性"[3]。从

---

[1]《马克思恩格斯全集》（第32卷），中央编译局编译，人民出版社1998年版，第35页。
[2]《马克思恩格斯全集》（第32卷），中央编译局编译，人民出版社1998年版，第153页。
[3]《马克思恩格斯全集》（第30卷），中央编译局编译，人民出版社1995年版，第589页。

而，资本及其人格化身——资本家成为"生产的指挥者和统治者"①，在生产过程中取得了绝对的权威。但是，资本对劳动的这种"指挥"，根本异质于真正联合体中"作为一种同其他职能并列的特殊的劳动职能"的指挥，而是作为一种权力，"把工人自己的统一实现为对他们来说是异己的统一、而把对他们劳动的剥削实现为异己的权力对他们进行的剥削"②。因为，"雇佣工人的协作只是资本同时使用他们的结果。他们的职能上的联系和他们作为生产总体所形成的统一"存在于资本之中。资本统治下的结合，不是工人相互之间自由自觉的结合，"而是一种统治着他们的统一体，其承担者和领导者正是资本本身。他们在劳动中的特殊结合——协作——事实上对他们来说是一种别人的权力，也就是……资本的权力"③。

可见，资本支配着现代的生产。"资本的必然趋势是在一切地点使生产方式从属于自己，使它们受资本的统治。"④ 马克思甚至认为，在资本主义社会中，生产方式的两个方面——生产力和生产关系都在某种程度上表现为资本的属性。"在流动资本中各种劳动相互之间的社会关系表现为资本的属性，正像在固定资本中劳动的社会生产力表现为资本的属性一样。"⑤ 在这个意义上，资本掌控了生产力和生产关系这两个最根本的社会要素，从而统摄了生产，进而支配了社会。虽然资本和生产各有自己的逻辑，但在资本主义社会中，是资本逻辑支配生产逻辑，生产逻辑则服从于资本逻辑。至少可以说，资本的逻辑贯穿并作用于整个生产的过程中，而生产的逻辑要与资本的逻辑保持一致，在符合资本逻辑的前提下展开自身，进而展现资本逻辑的灵魂。也可以说，资本逻辑集中展现了资本主义时代的生产逻辑。

## 二 对经济生活的宰制

资本不光统摄生产，而且通过这种统摄，进一步控制交换、分配和消

---

① 《马克思恩格斯全集》（第 46 卷），中央编译局编译，人民出版社 2003 年版，第 997 页。
② 《马克思恩格斯全集》（第 32 卷），中央编译局编译，人民出版社 1998 年版，第 298 页。
③ 《马克思恩格斯全集》（第 47 卷），中央编译局编译，人民出版社 1979 年版，第 298 页。
④ 《马克思恩格斯全集》（第 31 卷），中央编译局编译，人民出版社 1998 年版，第 128 页。
⑤ 《马克思恩格斯全集》（第 31 卷），中央编译局编译，人民出版社 1998 年版，第 113 页。

费，从而支配经济生活和经济世界的全过程。按照马克思的思想，在生产、交换、分配和消费这四种主要经济活动或者说经济生活的四个主要环节中，生产处于决定地位，制约着交换、分配和消费。① 通过生产对交换、分配和消费的决定性作用，主宰生产的资本也型塑交换、分配和消费，从而支配现代的全部经济生活。

一定的生产方式要求符合自己的交换方式。这种交换方式甚至可以看作生产方式的另一面。因此，马克思说，特定的生产方式"从一开始就以一定的交换方式即以这种生产方式的形式之一作为前提"②。资本主义生产方式同样如此。资本要求交换适应其自行增殖的逻辑，为生产和消费的不断扩大乃至全球发展创造条件，为剩余价值的分割提供基础。"资本一方面要力求摧毁交往即交换的一切地方限制，夺得整个地球作为它的市场，另一方面，它又力求用时间去消灭空间，……把商品从一个地方转移到另一个地方所花费的时间缩减到最低限度。"③ 总之，在现代社会中，交换必须竭尽所能地为资本永不停歇的运动提供支持。

特殊的生产方式"产生出一定的分配方式"④，"分配形式只不过是从另一个角度看的生产形式"⑤，"一定的分配关系只是历史地规定的生产关系的表现"⑥。资本在支配生产的同时，必然也要主宰分配。较之对生产的统摄，对分配的操纵是资本更为关心的事情。尽可能多地获取剩余价值，这是资本（一般）主宰现代分配方式的主要目的。而各种具体的资本形态，也都想方设法地榨取属于自己的那一份剩余价值。现代生产方式既不断再生产出资本的生产关系，"也不断地再生产出相应的分配关系"⑦。《资本论》的逻辑主线：资本—剩余价值以及资本的诸具体形态—剩余价值的分割，正是对资本宰制下的生产和分配所作的理论揭示。

---

① 《马克思恩格斯全集》（第30卷），中央编译局编译，人民出版社1995年版，第40页。
② 《马克思恩格斯全集》（第32卷），中央编译局编译，人民出版社1998年版，第76—77页。
③ 《马克思恩格斯全集》（第30卷），中央编译局编译，人民出版社1995年版，第538页。
④ 《马克思恩格斯全集》（第32卷），中央编译局编译，人民出版社1998年版，第77页。
⑤ 《马克思恩格斯全集》（第35卷），中央编译局编译，人民出版社2013年版，第88页。
⑥ 《马克思恩格斯全集》（第46卷），中央编译局编译，人民出版社2003年版，第998页。
⑦ 《马克思恩格斯全集》（第46卷），中央编译局编译，人民出版社2003年版，第995页。

一定的生产方式不仅产生出一定的分配方式,而且产生出一定的消费方式。① 资本增殖的逻辑要求消费适应生产的扩大而持续增加。从而,资本昼夜不停地以多样的方式刺激和再生消费。"第一,要求在量上扩大现有的消费;第二,要求把现有的消费推广到更大的范围来造成新的需要;第三,要求生产出新的需要,发现和创造出新的使用价值。"② 消费本是人的享受,是人之生存和发展的条件与动力,然而,在资本的控制和驱动下,"消费的目的已经不再是仅仅满足人自身的需要,而是为了使资本获取更大的利润。于是,日常生活消费品变成了货币符号,变成了资本增殖的工具,甚至过度消费、超前消费以及炫耀性消费也成为取得信贷的手段,成为资本运作上的需要"③。这种消费是麻痹人民的新"鸦片",是资本统治现代人类和现代世界的高超手段。

埃伦·伍德明确地指出,市场"暗示着自由而非强迫","资本主义市场与众不同的显性特征并非机会或选择,恰恰相反,其特征是强制"④。以上从生产、交换、分配和消费角度的考察,证明了资本对现代人类经济活动的统摄。还可以换一个视角,从产业的角度分析资本对经济生活的支配。马克思认为,在资本主义时代,资本拥有工业的最高权力,"工业上的最高权力成了资本的属性",资本家成为"工业的司令官"⑤。按照马克思的思想,工业是现代资本主义社会的核心性和主导性产业,构成其他产业的基石。资本在工业中把持最高权力,必然在其他产业中要求并拥有这种权力。换言之,资本势必也要掌握农业、商业等重要产业的领导权。"在资产阶级社会的最初阶段,商业支配着产业;在现代社会里,情况正好相反。"⑥ 这里的产业指的是工业。也就是说,当资本主义发展到一定程度时,工业支配了商业。这意味着资本也掌握了商业。进而,资本还必然

---

① 《马克思恩格斯全集》(第32卷),中央编译局编译,人民出版社1998年版,第77页。
② 《马克思恩格斯全集》(第30卷),中央编译局编译,人民出版社1995年版,第388页。
③ 丰子义:《全球化与资本的双重逻辑》,《北京大学学报》(哲学社会科学版)2009年第5期。
④ [加]埃伦·伍德:《资本主义的起源——一个更长远的视角》,夏璐译,中国人民大学出版社2015年版,第5页。
⑤ 《马克思恩格斯全集》(第44卷),中央编译局编译,人民出版社2001年版,第369页。
⑥ 《马克思恩格斯全集》(第31卷),中央编译局编译,人民出版社1998年版,第272页。

要主宰社会的整个产业链条。"一旦资本主义生产方式……控制了农业，矿业，主要衣着布匹的生产，以及运输，交通工具，它便随着资本的发展，或是逐渐征服只是形式上从属于资本主义生产的其他部门，或是逐渐征服还由独立手工业者经营的其他部门。这就是资本的趋势。"① 显然，资本的趋势是统治社会的全部产业。

### 三　对社会生活的操控

资本不单支配人的经济生活，而且趋向全面地主宰政治生活、精神文化生活和家庭生活，从而支配现代人的全部社会生活或者说社会世界。这是资本的本性使然。而资本对经济生活与经济世界的统治也为此提供了条件。作为现代生活的基础，经济生活为现代人的生活确定了基本的样式，一定程度地设定和规约了人们的政治生活、精神文化生活乃至家庭生活。诚如马克思深刻指出的那样，"物质生活的生产方式制约着整个社会生活、政治生活和精神生活的过程"②。葛兰西也认为，生活方式、思维方式和感受生活的方式同劳动方式不可分离。结果，对于工人甚至所有现代人，"资本的存在是他的存在、他的生活，资本的存在……规定他的生活的内容"③。一句话，资本决定了现代人的生活及其方式与质量。

作为同经济生活和经济领域联系最为密切的领域，政治生活和政治领域首当其冲地遭到了资本的支配。国家的权力格局、总体形势、大政方针乃至具体政策措施等，对增殖的影响直接且显著。因而，资本必然想方设法地掌控政治领域，既消除一切不利于它的障碍，也建构各种有利于它的渠道与屏障，为增殖活动的顺利进行保驾护航。诚如丰子义先生所言，在羽翼未丰之时，资本总是"追求权力保护进而控制政治权力，……羽翼丰满之后，资本又总是通过对政治权力的渗透和控制来推行自己的意志，满足自己的欲望；随着自由资本向垄断资本以至向国际垄断资本的发展，资

---

① 《马克思恩格斯全集》（第 48 卷），中央编译局编译，人民出版社 1985 年版，第 25 页。
② 《马克思恩格斯全集》（第 31 卷），中央编译局编译，人民出版社 1998 年版，第 412 页。
③ 《马克思恩格斯全集》（第 3 卷），中央编译局编译，人民出版社 2002 年版，第 281—282 页。

本对政治生活的操纵与控制能力越来越强,国家政治权力对垄断资本的依赖性也越来越大"①。奈格里说,"马克思(特别是在《大纲》)中)经常频繁地指出,国家是另一种意义上的资本"。他甚至认为,"国家是资本的唯一方式"②。当然,受资本管控的国家权力也会反过来巩固和强化资本及其权力。詹姆斯·奥康纳也指出,资本主义的国家机器创造了某种相对独立的东西,它操控了获取和使用劳动力、土地与原材料的权力,从而能够按照资本所希望和要求的时间、地点、数量与质量,将劳动力、社会性的基础结构乃至自然界等要素都奉送给资本。③

资本不仅主宰政治生活,而且侵蚀人们的精神文化生活。精神世界是个人最深层和私密的空间,但资本及其灵魂却深刻地贯穿于人们的思想、观念和心理之中,渗透和改变人们的整个精神世界,使之认同和适应自己的逻辑。"在资本主义生产占统治地位的社会状态内,非资本主义的生产者也受资本主义观念的支配。"④ 不但深度主宰个人的精神生活,资本还有力宰制着社会整体的文化生活。"一个阶级是社会上占统治地位的物质力量,同时也是社会上占统治地位的精神力量。支配着物质生产资料的阶级,同时也支配着精神生产资料。"⑤ 现代社会中处于统治地位的意识形态,正是作为统治阶级的资产阶级的意识形态。文化本为人类创造精神财富和文明果实,但在资本主义社会,也和人类的其他诸多创造物一样,沦为资本统治的工具。在资本眼中,只有能够进行交换并带来利益的才是有价值的,因此,它在文化中也寻觅和制造出了交换价值。不仅如此,资本还把包括科学技术在内的文化变成意识形态,让它们为自己的统治作出合法性辩护。通过对政治生活和精神生活的支配,资本权力将政治领域和文化领域勾连在一起。

---

① 丰子义:《全球化与资本的双重逻辑》,《北京大学学报》(哲学社会科学版)2009年第5期。
② [意]安东尼奥·奈格里:《〈大纲〉:超越马克思的马克思》,张梧、孟丹、王巍译,北京师范大学出版社2011年版,第232页。
③ [美]詹姆斯·奥康纳:《自然的理由——生态学马克思主义研究》,唐正东、臧佩洪译,南京大学出版社2003年版,第236—237页。
④ 《马克思恩格斯全集》(第46卷),中央编译局编译,人民出版社2003年版,第47页。
⑤ 《马克思恩格斯全集》(第3卷),中央编译局编译,人民出版社1960年版,第52页。

## 资本逻辑

家是人乐享天伦的温馨港湾，但家庭生活同样无法逃脱资本的魔掌。资本决定着现代社会的人口生产及其规律。和马尔萨斯等人不同，马克思强调，资本主义社会的人口生产，服从和服务于资本增殖的需要。为了最大限度地获取剩余价值，资本迫切要求造成劳动力之间的相互竞争，从而积极促成了人口的大幅增长。另外，它还通过操纵未成年人大量涌入劳动力市场，形成庞大的"产业后备军"，来压缩成年人讨价还价的能力与空间。马克思特别指出，童工的大量使用，并非由父母的权力造成，而是由资本的权力造成的。"不是亲权的滥用造成了资本对未成熟劳动力的直接或间接的剥削，相反，正是资本主义的剥削方式通过消灭与亲权相适应的经济基础，造成了亲权的滥用。"① 资本的权力甚至决定了父母的权力，让父母对自己权力的使用服务于资本的利益诉求。为此，注重家庭生活的马克思痛心疾首地指出，资本"撕下了罩在家庭关系上的温情脉脉的面纱，把这种关系变成了纯粹的金钱关系"②。

资本对现实生活的主宰，也就是对现代人生存方式的支配。在一定程度上可以认为，在资本主义社会中，资本的存在方式规约着人的存在方式。进而言之，资本的存在方式成为人的存在方式，反过来说，人的存在方式就是资本的存在方式。现代人所推崇的自由和平等是这方面的典型表现。资本需要自由和平等地获取剩余价值，因此它也要求自己牟利的"工具"——人，一定程度地拥有自由和平等。"流通中发展起来的交换价值过程，不但尊重自由和平等，而且自由和平等是它的产物；它是自由和平等的现实基础。作为纯粹观念，自由和平等是交换价值过程的各种要素的一种理想化的表现；作为在法律的、政治的、社会的关系上发展了的东西，自由和平等不过是另一次方上的再生物而已。"③ 这是鞭辟入里的分析。

### 四 对现实世界的统摄

资本不但统摄人现实的生活方式与生存方式，而且统摄现代人的素

---

① 《马克思恩格斯全集》（第44卷），中央编译局编译，人民出版社2001年版，第563页。
② 《马克思恩格斯选集》（第1卷），中央编译局编译，人民出版社1995年版，第275页。
③ 《马克思恩格斯全集》（第31卷），中央编译局编译，人民出版社1998年版，第362页。

质、关系、发展与自由,进而宰制社会与自然,从而主宰人存在其中的整个现实世界。这是资本统治最高层次的表现。

资本控制了现代人的生命活动和生活过程,也就决定了现代人的素质与品性。因为,素质、品性是人之生命活动(或者说生活)的凝结与表征,人在活动的展开过程中生成和提升自己的素质与品性。从而,生命活动的高度决定了素质与品性的高度。资本让现代人的生存过程带上了它的鲜明特征,规定了现代人生命活动的质量,规约着现代人的主体力量与局限性,从而也决定了现代人整体素养的可能空间。诚如马克思所言,一个人"是什么"和"能做什么"并不取决于他的个人特征,而取决于货币的特性与力量。货币的力量有多大,人的力量就有多大。① 或许可以说,资本达到怎样的历史高度,受资本统治的人也就达到怎样的历史高度。换言之,资本主宰着现代人的总体发展程度。它一方面造成了人全面发展乃至自由发展的需要,进而一定程度地实际促成了人的全面发展;但另一方面又更为深刻地扼杀了这种发展,甚至造成了人之发展的片面性与不自由性。

时间是人的积极存在与发展空间。然而,在资本主义社会中,时间并不属于人,而属于资本。"如果时间就是金钱,那么从资本的角度来看,这指的只是他人的劳动时间,……这种时间当然是资本的金钱。"② 人们总说时间就是金钱,并且以为这是属于自己的金钱,但在本质上,时间只是资本的金钱。必要劳动时间与剩余劳动时间,对于资本有着截然不同的意义。资本竭尽所能地"节约"一切必要与非必要时间,把它们变成剩余劳动时间,从而变成剩余价值,并收归囊中。资本更大的魔力还在于,它让人坚信时间归属自己,从而心甘情愿地尽可能替资本珍惜和节省时间。人们越是把时间当作金钱,就越是想把时间变成资本的时间和金钱。

攫取了时间,也就意味着资本在根本的意义上消解了人的自由与个性。马克思指出,现代人表面上的自由发展是在受资本统治这种有局限性

---

① 《马克思恩格斯全集》(第3卷),中央编译局编译,人民出版社2002年版,第361—362页。

② 《马克思恩格斯全集》(第31卷),中央编译局编译,人民出版社1998年版,第23页。

的基础上的自由发展。这种自由实际上是最彻底地取消了所有的个人自由。资本还使个性完全屈从于采取独立的、极其强大的物的权力的形式的社会条件。① 结果，在现代社会中，"资本具有独立性和个性，而活动着的人却没有独立性和个性"②。总之，资本主义"生产不仅把人当作商品、当作商品人、当作具有商品的规定的人生产出来；它依照这个规定把人当作既在精神上又在肉体上非人化的存在物生产出来"③。资本不仅塑造人，而且还型塑人与人的社会关系。资本"把一切封建的、宗法的和田园诗般的关系都破坏了"④。"在资本作为统治力量的前提下，所有这些关系当然或多或少会被玷污"，丧失其"神圣光彩"⑤。在资本的深层操控下，人与人的关系以物与人甚至物与物的关系的形式加以表现，具有浓厚的物的色彩。"它使人和人之间除了赤裸裸的利害关系，除了冷酷无情的'现金交易'，就再也没有任何别的联系了。"⑥

　　资本对人及其社会生活的役使，也就是对整个社会的支配。资本的运动总是在特定社会的经济、政治、文化环境和条件下展开，受到这些环境和条件的制约。要实现自我保存和增殖，资本必须冲破一切不利于自身发展的环境与条件的限制，利用和创造一切有利于自己的环境与条件。为此，资本必然越出经济的界限来掌控整个社会，主宰现代社会的面貌、性质与趋势。在根本的意义上，现代性——现代社会的总体规定性，就是"资本性"——资本的本性。资本不但支配着社会，而且宰制着自然。大自然蕴藏了资本增殖的无穷宝藏，蕴含着资本扩张的无限空间。资本一方面极大地拓展了人类对自然的认识与利用，更充分地发挥了自然之于人的价值与意义，但另一方面又对自然造成了毁灭性的破坏，甚至威胁到自然和人类自身存在的底线。

　　资本支配现代世界的这四个层次，也是其支配现代世界的四个步骤或

---

① 《马克思恩格斯全集》（第31卷），中央编译局编译，人民出版社1998年版，第43页。
② 《马克思恩格斯选集》（第1卷），中央编译局编译，人民出版社1995年版，第287页。
③ 《马克思恩格斯全集》（第3卷），中央编译局编译，人民出版社2002年版，第282页。
④ 《马克思恩格斯选集》（第1卷），中央编译局编译，人民出版社1995年版，第274页。
⑤ 《马克思恩格斯全集》（第30卷），中央编译局编译，人民出版社1995年版，第462页。
⑥ 《马克思恩格斯选集》（第1卷），中央编译局编译，人民出版社1995年版，第274页。

第三章　资本的统治逻辑

阶段。资本对整个现代社会世界的统治，大体上就是沿支配生产以至经济生活，进而支配全部社会生活和整个现实世界的路径推进的。资本是一个天生的"世界主义者"。"资本主义生产，……在本质上是世界主义的。"在运行和发展过程中，或者不如说在施加统治的过程中，资本首先遇到的是地方性的限制，从而先行突破的也是这种狭隘的地方性限制，进而逐步取得了在民族—国家范围内统摄人、社会和自然的地位。但出于本能，资本绝不会满足于对一个或几个民族—国家社会的主宰，而必然进一步突破民族—国家的制约，去追求和实现更为宏大的统治全球的愿望，最终在现代世界的各个角落都深深地打上自己的烙印。梅扎罗斯一针见血地指出，"资本需要实现继续生存与统治的新方式，它找到了两条主要的出路，以便应对达到自己结构性界限的威胁。第一条出路是从内部角度来看的，这条出路包含在资本的支配地位得到毫不留情的增强之中；第二条出路是，在全球范围内实行权力扩张与多样化"①。资本构筑起全球统治体系，把控了全球权力。作为现代世界的造物主，资本"按照自己的面貌为自己创造出一个世界"②。赵汀阳先生在近著《天下的当代性》中提出，"超越现代性的全球系统化权力……属于正在来临的将来时"。但从资本权力的角度看，资本其实早已建构起了一种全球系统化的权力。

　　资本强有力的统治，导致整个生活世界日益商品化、货币化和资本化。商品化和货币化是资本化的表象和低级形式，资本化为商品化和货币化的本质和高级形式。一切实际的和虚拟的存在，都成为商品、化作货币，都可以用商品、货币来衡量和交易，都服从和服务于资本自行增殖的逻辑，甚至都被纳入资本之中，最终变成资本。现在有的人还用钱来应付尽孝的责任。他们不仅花钱雇人替自己照顾父母，甚至花钱雇人帮自己扫墓。不知道这是做给逝者看的，还是做给活人看的。资本的权力强大到如此的程度，以至于连对资本的批判也必须以资本认可的方式进行。许多批判资本主义的著作都或被动或主动地在以符合资本增殖要求的方式（包装

---

① ［英］梅扎罗斯：《超越资本——关于一种过渡理论》（下），郑一明等译，中国人民大学出版社2002年版，第541页。
② 《马克思恩格斯选集》（第1卷），中央编译局编译，人民出版社1995年版，第276页。

与宣传）出现于市场之上，希冀通过强调自己对资本的批判的猛烈和深刻来吸引消费者。

哈特和奈格里说得好："当代的资本主义的生产，不只是在生产剩余价值，或者是在生产劳动产品，它是在生产一种社会形式，在生产一种价值体系，在生产一种社会经验的结构。"① 整个社会变成了资本的企业。换言之，资本成为现代社会的"本体"。在这个意义上，整个资本主义世界的运动和变化，不过是资本持续不断、周而复始的自我生成、保存、增殖和再生的过程与结果。也可以说，资本不仅是现代世界的"实体"与"主体"，而且就是整个现代世界。罗素曾激烈地批评传统哲学家们轻视"关系"，强调"我不用作进一步论证就可以肯定：存在着关系这样的实体"②。作为生产关系的资本在某种意义上就是这样的"实体"。

## 第二节 人与物关系中的资本统治

如前所述，虽然资本在本质上是人与人的社会关系，但它也显著地具有物的属性。资本的统治既涉及物，又关涉人，还触及物与人的关系。它不只是人对人、物的支配性力量，更重要的是物对人、物的支配性力量。因此，我们还可以从人与物关系的角度来分析资本统治的内涵与逻辑，以进一步深化认识。具体而言，资本对现代世界的统治表现为人对物、人对人、物对物以及物对人四种支配关系。

### 一 人对物的掌控

资本的统治首先表现为资本家对各种具体的物，主要是生产资料和生活资料的拥有与支配，表现为资本家的所有权。要支配工人，资本家当然要有支配工人的手段和资料。资本家的支配直接表现在生产过程中。因此，掌控生产所需的各种物质资料，亦即生产资料，就成为资本家必须先

---

① ［美］迈克尔·哈特、［意］安东尼奥·奈格里：《"帝国"与"大众"》，载许纪霖主编《帝国、都市与现代性》，江苏人民出版社2005年版，第59—60页。
② ［英］伯特兰·罗素：《逻辑与知识》，苑莉均译，商务印书馆1996年版，第129页。

行完成的任务。通过对生产资料的占有，资本家把持了生产过程中的领导权。"尽管马克思把资本家的活动仅仅看做是执行'资本的职能'，但是，被赋予意识和意志的的确是资本家，而不是资本。"① 虽然奥尔曼这一观点仍需斟酌，但它的确具有启发意义。除生产资料外，资本的统治还通过控制生活资料予以实现。"资本家潜在地掌握着生活资料，而这些生活资料则是他的权力的组成部分。"② 虽然生产资料是创造生活资料的手段，但对于工人而言，生活资料是更为直接的目的和对象。如果市场上没有生活资料，给工人支付货币就没有任何意义。资本家对生活资料的操控，有力地扼住了工人命运的咽喉，让其顺从地为自己劳动。

既然掌控生产和生活资料是实现价值增殖的重要前提，那么，资本家必然用尽办法保持和巩固自己对这些资料的占有与控制，而让工人一无所有。结果，在资本主义生产的条件下，"实现劳动所需要的一切对象要素，都表现为同工人相异化的、处于资本方面的东西"③。生产资料和生活资料，不但是资本家支配和剥削工人的手段，而且本身也是资本统治的表现。从资本的形式方面来看，这两种最重要的物质资料本身，"作为异化的、独立的权力……而与劳动相对立"④。它们甚至构成了资本本身。从物质外观上看，资本即对包括生产资料与生活资料的劳动条件的支配权。"劳动者丧失劳动条件表现为这些劳动条件独立化为资本，或者说，表现为资本家对这些劳动条件的支配权。"⑤ 人对物的支配，这是资本统治最基础性的内容，为其更高层次的统治提供了条件。

## 二 人对人的操纵

资本的统治也表现为资本家对工人的统治和工人对资本家的从属。这是资本统治在人的地位上的表现。资本家从资本那里获得了支配工人的权

---

① [美]奥尔曼：《异化：马克思论资本主义社会中人的概念》，王贵贤译，北京师范大学出版社2011年版，第245页。
② 《马克思恩格斯全集》（第32卷），中央编译局编译，人民出版社1998年版，第153页。
③ 《马克思恩格斯全集》（第32卷），中央编译局编译，人民出版社1998年版，第153页。
④ 《马克思恩格斯全集》（第32卷），中央编译局编译，人民出版社1998年版，第127页。
⑤ 《马克思恩格斯全集》（第35卷），中央编译局编译，人民出版社2013年版，第248页。

力。马克思援引了一位医生的话："资本家利用资本所产生的权势，硬要从劳动里实现节约"，并犀利地指出，这是"靠浪费劳动力来节约费用"①。资本家通过多种多样的手段和方式，对工人及其劳动施加"浪费"。而工人则无力地匍匐于资本家的权威之下。"他们的劳动的联系，在观念上作为资本家的计划，在实践中作为资本家的权威，作为他人意志……的权力，而和他们相对立。"②工人劳动过程中的联系，不是一种自主、自愿的联系，相反，只是作为他人的计划、权威和权力而压迫自己。资本家对工人的统治关系，或者说工人对资本家的"从属、隶属关系是机械工厂的一般特点"③。

资本家不光维持对工人的统治权力，而且能够以自己的方式扩大这种统治。资本的积累和投入生产过程中的资本的增加，是资本家扩大手中权力，提高社会地位的重要途径与方式。"资本家用同样多的资本支配着更大的劳动量。资本家阶级支配工人阶级的权力增加了，工人的社会地位更低了，比起资本家的地位来又降低了一级。"④资本越多，意味着资本家的权力越大，地位越高；而工人的权力越小，地位越低。政治当局通常赋予法警监督人的权力，现在表现为资本家的权力。它不是生杀予夺、施绞刑的权力，而是加班和短工、饱肚和饥恶、健康和疾病的权力。"资本主义的法定权力在商业企业范围内的部署是政治权力从国家向私人之手的转移，这一转移不为人所察。"⑤埃伦·伍德传神地将此称为政治的终极"私有化"，"正常情况下与强制的政治权力相关的职能……现在已经牢牢掌握在私人之手了"⑥。

当然，需要注意的是，资本家对工人的统治和工人对资本家的从属，这并非资本统治的本质内容，而只是资本对工人的统治以及工人对资本的

---

① 《马克思恩格斯全集》（第44卷），中央编译局编译，人民出版社2001年版，第295页。
② 《马克思恩格斯全集》（第44卷），中央编译局编译，人民出版社2001年版，第385页。
③ 《马克思恩格斯全集》（第47卷），中央编译局编译，人民出版社1979年版，第522页。
④ 《马克思恩格斯选集》（第1卷），中央编译局编译，人民出版社1995年版，第352页。
⑤ [美]罗伯特·海尔布隆纳：《资本主义的本质与逻辑》，马林梅译，东方出版社2013年版，第75页。
⑥ [美]罗伯特·海尔布隆纳：《资本主义的本质与逻辑》，马林梅译，东方出版社2013年版，第75页。

从属的表现。可以借用马克思的话,将其表述为"以物的依赖性为基础的人的依赖性",即人对物的依赖关系基础上的人对人的依赖关系。不过,人们可能会提出这样的疑问:"在权力制度的悖论中,其主角主要意识到自己是无权力的……当资本家阶级本身就受市场力量的摆布时,又怎么能将该阶级视为制度中的'统治'阶级呢?"① 但实际上,资产阶级这种"被统治"的阶级,本身的确统治着更低层次的"被统治阶级"——无产阶级。资产阶级拥有支配无产阶级的权力。当然,这是一种从资本那里分有而来的权力,或者说是资本所赋予的权力,是资本统治的表征。

### 三 物对物的支配

一般认为,物是被动的和受动的,只有作为社会历史主体的人是主动的和能动的,应该由人来支配物。然而,在资本主义社会中,虽然表面上也是由人支配物,但实质上却是资本这种物支配着其他所有的物。直接地看,是资本家掌控着包括生产资料和生活资料在内的一切资料,但在更深层的意义上,这些资料的运动服从和服务的是资本增殖的"生命"逻辑。也就是说,是资本这种物在支配着它们。资本按照自己的意志,掌控和役使着现代世界全部的物。

资本不仅能够直接地支配物,而且能够驱使物支配其他物,从而间接地支配众多的物,不论是自然物,或是人工物,还是二者的结合物。对机器的操控和利用是这种典型。马克思指出,不是工人使用劳动条件,而是劳动条件使用工人,但"这种颠倒只是随着机器的采用才取得了在技术上很明显的现实性。……生产过程的智力同体力劳动相分离,智力转化为资本支配劳动的权力,是在以机器为基础的大工业中完成的。……科学、巨大的自然力、社会的群众性劳动都体现在机器体系中,并同机器体系一道构成'主人'的权力"②。可见,机器、智力、科学、自然力和群众性劳动,都被结构性地纳入资本及其权力之中,成为资本统治的手段。通过这

---

① [美]罗伯特·海尔布隆纳:《资本主义的本质与逻辑》,马林梅译,东方出版社2013年版,第47页。
② 《马克思恩格斯全集》(第44卷),中央编译局编译,人民出版社2001年版,第487页。

种间接的统治，资本实现了对现代社会整个物的体系的统摄，并为其对人的宰制创造了基础。

## 四 物对人的役使

资本这种物不只支配物，更重要的是，它还统治着人。资本本是人类劳动的凝结，但却反而支配着劳动的主体——人。它不但统治工人，而且支配资本家；不但统治整个无产阶级，而且支配整个资产阶级。一句话，资本成为现代人的主宰，而资本主义社会中的人不过是资本的工具乃至"玩偶"。然而，遗憾的是，很多研究者只看到了资本及其人格化身对工人的统治，而没有能够看到资本对包括其人格化身在内的所有人的统治。①

在现代社会中，"每个个人行使支配别人的活动或支配社会财富的权力，就在于他是交换价值的或货币的所有者"②。人们以拥有货币以及商品的形式占有社会权力，支配他人。从表面上看，这是人支配人。但在深层的意义上，是物在支配着所有人。通过物支配他人的人，实际上也被物支配着。人对人的统治，实际上是物对人的统治的体现。资本对现代人的支配，首当其冲地落在工人身上。资本家通过生产资料和生活资料对工人的统治，正是资本支配工人的要求与表现。"生产资料和生活资料在它们同工人的关系中，从一开始就具有一种社会规定性，这种社会规定性使它们变成资本，给它们以支配劳动的权力。"③资本对劳动和生产的统摄，对剩余劳动的剥削和对生产过程的"指挥"，都明确地反映了资本和工人之间的统治与从属关系，表征了资本的权力。对于工人而言，资本就是一种剥削和奴役他们的异己权力。这种统治显而易见，在此不再赘述。

不但统治工人，资本也支配着统治工人的资本家。在资本主义社会中，表层是资本家拥有权力，但深层是资本把持着最高的权杖；表面上是资本家掌握资本，实际上是资本掌控资本家。本质而言，资本家权力不过

---

① [美]罗伯特·海尔布隆纳：《资本主义的本质与逻辑》，马林梅译，东方出版社2013年版，第38页；胡绪明：《论资本的双重内涵及其"边界意识"——兼答关柏春先生的质疑》，《南京社会科学》2008年第10期。
② 《马克思恩格斯全集》（第30卷），中央编译局编译，人民出版社1995年版，第106页。
③ 《马克思恩格斯全集》（第48卷），中央编译局编译，人民出版社1985年版，第47页。

是对资本权力的"分有"。早在《1844年经济学哲学手稿》中，马克思就已经认识到，资本及其权力控制着资本家。资本家"利用资本来行使他对劳动的支配权力"，但资本的"支配权力"又深深地"支配着资本家本身"①。而在《资本论》及其手稿中，马克思多次指出，资本家所执行的不过是资本的职能，资本家的意志与行动不过是资本的意志与行动。资本的自行增殖，"是资本家的决定性的、占统治地位的和包罗一切的目的"，是"资本家活动的绝对欲望和内容"，从而"使资本家完全同工人一样地处于资本关系的奴役下"②。资本的价值增殖成为一种既凭借人又超越人的独立逻辑，决定了资本家的命运，裹挟着资本家为自己卖力。"积累或规模扩大的生产，是剩余价值生产不断扩大，从而资本家发财致富的手段，是资本家的个人目的，并且包含在资本主义生产的一般趋势中，但是后来，……由于资本主义生产的发展，它对于任何单个资本家都成为一种必要。他的资本的不断增大，成为保存他的资本的条件。"③

对交换价值、货币的追逐，是资本家受制于资本的逻辑与机制的典型表现。"作为资本的人格化，他同货币贮藏者一样，具有绝对的致富欲。但是，在货币贮藏者那里表现为个人的狂热的事情，在资本家那里却表现为社会机制的作用，而资本家不过是这个社会机制中的一个主动轮罢了。"④ 同样，资本家对工人的剥削与奴役，在根本上也是由资本驱使的。可以说，资本家不过是资本生命运动的表征乃至手段而已。"运用剩余去增强统治阶级的力量"⑤，这是资本统治的一个基本质点，也是资本与其他"统治者"相同之处。但一个根本差异之处是，资本不仅通过剩余增强对被统治阶级的支配，而且通过剩余增强对"统治阶级"的支配。较之统治工人，宰制资本家是资本对人的支配更为深层的表现。它更加深刻地表征和确证了资本的至上权力。当然，在直接的意义上，资本主义社会中同样

---

① 《马克思恩格斯全集》（第3卷），中央编译局编译，人民出版社2002年版，第239页。
② 《马克思恩格斯全集》（第49卷），中央编译局编译，人民出版社1982年版，第49页。
③ 《马克思恩格斯全集》（第45卷），中央编译局编译，人民出版社2003年版，第92页。
④ 《马克思恩格斯全集》（第44卷），中央编译局编译，人民出版社2001年版，第683页。
⑤ ［美］罗伯特·海尔布隆纳：《资本主义的本质与逻辑》，马林梅译，东方出版社2013年版，第23页。

存在着一部分人对另一部分人拥有权力。在力量对比中，少数人拥有更强的力量和支配能力。不过，在深层的意义上，是资本支配所有人。

资本统治的这四种关系既内在一致、相互支撑，又各有侧重、逐层深入。当然，在这之中，物对人的支配或统治，是资本统治在人与物关系上最深刻的表现，是其他三种表现形式的高级形式和集中表达。人非但不能控制物，而且完全相反，物统治人，人遭受着物的宰制。这是一种根本性的颠倒。资本统治所蕴含的这种颠倒，清晰地表征了现代人的生存状态。

## 第三节　资本本身就是统治

以上我们沿两条线索考察了资本统治的主要内涵——对现代世界的支配。虽然分析的视角有异，但结果是一致的。资本牢牢支配着物的体系，宰制着人、社会和自然，统摄着整个现代世界。甚至可以说，资本拥有着霸权，是一个十足的"霸权主义者"。或者用马克思的话说，资本—货币的"权力表现为一种天命"①。这是资本统治的直接含义和主要内涵。但更深入地看，资本的统治还存在着与上述内涵既内在相关又有所差别的另一层内涵，即资本本身就是建基于权力形成起来的，本身就是由权力构成的，从而本身就是一种统治关系，具有权力的属性。不仅资本所具有的权力统治着现代世界，而且资本本身就是一种统治。较之前一层次，这个层次更具有前提反思的意义。

马克思刚开始研究政治经济学时，就认识到资本是一种支配性的力量。"资本是对劳动及其产品的支配权力。资本家拥有这种权力……只是由于他是资本的所有者。他的权力就是他的资本的那种不可抗拒的购买的权力。"② 虽然认为资本的权力主要体现为购买的观点略显简单，但此时的马克思已然看到，资本是一种支配劳动及其产品的权力。在他看来，资本

---

① 《马克思恩格斯全集》（第31卷），中央编译局编译，人民出版社1998年版，第376页。
② 《马克思恩格斯全集》（第3卷），中央编译局编译，人民出版社2002年版，第238—239页。

不但"越来越表现为社会权力","表现为异化的、独立化了的社会权力"①，而且"意识到自己是一种社会权力"②。又如，前面所引证的"资本是资产阶级社会的支配一切的经济权力"这一论述，既是对资本权力之地位的说明，也是对资本本身之权力属性的分析。虽然这里将资本说成经济权力并不准确，马克思后来坚定地认为资本是一种支配社会的总体性权力，这是从权力角度对资本所作的一种本质性的阐释。有理由认为，在马克思的视野中，资本既是生产关系，同时也是权力关系或统治关系。事实上，任何生产关系都是某种权力关系。无论是生产资料所有制、分配关系还是社会地位，都蕴含着人与人之间的力量或权力对比关系。

随着政治经济学研究的深入，马克思更为明确地把握了资本作为统治权的性质。他指出，资本这种"自私的权力"，就是它"支配工人的权力"③。更具体地说，是"支配工人劳动的物化的权力"④，或者说是"支配劳动的客观权力"⑤。劳动本是"劳动力的使用"，是"人以自身的活动来中介、调整和控制人和自然之间的物质变换的过程"⑥，但在资本主义社会中，人这种主体性的活动却遭到资本的支配。资本对劳动的支配，也就是劳动对资本的依赖或从属。在《资本论》手稿中，马克思分析了劳动对资本形式的和实质的从属。"以绝对剩余价值为基础的形式"，即劳动对资本的形式上的从属⑦；以相对剩余价值为基础的形式，则是劳动对资本的实际上的从属。这两种统治和从属关系，也是资本支配劳动的两种基本方式。资本的增殖即这种奴役工人及其劳动的权力的加强。"资本致富，也就是只会使支配劳动的权力更加增大。"⑧

资本化身为劳动所必需的条件，或者说"劳动条件作为资本而存在，

---

① 《马克思恩格斯全集》（第46卷），中央编译局编译，人民出版社2003年版，第294页。
② 《马克思恩格斯全集》（第46卷），中央编译局编译，人民出版社2003年版，第217页。
③ 《马克思恩格斯全集》（第34卷），中央编译局编译，人民出版社2008年版，第259页。
④ 《马克思恩格斯全集》（第48卷），中央编译局编译，人民出版社1985年版，第71页。
⑤ 《马克思恩格斯全集》（第32卷），中央编译局编译，人民出版社1998年版，第184页。
⑥ 《马克思恩格斯全集》（第44卷），中央编译局编译，人民出版社2001年版，第207—208页。
⑦ 《马克思恩格斯全集》（第48卷），中央编译局编译，人民出版社1985年版，第5页。
⑧ 《马克思恩格斯全集》（第46卷），中央编译局编译，人民出版社2003年版，第429页。

同劳动处于社会对立中，并且转化为同劳动相对立并且支配着劳动的个人权力"①。由此，资本支配工人劳动的力量进一步强化、独立化和对象化，成为一种相对于工人而言的稳定的、外在的力量。资本不仅通过劳动条件，而且直接通过劳动，生成其与劳动相敌对的权力。"雇佣劳动生产着对它起支配作用的他人财富，也就是说生产着同它敌对的权力——资本。"② 资本将劳动分成死劳动和活劳动，而它作为死劳动和"过去劳动"，则是一种"独立化"的"支配活劳动的权力"③。它"不是表现为活劳动的权力要素，而是表现为支配这种劳动的权力"④，像吸血鬼一样吮吸着作为自然转化为历史原动力的活劳动。"劳动的产品，物化劳动，由于活劳动本身的赋予而具有自己的灵魂，并且使自己成为与活劳动相对立的他人的权力。"⑤ 供经营的财富"是用来剥削活劳动的经营财富，是剥削活劳动的手段的不断增大的规模，是过去劳动支配活劳动的不断增大的权力"⑥。或者从劳动能力的角度说，资本是对能够煽起劳动火焰的活劳动能力的统治权。"潜藏在劳动能力身上的增殖价值的可能性，……作为资本，作为对活劳动能力的统治权，作为赋有自己权力和意志的价值而同处于抽象的、丧失了客观条件的、纯粹主体的贫穷中的劳动能力相对立。"⑦

资本对活劳动的剥削、支配和统治越是成为前提，它剥削、支配和统治活劳动的权力就越是能够作为结果更多地产生出来。易言之，资本的这种权力就越是强大。资本的增加，就是"积累起来的劳动对活劳动的权力的增加，就是资产阶级对工人阶级的统治力量的增加"⑧。由此，不但通过劳动本身统摄劳动，资本还依靠劳动本身不断扩大着自己统治劳动的权力。"通过劳动本身，客观的财富世界作为与劳动相对立的异己的权力越

---

① 《马克思恩格斯全集》（第25卷上），中央编译局编译，人民出版社1974年版，第429页。
② 《马克思恩格斯选集》（第1卷），中央编译局编译，人民出版社1995年版，第348页。
③ 《马克思恩格斯全集》（第48卷），中央编译局编译，人民出版社1985年版，第345页。
④ 《马克思恩格斯全集》（第35卷），中央编译局编译，人民出版社2013年版，第253页。
⑤ 《马克思恩格斯全集》（第46卷上），中央编译局编译，人民出版社1979年版，第450页。
⑥ 《马克思恩格斯全集》（第48卷），中央编译局编译，人民出版社1985年版，第85页。
⑦ 《马克思恩格斯全集》（第30卷），中央编译局编译，人民出版社1995年版，第444页。
⑧ 《马克思恩格斯选集》（第1卷），中央编译局编译，人民出版社1995年版，第348页。

来越扩大，并且获得越来越广泛和越来越完善的存在。"① 在马克思看来，过去的物化劳动统治现在的活劳动，是主体和客体关系的颠倒。"如果实现工人的劳动能力的物的条件，从而现实劳动的物的条件，即工具、材料、生活资料，在工人面前表现为异己的、独立的、反过来把活劳动当作保存并增殖自身（工具、材料、生活资料之所以交给劳动，只是为了吸收更多的劳动）的权力，……那么，这种［主体和客体之间的关系的］颠倒就会在［生产过程的］结果上更多地表现出来。"②

不只如此，马克思还进一步洞察了资本更为本质和深层的规定：资本不只是"对他人劳动的支配权"，更重要的是对他人剩余劳动的支配权。也就是说，资本支配工人劳动的要害在于：无偿地占有了工人提供的剩余劳动及其所凝结的剩余价值。在《1857—1858年经济学手稿》中，马克思指出："资本不仅像亚·斯密所认为的那样，是对他人劳动的支配权，——这是就一切交换价值都是这种支配权而言的，因为交换价值向它的占有者提供购买权力，——而且是不经交换，不支付等价物，但在交换的假象下占有他人劳动的权力"③。在《1861—1863年经济学手稿》中，马克思又说："工人本身的无酬劳动的产品现在作为资本，作为支配工人劳动的物化的权力，作为他人的财富而同工人相对立。"④ 资本支配工人的权力恰恰是工人自己剩余劳动的产品。或者说，正是工人的剩余劳动造就了同工人自己相敌对的资本权力。在正式出版的《资本论》第一卷中，马克思以简洁凝练的方式再次强调了这一点："资本不仅像亚·斯密所说的那样，是对劳动的支配权。按其本质来说，它是对无酬劳动的支配权。"⑤ 这一判断直截了当地戳中了资本支配劳动的要害，准确具体地揭示了资本作为统治权的根本条件。

自行增殖是资本的生命线。"资本主义生产的全部性质，是由预付资本价值的增殖决定的，就是说，首先是由生产尽可能多的剩余价值决定

---

① 《马克思恩格斯全集》（第30卷），中央编译局编译，人民出版社1995年版，第447页。
② 《马克思恩格斯全集》（第47卷），中央编译局编译，人民出版社1979年版，第124页。
③ 《马克思恩格斯全集》（第46卷下），中央编译局编译，人民出版社1980年版，第46页。
④ 《马克思恩格斯全集》（第48卷），中央编译局编译，人民出版社1985年版，第71页。
⑤ 《马克思恩格斯全集》（第44卷），中央编译局编译，人民出版社2001年版，第611页。

的；其次……是由资本的生产，即由剩余价值到资本的转化决定的。积累或规模扩大的生产，是剩余价值生产不断扩大，……资本的不断增大，成为保存他的资本的条件。"① 只有不断增殖，资本才可能保存进而发展自身。一旦不能自我增殖，不说发展，甚至连存在都成为问题。为此，资本必须"持之以恒"地吮吸无酬劳动带来的剩余价值，实现价值增殖。在纯粹的意义上，资本是由资本家无偿占有并不断带来剩余劳动（价值）的剩余劳动（价值）。亦即，资本本身就是剩余劳动（价值），资本及其增殖的过程就是剩余劳动（价值）周而复始的运动过程。也就是说，资本一直在"空手套白狼"。

总之，在马克思看来，资本本身就是死劳动（过去劳动、对象化劳动、物化劳动、积累起来的劳动、已实现的劳动）对活劳动特别是剩余劳动的剥削、支配和统治。可见，这个拥有权力的主体、统治整个世界的物，本身就是一种支配性的关系与力量，本身就是靠支配他物产生和存在的。资本支配剩余劳动的能力越强，它统治现代世界的权力就越大。因为，对剩余劳动和剩余价值的吮吸，是资本的权力之源。源头不断扩大和丰盈，资本河流的奔驰就更加欢腾。在马克思眼中，对活劳动尤其剩余劳动的支配，是资本扩大权力的唯一条件。② 可以认为，这是资本权力的核心内涵，或者说是资本的核心权力。本是人的自由自觉活动的劳动，通过一系列的过程，被转化为统治自身以及自己存在其中的世界的物化力量和独立权力。而资本则将劳动吸纳进自身之中，并将其变成不断扩大统治权力的手段。资本作为人的劳动果实却反而统治作为劳动主体的人自身，这是导致现代人异化的深层原因。

同资本统治的第一个层次相比，这一层次更加深入地反映了人与人之间的剥削和役使，表现了人与物关系的颠倒和异化，更为深刻地表征了资本对现代世界的支配与统治，分析了资本主义社会的局限性与不合理性，揭示了资本统治最深层的内涵。至此，可以将资本主义社会中物对人的支配，由表及里、由浅入深地表示为货币→商品→价值→劳动对人的统治。

---

① 《马克思恩格斯文集》（第6卷），中央编译局编译，人民出版社2009年版，第92页。
② 《马克思恩格斯全集》（第30卷），中央编译局编译，人民出版社1995年版，第449页。

直接的表现是货币、商品对人的支配，深层的表现是价值、劳动对人的支配。当然，也可以由内及外、由本及末地表示成劳动→价值→商品→货币对人的统治。但无论是劳动、价值，抑或是商品、货币，都融汇进资本，构成资本内在的力量与权力，支配人和人的世界。资本永不停息地将自己的对手——劳动乃至整个世界，变成自己的仆人，变成自己。现代人及其存在其中的现代世界遭受着资本"深入骨髓"的支配，这是现代最突出的"事件"，是现代人最根本的生存状态，是现代性最核心的内容与病症。

随着资本主义的发展，资本的统治逻辑越发强盛。马尔库塞正确地指出，发达资本主义的人与社会丧失了批判的向度，变成了单纯肯定性的单向度的人与社会。换言之，资本主义进一步强化了自身的统治，成为一种深层意义上的极权主义。"当代社会的力量（智力的和物质的）比以往大得无可估量——这意味着社会对个人统治的范围也比以往大得无可估量。"① 马尔库塞还敏锐地提出，当代资本主义的突出之处，是"利用技术而不是恐怖去压服那些离心的社会力量"②。"技术的进步扩展到整个统治和协调制度，创造出种种生活（和权力）形式，这些生活形式似乎调和着反对这一制度的各种势力，并击败和拒斥以摆脱劳役和统治、获得自由的历史前景的名义而提出的所有抗议。"③ 从而，"技术成了社会控制和社会团结的新的、更有效的、更令人愉快的形式"④。用哈贝马斯等人的话说，技术成为一种有效的"意识形态"。工人阶级的革命性和革命意识减弱，甚至在一定程度上落入资本主义所设置的"陷阱"而难以自拔。因此，深刻揭露进而瓦解资本的统治逻辑，构成当代马克思主义者的重要任务。

---

① ［美］赫伯特·马尔库塞：《单向度的人——发达工业社会意识形态研究》，刘继译，上海译文出版社 2008 年版，导言第 2 页。
② ［美］赫伯特·马尔库塞：《单向度的人——发达工业社会意识形态研究》，刘继译，上海译文出版社 2008 年版，导言第 2 页。
③ ［美］赫伯特·马尔库塞：《单向度的人——发达工业社会意识形态研究》，刘继译，上海译文出版社 2008 年版，导言第 3 页。
④ ［美］赫伯特·马尔库塞：《单向度的人——发达工业社会意识形态研究》，刘继译，上海译文出版社 2008 年版，导言第 6 页。

# 第四章　资本的文化逻辑

　　资本既内含统治逻辑，也存有文化逻辑。广义的文化，更准确地说，动词意义的文化，即"人化"或"人文化"。在西文中，文化的最早意涵是作为人类基本活动的耕作、栽培。由于意谓转化、变化的"化"字之存在，"文化"在早期汉语中是一个纯粹的动词，只是后来才拓展至这一动作或过程的结果与前提（二者一致、相互转化），亦即名词的文化。在中国经典中，文化最早出自"文明以止，人文也。……观乎人文，以化成天下"（《周易·贲卦》）。在此意义上，文化指以人文化天下，也就是世界的人化，亦即将人的因素对象化于现实的存在者及其存在，使之成为人的存在。但是，不仅世界需要人化，人本身也需要"人化"（人成为真正或更高意义上的人，趋向良善、升华自身）。只有经过"文化"，人才从自然中超拔出来，成为真正的人。这也就是"化人"的过程。它甚至构成文化更为关键的向度。

　　要言之，文化是以"化人"为前提和目标的"人化"。其最高目标和状态就是"明"，亦即"觉悟"。"就其传统的使用而言，文明和'文化'一样，都指人向更高程度的组织和更高程度的教养的发展。"① "知人者智，自知者明。"（《老子·三十三章》）"佛"亦为"觉悟者"之义。质言之，作为人化的文化，含有两个存在差异的向度，即世界的人化和人本身的人化。资本作为现代世界的主导力量，势所必然地同人和人的文化发生本质性的关联，进而内在而强势地侵入进而宰制"人化"和"化人"的进程。

　　不过，在对文化进行这种动词理解的同时，也不应忘记，狭义的精神文化概念亦有其独立或特有的价值，尽管人们从前过多地仅仅停留于这种狭义理解上。资本的文化逻辑即资本控制下文化生成、存在、演化过程中

---

① ［法］阿尔贝特·施韦泽：《文化哲学》，陈泽环译，上海人民出版社2013年版，第63页。

## 第四章 资本的文化逻辑

所具有的必然性,或精神观念中所映射的资本运动规律。笔者所说的资本文化逻辑也主要是这种狭义文化意义上的。当然,狭义的文化也内在地包含了"人化"和"化人",更准确地说,它最集中地表征了这种动词意义上的文化之内涵。在社会诸领域中,精神文化能够最直接地"人化"和"化人"。随着资本主义生产愈加注重非物质领域,资本的文化逻辑日渐突显。可以认为,文化逻辑是晚期资本主义最引人注目的逻辑形态之一。詹姆逊的名著《晚期资本主义的文化逻辑》可谓应时而作。

资本成为统治现代世界的主体性力量之后,便作为"普照的光"渗透进而贯穿于人、社会和自然的方方面面,呈现出高度总体性的特征。因此,一些研究者正确地强调,不能将资本主义仅仅作为经济结构理解和研究。熊彼特指出,"资本主义意味着一种价值体系,对生活的一种态度,一种文明——不平等的和家庭财产的文明"[①]。舍勒更为具体地强调:"资本主义首先不是财产分配的经济制度,而是整个生活和文化的制度。"[②] 桑巴特、韦伯、舍勒和特洛尔奇等人都强调资本主义精神的核心地位。"这个时期的经济生活是由这种精神中形成出来的,……凡予自身以一种适合的形态,并因此创造经济组织的,是精神。"[③] 在他们看来,资本主义的核心和灵魂是"资本主义精神"。"资本主义精神"是资本主义社会与文明的最高因素。资本主义的胜利本质上是"资本主义精神"的胜利,同样,"资本主义精神"的衰落本质上也是资本主义的衰落。

文化逻辑伴随资本主义的运行与扩张而愈益凸显。资本主义发展伊始,精神文化的确并非拥有显赫地位的主要因素,它不过是资本增殖和统治的一隅。但随着统治的运演,文化越来越成为资本增殖的高级载体。确

---

[①] [美]约瑟夫·熊彼特:《资本主义、社会主义与民主》,吴良健译,商务印书馆1979年版,第31页。

[②] [德]马克斯·舍勒:《资本主义的未来》,刘小枫主编,曹卫东等译,北京师范大学出版社2014年版,第88页。

[③] [德]维尔纳·桑巴特:《现代资本主义》(第一卷),李季译,商务印书馆1936年版,第19—20页。笔者以为,桑巴特对资本主义精神的分析不在韦伯之下,可惜人们对此重视不足。在资本主义的形成问题上,桑巴特走的是绝对的"观念论"道路,其总体思路同黑格尔几乎无异。在他看来,是资本主义精神使资本主义的各种现实"基础"或条件生成了资本主义。或者说,资本主义是资本主义精神的实现。

若哈特和奈格里所言,"在当代资本主义生产中,观念、图像、信息、符码等越来越占据中心地位"①。保罗·维尔诺也认为,在后福特制时代,"精神生活"已"完全被列入生产的时空之中"②。丹尼尔·贝尔甚至认为,在资本主义世界中,"文化确已变得至高无上了"③。当然,他指认文化与经济领域"分离"的说法不是笔者所能同意的。事实上,在表面性差异之下,资本主义社会的经济领域和文化领域具有深刻的同一性。这种同一性主要源于资本及其逻辑运动。资本与文化发生了丰富而复杂的耦合效应:资本型塑、规约文化,文化映照、表征资本,二者的互为表里建构了当代文明的整体风貌。资本越是向前推进,其文化逻辑就越是值得探讨。

## 第一节 资本对文化的创造与摧毁④

从"本体"层面理解资本文化逻辑的悖论,是探察资本的文化逻辑之有效进路。人是文化的根本,是文化运转的轴心。因此,对资本文化逻辑的考察,不能不同人及其发展关联起来。概括而言,资本一方面创造文化、促进人的发展,另一方面又摧毁文化、造成人的倒退。这两个相反的向度始终共时态地存在于资本的文化逻辑之中,构成了真实的矛盾。这一看似激烈的矛盾之所以会出现,在根本的意义上是由于在资本世界中,作为真实主体的并非文化或人,而是资本。

### 一 创造文化与人的发展

相对而言,学界以往更多将关注的焦点放在对资本逻辑的批判上,强调资本之于文化的阻碍与消解,较为忽视资本文化逻辑的另一面:资本对

---

① [美]迈克尔·哈特、[意]安东尼奥·奈格里:《大同世界》,王行坤译,中国人民大学出版社2014年版,中译本序第2页。

② [意]保罗·维尔诺:《诸众的语法:当代生活方式的分析》,董必成译,商务印书馆2017年版,第134页。

③ [美]丹尼尔·贝尔:《资本主义文化矛盾》,赵一凡、蒲隆、任晓晋译,生活·读书·新知三联书店1988年版,第79页。

④ 本节原载《中共天津市委党校学报》2019年第5期,系笔者与牛思琦合作。

文化的创造。事实上，在增殖本性和文化逻辑的驱动下，资本不仅可能而且真实地创造文化。这种现代世界的主导力量，以改造旧文化和开辟新文化等方式一定程度地创造文化，在客观的意义上充当了人性总体提升、新文明形态建构的"不自觉的工具"。

自由时间是资本创造文化的前提和归宿。在马克思主义理论视野中，劳动时间和自由时间是一对基本范畴。前者指人类从事物质生产的时间，它是人类为维持自身生存所必需的，属"必然王国"，具有外在的"必然性"；后者是人类物质生产活动以外的时间，可由人类自由选择并安排，更接近甚至在某种程度就是"自由王国"。相对而言，非物质性的文化生产同自由时间的关系更为密切，自由时间构成文化的可能性基础与客观载体。我们越是向前追溯历史，发现劳动时间对于文化的意义就越是重要。先民们在物质生产的劳动时间中创造出"原初"的文化。在一定意义上，文化是自由时间出现后的产物。后来，文化越来越变为主要由自由时间所支撑以至创造。资本通过发展自由时间创造文化。"正是因为资本强迫社会的相当一部分人从事这种超过他们的直接需要的劳动，所以资本创造文化，执行一定的历史的社会的职能。"① 被资本和资本家所吮吸的剩余劳动，构成自由时间的基础，也是资本创造文化的必要条件。

在存在阶级对立和阶级压迫的社会中，自由时间的获取以对剩余劳动的压榨为前提，即一方的自由发展使另一方的时间主要用于使用价值的生产。资本主义社会亦如此。资本通过对众多个人之自由时间的剥削促进整个社会自由时间的增加，奠定了"整个社会发展和全部文化的物质基础"②。随着生产方式的革新和生产力的发展，资本在创造文化过程中造成了大量的自由时间。社会整体性自由时间的出现"给所有的人腾出了时间和创造了手段，个人会在艺术、科学等等方面得到发展"③，让人们的劳动不单单是为生存而开展，从而在客观上创造和发展了文化。

当然，文化也构成自由时间的存在空间。某种程度上，自由时间与文

---

① 《马克思恩格斯全集》（第47卷），中央编译局编译，人民出版社1979年版，第257页。
② 《马克思恩格斯全集》（第47卷），中央编译局编译，人民出版社1979年版，第257页。
③ 《马克思恩格斯全集》（第31卷），中央编译局编译，人民出版社1998年版，第101页。

化融合式发展，二者互为表里。概言之，文化之于自由时间不仅是结果性的，更是过程性的。它有力填补了自由时间闲置的空白。马克思曾言，"时间是人类发展的空间"①。自由时间的空余性空间亦是文化的空间。它为人类提供更广阔的生存领地，不断推动文化创新创造。反之，文化对自由时间的合理化安排，间接促成了自由时间的增长，从而在更深层次上强化了资本利用自由时间创造文化的逻辑。由此，文化和自由时间之间出现了一种显性的互动与互构。

资本以创造文明的逻辑创造文化。作为资本的基本逻辑之一，创造文明在某种程度上构成资本创造文化的逻辑主线。文明与文化是以人为核心的共同体得以维系之根本。"文化为里，文明为表。"② 文化是文明的起点，文明是文化积极取向生成的有益成果之有机组合，是文化由自发向自觉演进后的升华。资本创造文明的逻辑内含着创造文化的过程。"资本的文明化趋势"③ 内生为资本创造文化的逻辑，它"内在地要求把自然变成文化的一部分"④。在资本驱动下，"纯粹自然"越来越趋向"人化自然"。只不过创造文明逻辑是总体的、显性的，而创造文化是这一逻辑的构成部分，且相对"隐而不彰"。

具体说来，在创造文明逻辑下，资本创造文化的方式主要有三种：一是开新。随着文明的跃升，新的文化成果总是不断涌现。农耕文明时期，以古典主义文化为代表的传统文化，是世界主要文明类型的文化印记。而资本的出现，则生成了一种前所未有的新型文明——工业文明，由此进入现代文化和后现代文化占主导的资本文化时代。以工业文明为内核的资本文明，创造出诸如结构主义、解构主义、象征主义、抽象主义、达达主义等众多新的文化表现手法。这些文化现象以反叛传统的方式涌现，是文明演进中出现的新的文化范式。可以预见，随着资本作用的不断深入，文化在内容与形式上的更新和发展必定更加多样。

---

① 《马克思恩格斯选集》（第2卷），中央编译局编译，人民出版社1995年版，第90页。
② 郭湛：《中华文明复兴：当代中国问题的核心》，《理论视野》2016年第9期。
③ 《马克思恩格斯全集》（第30卷），中央编译局编译，人民出版社1995年版，第395页。
④ 童世骏：《资本的"文明化趋势"及其内在限制》，《学术月刊》2006年第10期。

二是移植。在资本所推动的全球化过程中,"各民族的精神产品成了公共的财产,民族的片面性和局限性日益成为不可能"①。在不同文明的滋养中创生新的文化,是资本统治下文化创造的重要途径。历史上不同区域和国家的人们不断进行文明创造。中华文明、西方文明、伊斯兰文明、印度文明、非洲文明、拉丁美洲文明等,缘于各自的独立性和特殊性,构成世界主要的文明形态。这些文明和文化成果作为遗留或积淀的产物,以既成的给定状态存在于当代。只不过前资本主义时代人的联系极为有限,文化的交流融合不足;而当资本取得文化创造的最高支配权之后,则有力地将不同文明之有用部分移植进新的文化创造,使之成为文化创造的一种直接手段。

三是改造。对既存文明中文化成果的创造性转化,是相较于直接移植稍许复杂的资本作用,也彰显出资本文化逻辑的无孔不入。为充分利用资源、创造新的文化,资本突破时间的阻隔向传统延伸。传统文化是资本扩张中可供使用的原生本根性资源,但由于现实的差异,无法完全符合现代文明的需要。资本对能满足其需要的成分加以改造,并将其内化进自身的文化逻辑之中。当然,值得说明的是,以上三种方式并非单独作用、孤立存在,而是相互交织在一起的。资本为建构更高文明巩固自身霸权,一刻不停地创造文化;而资本在对文化的创造中也助推更高文明阶段的形成。总之,资本创造文明与创造文化相互联系、密不可分。

生产力与生产关系是资本创造文明和文化的两个关键环节。"资本的文明面之一是,它榨取这种剩余劳动的方式和条件,同以前的奴隶制、农奴制等形式相比,都更有利于生产力的发展,有利于社会关系的发展,有利于更高级的新形态的各种要素的创造。"②货币向资本的转变,使生产力在资本推动下爆发出巨大能量,以至于"资产阶级在它的不到一百年的阶级统治中所创造的生产力,比过去一切世代创造的全部生产力还要多,还要大"③。资本在创造丰富物质财富的同时,也创造出大规模的文化。这是资

---

① 《马克思恩格斯选集》(第1卷),中央编译局编译,人民出版社2012年版,第404页。
② 《马克思恩格斯全集》(第46卷),中央编译局编译,人民出版社2003年版,第927—928页。
③ 《马克思恩格斯选集》(第1卷),中央编译局编译,人民出版社1995年版,第253页。

本文明作用的题中之义，也是文化生产力的重要表现。资本在创造新的文化的同时，也为个人的充分发展创造条件，"而个人的充分发展又作为最大的生产力反作用于劳动生产力"①，在更深层次上助推新一轮文化创造。

  在其现实性上，人的本质是一切社会关系的总和。社会关系尤其生产关系，是资本创造文化、促进人的发展中的关键一环。马克思主义经典作家认为资本"是发展社会生产力的重要的关系"②，正是强调资本作为社会关系或生产关系的属性。一般而言，社会关系的丰富与完善更加符合资本创造文化的逻辑。马克思的"三大社会形态"理论，是以人的广义依赖性为基础划分社会生产关系的有效参照。"人的依赖关系"构成最初的社会形态，它对应的是前资本主义社会，以自然经济为主导的社会形式。在这一阶段，人"只是在狭小的范围内和孤立的地点上发展着"③，人和人之间没有建立起丰富的联系。"以物的依赖性为基础的人的独立性"社会构成第二大社会形态，对应的是以商品经济为主导的社会阶段，即资本主义社会。在这一阶段，由于人与人之间的联系逐渐加强，人获得了初步的独立。普遍的、全面的联系构成人性独立和自由发展的前提，建立在人与人广泛联系基础上的"每个人的自由发展是一切人的自由发展的条件"④的社会形态，成为理想的第三个阶段。

  由是观之，资本的确存在创造新文化、促进人发展的向度。而且，随着资本逻辑的深入，资本在创造出整个资产阶级社会和资本主义统治体系之后，有可能以文化资本的形态创造出大量文化新业态，提振社会文明程度，促进人的发展与文化繁荣。这是一种"单向度"的美好"想象"。然而，人类社会从来都不简单。资本在创造文化的同时，更深刻地摧毁着文化。

## 二　摧毁文化与人的倒退

  创造文化并非资本的目的，它仅仅是资本实现自身目的的手段。当文

---

① 《马克思恩格斯全集》（第31卷），中央编译局编译，人民出版社1998年版，第108页。
② 《马克思恩格斯文集》（第8卷），中央编译局编译，人民出版社2009年版，第69—70页。
③ 《马克思恩格斯全集》（第30卷），中央编译局编译，人民出版社1995年版，第107页。
④ 《马克思恩格斯选集》（第1卷），中央编译局编译，人民出版社2012年版，第422页。

化不利于资本增殖时，资本必定"不遗余力"地消解甚至摧毁文化，使之朝于己有利的方向变化和运作。这构成与创造文化逻辑相对的摧毁文化逻辑，且更深刻地决定和影响资本文化逻辑之运演。要言之，文化不过是资本发挥自己增殖天性的有力载体而已。

文化助益资本增殖的优越性集中体现于消费。一方面，文化的弹性和无边际性切中资本的扩张逻辑。文化资本是资本发展的高级形态，是垄断资本的存在方式。资本为了增殖需要不断扩张，生产递增与消费递减之间的矛盾造成经济危机的周期性爆发，成为以工业资本为代表的前文化资本时代萦绕不绝的梦魇。相较之下，工业资本是物质性、有限性的，而文化资本是非物质性、无限性的。资本增殖产生于生产领域的劳动力创造过程，但增殖的实现却必须在流通领域通过消费完成。就维持基本的生存需要而论，人类物质消费的需求总是会达至尽头，非物质的精神文化消费却可无限延展，更符合资本增殖的核心逻辑。因此，文化资本成为资本增殖方式革新的必然指向。

另一方面，"价值溢出"效应令文化成为化解资本增殖危机的潜在途径。一般商品的价值在消费中被逐渐消耗，这也成为物质消费后续动能不足的原因之一。相反，文化作为商品呈现出越消费价值越大的特点。文化消费的"价值溢出"效应为累加需求创造条件。霍克海默和阿多诺甚至指出，文化的一个性质就是"即使人们不再会使用它时，它也盲目地被使用"，变成资本统治下的现代社会消费文化乱象的源头。消费成为统治整个世界的伦理。思想的崇高性被放逐，"逻各斯中心主义"解体，人类的文化体系处于失衡状态。所以，文化资本的增殖优势恰恰是其消极取向的本质内驱力。

从增殖的角度看，"消费是一种积极的关系方式（不仅于物，而且于集体和世界），是一种系统的行为和总体反应的方式。我们的整个文化体系就是建立在这个基础之上的"[①]。但在资本逻辑中，创造性破坏与摧毁性建构并存，创造与摧毁是资本增殖的天性。当文化被建立在消费之上，一种依赖于消费的文化创造就此生成。这是完全合乎资本本性的文化逻辑。

---

[①] ［法］让·鲍德里亚：《消费社会》，刘成富、全志钢译，南京大学出版社 2008 年版，前言第 1 页。

在生产中，作为资本的文化同样制造出显著负面效应。生产力作为人类生产的能力，在资本文化逻辑中衍化为创造—摧毁文化、发展—倒退人性的双重悖论，以致加剧文化概念的裂变。就创造的向度而论，生产力创造的是异质性文化。在资本主义社会中，文化以异己性力量支配人类精神世界，实则是摧毁、消解实体性文化的过程，使当代文化出现三种主要的倾向或表现。由利己主义向享乐主义再到虚无主义演进，资本以逐层深入的方式渗透于文化。

1. 利己主义。资本文化逻辑运行的经济基础是市场经济，而"功利主义似乎成了市场经济不可剥离的一面"[①]，强烈的利己主义色彩使资本文化"把财富的增长，福利的增加，物质利益的满足，效益（率）的提高，国民经济的发展等作为头等大事，包括道德等其他东西皆作为手段为此目的服务，哪怕牺牲公平、人权、精神品质，道德理想也在所不惜"[②]。极端利己主义关注某一行为投入和产出之间的利益对比，强调行为的效果，更加看重自我和当下的利益。这同文化真正意义上的本质背道而驰，是阻碍文化长远发展的消极性因素。

2. 享乐主义。简单理解的享乐主义，是消费主义文化笼罩下追求当下快乐与享受最大化的价值观念。"娱乐至上"是文化资本时代大众文化的普遍特点，也是极端享乐主义的鲜明指向。"随着娱乐的兴起，一切艺术的革命力量都受到了影响"[③]，当"娱乐至上"甚至"娱乐至死"占据主要地位，一种依附于视觉奇观化和感官刺激的快适伦理支配资本文化逻辑，最终形成"着了魔的、颠倒的、倒立着的世界"。在娱乐与文化、外在与实在的混置下，客体实则"通过一种比广告商贴出来的标语还要僵化的模式，彻底剥夺了大众，剥夺了这些更高级的东西"[④]，主体的错位与缺

---

① ［英］蒂姆·摩尔根：《理解功利主义》，谭志福译，山东人民出版社2012年版，第68页。
② ［印］阿玛蒂亚·森、［英］伯纳德·威廉姆森：《超越功利主义》，梁捷等译，复旦大学出版社2011年版，第11页。
③ ［德］于尔根·哈贝马斯：《现代性的哲学话语》，曹卫东译，译林出版社2004年版，第129页。
④ ［德］马克斯·霍克海默、西奥多·阿道尔诺：《启蒙辩证法——哲学断片》，渠敬东、曹卫东译，上海人民出版社2006年版，第129—130页。

位使文化之实质意义逐渐失落。简言之,娱乐取代文化、崇高价值世俗化,是文化之商品性质衍变的结果,更是文化扁平化、空心化、单一化的源头之一。

3. 虚无主义。文化是人的本质力量对象化的产物,是人类创造性思维的成果。然而,当资本文化以"日用而不觉"的方式作用于人性,文化已不是人的创造性和个性的标识。人性的扭曲与变异,文化与人化相背离,一种相对主义、虚无主义的文化状态广泛出现。在资本的文化逻辑中,文化由资本创造、受资本统治、归附于资本,成为资本批量化生产的商品。作为商品规模化复制的文化,其数量、周期、更新都大为可观,达到了以往时期未能达到的"繁荣"。但资本所创造的文化繁荣毕竟是一种虚假繁荣。霍克海默和阿多诺将文化工业指认为"作为大众欺骗的启蒙"①。大量的文化产品和受众并非文化传播与交融的启蒙性福音,而是文化商品化造就的大众文化或世俗文化的欺骗性景观。这实际上动摇了文化精神性价值存在的合理性。

一方面,文化作为商品被生产,其本质已转变为产品化的符号。文化的精神内核被外在的符号形式所消解,仅有文化之名而无文化之实。文化以形式化的方式孤立存在着。另一方面,文化虚假繁荣的欺骗性极大扩展了文化影响和渗透的疆域,作用于普遍的人类精神世界。当已被资本化的文化作用于人性时,必然出现精神生活的崩溃和内心信仰、价值中心体系的解体。精神空虚是人性堕落的影响因素,资本文化作为"精神的鸦片"出现,麻醉了人渴望逃避现实的神经,填补了人类的内心空白。需要厘清的是,资本文化逻辑所造成的文化上的虚无主义,不仅在资本生产新文化的层面上呈现出来,更表现为对已有文化的侵蚀。因此,当代社会处于"旧的价值体系已陷困境,而新的价值体系尚未产生的断裂时期"②。"价值断裂期"正是文化虚无主义的现实根据。

---

① [德] 马克斯·霍克海默、西奥多·阿道尔诺:《启蒙辩证法——哲学断片》,渠敬东、曹卫东译,上海人民出版社2006年版,第107页。
② [美] 马斯洛:《人类价值新论》,胡万福等译,河北人民出版社1988年版,前言第1—2页。

文化生产力创造异质性文化,并以利己主义、享乐主义和虚无主义三种指征摧毁文化。若直接从摧毁的一面论,资本通过生产力摧毁文化的方式,是令人的全面生产能力丧失。在构成生产力的诸要素中,人居于首要地位,发展生产力首先是发展人。生产力的发展须以人的发展为前提,其他一切发展都应服从、服务于人的发展。这一点与文化的本质属性不谋而合。文化作为生产力有能力展现出鲜明活力。经典作家曾指出,"一切生产力即物质生产力和精神生产力"①。精神文化构成精神生产力。或者说,物质性和精神性可看作生产力是其所是的两个主要方面。随着资本攫取掌控一切的最高权力,文化生产力结构体系内物质性部分的支配力上升,与精神和人相关的部分被逐渐掏空。文化生产不再以促进人的自由全面发展为目的。对经济利益和资本特权的归附,是对生产力中首要的人的因素的蔑视。物质对精神的碾压、目标和手段的颠倒,直接导致生产力失去生产文化的能力。换言之,当文化生产力不以人的发展为目时,就丢掉了发展生产力的首要前提。文化没有了向前发展的根本性动力和条件,是无法继续再生产的。

文化呈现井喷式"繁荣"。在整个社会的普遍异化中,文化以同样异化的形态存续着,即远离人的属性而趋近于物的方面。文化本是一个双向性概念,人之为人的批判能力在文化与实践间架起桥梁,让文化作为客观现实世界的主观映像,成为关于人类反身性思考的审视,维系精神世界的多样性、立体性。而当人的要素缺失时,尽管在资本的无限增殖下文化同样被生产,但实质上已被消解为与文化本质相悖的反向。资本逻辑统治整个人类社会,文化沦为资本的附庸,转化为资本异化价值的存在形式。"媒体市场由数目不断减少的大公司所控制。他们所做的最危险的事情是:通过他们推销的世界文化来摧毁独立的个体文化。他们的惟一目的就是获取利润,同时,它也摧垮了人们进行社会性抵抗的能力。"②

在资本统治下,文化的教化功能削弱,人的批判能力丧失。"现代文

---

① 《马克思恩格斯全集》(第46卷上),中央编译局编译,人民出版社1979年版,第173页。
② [德]乌尔里希·杜赫罗:《全球资本主义的替代方式》,宋林峰译,中国社会科学出版社2002年版,第98—99页。

化倾向于一个水平化的过程,在其中,文化产品的内在价值承受着'将千差万别的因素一律转化为货币'的痛苦。"① 货币变成文化内在价值的通约手段,文化已完全背离其"人化"与"化人"的本性,同构为物的外在状态。更进一步,文化的价值异化为资本价值。文化与资本的同一是文化的毁灭性灾难。当文化被抽离成单一化、平面化的单向存在,一种异质性"文化"不断产生。不妨说,资本文化逻辑创造的是与文化本质特征相背离的商品,是异化的、消极的、摧毁性文化;而其无法生产或直接摧毁的,是能产生出人的全面性的积极、健全的文化。总之,在晚期资本主义中,资本消解文化,文化皈依资本,资本文化以整体的负向效应呈现出来。

还值得一提的是,作为当代资本主义的主流意识,新自由主义的理论和"科学"在本质上是资本的意识形态,乃至资本的"形而上学"和"神学",尽管一些支持者强烈否定或没有意识到这一点。新自由主义拒绝对资本及其世界进行根本性的变革与超越,主张改良资本和资本世界。这一基本立场决定了其无论如何变化,在终极的意义上只能成为维护资本主义的意识形态。"一种被假设为客观的、新自由主义经济科学本身,本质上具有意识形态性质,如果它声称对所有经济生活负责的话。这不是一个理论问题,而是一个在实践中极具重要性的问题。"② 在新自由主义身上,哈贝马斯等人所提出的"作为意识形态的技术和科学"命题再适用不过了。

## 第二节 资本文化逻辑的开放与封闭③

从开放和封闭的视角反思资本控制文化的生成进路,厘清文化运演的作用指向,是研究资本与文化的关系,揭示资本文化逻辑的有效路径。以往研究多集中于某一层面或某一指向的具体作用。或以现代性和世俗化为考察背景,关注文化开放与封闭的辩证关系;或以文化的衍变过程为视

---

① [英] 阿兰·斯威伍德:《文化理论与现代性问题》,黄世权、桂琳译,中国人民大学出版社2013年版,第35页。
② [德] 乌尔里希·杜赫罗:《全球资本主义的替代方式》,宋林峰译,中国社会科学出版社2002年版,第97—98页。
③ 本节原载《天府新论》2018年第4期,系笔者与牛思琦合作。

角，作学理化分析，提炼出人化与物化的变化路径①；或着眼现实发展，提出当代资本主义"从经济'物化'到心灵'支配'"②，"意识形态的'物'化与'物'的意识形态化"③ 等观点，但尚未触及开放—封闭与人化—物化之间的联系。

## 一 开放：资本文化逻辑的表面

探寻资本文化逻辑的起点，构成研究该问题的前提。通常意义上，这种考察或奠基有两条进路，一是系统论的方式，利用怀疑与批判找到一个逻辑支点，并以此支点为原点，通过推导与演绎得出相应论断，展开一系列工作，相关论断及后续工作的有效性取决于支点的确证性；二是生成论的方式，通过历史回溯，找到一个可以从头开始的原初点，这既是逻辑与历史相统一的原点，又是以此来分析和评价之后人类历史现象（包括文化现象）的参照点。比较起来，系统论的奠基方式存有极大风险，它受到的最大质疑来自对逻辑支点的不信任。而生成论的奠基方式依照历史逻辑进行，因其客观性而较少思维上的纠偏。对于资本文化逻辑的研究，两种方式在一定程度上均适用，但两相结合会有更好的效果。从系统论和生成论的双重维度看，这个既为逻辑支点又为历史原点的结合点，便是研究资本文化逻辑的起点。这个起点是开放。当我们考察资本的文化逻辑时，这种逻辑表面上的开放性就会由于其显著的光芒而映入眼帘。

于资本而言，开放是增殖的手段。从一般性上考量资本的开放，指资本之世界运行逻辑，即其在全球范围流动的过程。开放的资本由最初的狭小地方，进而扩展成区域性以至世界性的存在。起初，这种开放只是单纯的经济行为，因为资本仅仅是在谋求增殖价值的经济利益。这就是一般所言的"经济全球化"，即资金、技术、管理等器物性存在全球范围的配置。

---

① 李鹏程：《文化衍变：外化、物化、异化、人化和内化》，《西安交通大学学报》（社会科学版）2009 年第 3 期。
② 张一兵：《从经济"物化"到心灵的"支配"——析西方马克思主义对当代资本主义的批判》，《求是学刊》1995 年第 4 期。
③ 王晓升：《意识形态的"物"化与"物"的意识形态化——资本主义后现代社会意识形态状况分析》，《哲学动态》2016 年第 12 期。

但基于经济活动之上的文化活动也会被包括其中。久而久之，这些经济的、文化的、器物性或制度性的因素结合在一起，建构出一个看似"理性"的社会文化体系，作为原动力的资本也就获得了存在的合理性。确切地说，是开放使资本获得了存在的合理性，让它拥有长盛不衰的生命力。这也可以解释，尽管遭遇了当前反全球化浪潮的有力抵制，但全球化仍旧是现代不可否认的基本特征，是现代化进程中的主流。进而言之，在资本获得合理性的过程中，文化对资本的融入是关键一环。因此，文化全球化是比经济全球化更为深入的层级，它意味着真正全球化时代的到来。

究其本质而言，全球化是资本的全球化。文化全球化则为资本逻辑在文化上的展开，它是一种以开放为指向的文化生长。开放提供了资本扩张和资本文化逻辑运衍的空间。这引出了开放的另一重含义，即资本增殖方式的革新。从生息资本、商业资本、工业资本等到金融资本、文化资本、社会资本等的演进，资本形态处于不断的变换之中。换言之，资本总是寻找有利于增殖的载体或形式。文化资本是当代资本增殖的重要形态。但资本与文化的融合，并非只是当代的产物和现象。一个半世纪之前，马克思就提出了"世界历史"和"世界文学"的概念，以此同资本的"物质生产"和"精神生产"相联系。只不过进入当代以后，由于资本增殖的介入，开放力度增强，让这种融合变得更加紧密。这可从资本开放对文化的影响中窥视一二。

于文化而言，开放是其得以维系的根本。文化不是一种静止、封闭的实体性存在，它在传承中创新，在转化中发展。其实，"人类存在从本质上说，是不可避免的外在化活动。在外在化的过程中，人向实在注入了意义"①。"外在化"即开放，它使文化获得了生生不息的存在价值。从历史背景看，文化演进是一个渐趋开放的过程，这主要表现为以下三个方面。

首先，文化发展快速化。前资本主义时代有数千年的文明，而资本主义只有约五百年的时间，但这短短几百年却产生出比之前更为丰硕的文化成果。究其原因，在资本时代中起决定作用的是资本。为维持自身生命，

---

① ［美］彼得·贝格尔：《神圣的帷幕：宗教社会学理论之要素》，高师宁译，上海人民出版社1991年版，第35页。

资本总是一刻不停地快速运转，不断进行文化的创造与整合，为自己的下一轮扩张提供丰厚的文化资本。资本的"高效"不仅表现在物质生产上，同样表现在文化生产上。

其次，文化样貌世界化。传统社会联系的有限性使人类的视域范围较为狭小，认识能力也受到限制，从而文化及其运行相对封闭，地域性色彩浓厚。资本的开放逻辑，一方面加强人类的"互相往来"与"相互依赖"，促进人类联系、社会关系的普遍与丰富，为"世界文化"的形成创造条件；另一方面，使得"民族的片面性和局限性日益成为不可能"①，在原有地域性文化的基础上生成世界性文化。

最后，文化表达多元化。前资本主义社会文化开放程度的有限同文化专制有关。在那里，文化的规则"就是独裁政府的规则，这些规则指导人的任何一个行动，为他预先确定目标，并为他提供实现目标的手段"②。无论是文化的创造者还是接受者，都受到统一准则的约束，表达相对单一。资本敏锐地抓住这一点，以自由、开放和包容来反抗文化专制，在已有文化形式之上不断拓展文化表达的样态，创造出多样的文化产品。

## 二 封闭：资本文化逻辑的内里

然而，在资本宰制下，文化的开放实质是封闭。二者一体两面、两极相通。甚至可以认为，封闭是资本文化逻辑中隐藏于开放背后更为本质的向度。价值增殖作为资本的核心逻辑，塑造了文化的开放性，同时也构成文化封闭的源头。通过作为增殖方式的文化，资本实现了增殖。同时，文化得以生成、存续、发展。但如果与增殖相悖，那么，文化要么被资本霸权消解，要么被改造或同化。从而，在资本世界中，最终呈现的只会是在根本意义上符合资本增殖需要的文化样态。进一步说，在资本的文化逻辑中，无论文化的原初样貌如何，或现阶段出现何种表层特征，都会为资本增殖价值的核心取向服务和改变。在这个意义上，开放性恰恰是资本及其增殖这一封闭性的展现。究其根本而言，起决定作用的是封闭性。

---

① 《马克思恩格斯选集》（第1卷），中央编译局编译，人民出版社2012年版，第404页。
② ［意］安贝托·艾柯：《开放的作品》，刘儒庭译，中信出版社2015年版，第18页。

资本文化逻辑的封闭性，形成了以资本为主导的文化利益闭环。在以资本为主体关系的社会中，文化本质上不再是精神活动，而是资本活动。统观文化及其活动，不论主体或是客体，无论是创造文化的一方，还是接受文化的一方，"每个个人、每个消费者都被封闭于对商品的利益操控和为自身利益的符号中"①。然而，追逐现实利益的自我封闭，是文化退化的先兆。在这里文化已失去它精神价值的"光环"，完全衍变成维护资本利益的"枷锁"。资本的文化闭环的确在量上发展了文化，但在质上却贬抑了文化。所谓"文化的发展"，其"成果"必也符合资本利益，甚至直接是资本利益的描画。因此，资本文化的每一点进步都是循环往复进程中画出的又一轮同心圆。

资本操控文化的利益闭环，加剧了异质文化间的断裂。在资本运动中，价值总是流向资本而非其实际的创造者，造成经济生活中的两极分化；在文化生活中，利益流向的不对等性同样显著存在。资本在传播文化的同时，迫使先进—落后、主导—从属等不同质的文化形态逐渐分离，并逐步拉大差距。资本在整个资本社会运行中始终处于主导性和优先性的地位。文化始终朝着有利于资产者而非无产者的方向运衍；主动方越发主动，被动方越发被动。简言之，文化断裂让资本文化占据主动，并愈加强大；大部分非资本文化处于被动地位，并愈益式微，以至陷入主体与依附的尖锐性、非等向关系。

资本文化与非资本文化的分化，促使"超文化"形成。"超文化"即占有绝对主导地位、享受绝对主动权的终极性主流文化，是资本文化的集中体现。正如马克思所言，资本主义"使未开化和半开化的国家从属于文明的国家，使农民的民族从属于资产阶级的民族，使东方从属于西方"②，资本统治下的文化格局亦呈现出主导与从属关系。资本文化占据主导，发展成主体性文化，非资本文化处于从属，沦为依附性文化，形成两种异质文化间的断裂。主体文化为维护自身的统治及资本利益，不断创造或改造出丰富多样的文化形态，但深层机理中隐藏的却是"文化殖民主义"的

---

① [法] 让·鲍德里亚：《生产之镜》，仰海峰译，中央编译出版社2005年版，第131页。
② 《马克思恩格斯选集》（第1卷），中央编译局编译，人民出版社2012年版，第405页。

心。主体文化在形式的变幻与多样中强化自身，文化虽表面分化本质上却渐趋归一，这是形成"凌驾"一切之上的文化的过程。从"超文化"的逻辑范式讲，绝对统治代表着同一化、齐一性，意味着相对性的丧失，眼下愈演愈烈的文化全球化、文化多元化实质便是文化的同质化，即文化逐渐同化的过程。

就现实而言，"超文化"的形成是当今世界文化格局的生动表达。西方国家利用自身优势向非西方国家输出文化，资本文化成为"超文化"的代名词。它瓦解了文化本应承载的"文以载道"价值传统，使之转而承担起资本的职能，变成资本主义意识形态传布的工具。在文化渗透的过程中，发达资本主义国家始终掌握着国际文化秩序建构的话语权；发展中国家或难以构筑自己的话语体系，或只是在文化意识形态的塑造下，对资本主义强势话语权进行归附与另类诠释。最终，资本链条末端的国家在国际话语建设中罹患"集体失语症"。这一困局在实践层面深化了资本的文化闭环效应。

资本文化逻辑的封闭特性，进一步巩固和强化了资本的权力，即资本在社会中的支配力量。马克思说"资本是资产阶级社会的支配一切的经济权力"[①]。伴随资本统治力的强化，资本权力的扩大与泛化，资本已"意识到自己是一种社会权力"[②]。由经济权力到社会权力的延展，突显出资本文化权力的意义。从一定意义上说，占有文化权力，才使资本全部的力量关系真正发挥出来，完全掌控世界。换言之，也唯有实现由"经济帝国"到"文化帝国"的"升华"，完全地支配整个人类社会，资本才达到其权力巅峰，成为现代社会的"本体"。在文化权力拥有至高地位的"资本—文化帝国"中，文化权力不过是资本权力的映射，文化执行的是资本的职能，文化的表现形态即资本的表现形态。因而，文化是资本的"文化化"或资本的"化身"，文化权力不过是资本权力一环。资本文化权力的生发，有力支撑起文化的持续封闭。

如前所述，资本对经济生活的统治贯穿于生产、交换、分配、消费的

---

① 《马克思恩格斯全集》（第30卷），中央编译局编译，人民出版社1995年版，第49页。
② 《马克思恩格斯全集》（第46卷），中央编译局编译，人民出版社2003年版，第217页。

全过程。同样，资本对文化的宰制也横亘于文化生产、文化交换、文化分配和文化消费的整个过程之中，在各个环节都深度制造和强化了文化的封闭性。

首先，文化生产的非需求性。不停地扩大再生产，是资本得以存续的重要基石。资本的文化逻辑也必须不折不扣贯彻之。为此，资本在文化生产中努力"创造一种与自己相适应的生产方式作为自己的基础"①，这就使生产的溢出效应在所难免，同时陷入生产过剩的资本主义固有矛盾之中。要言之，文化生产受制于资本之本性，并非衡量供需关系之上的理性选择。或者说，正因为文化及其生产属于社会的上层建筑，在整个生产方式的体系架构中居于顶层，从而，资本的文化生产愈加呈现出无限扩大的趋向。但是，生产过程中有一个不容忽视的重要约束力，即资本封闭性造就的文化封闭性。故而，文化生产更是在朝向文化同一化的"灰色"状态叠加，加深了虚假繁荣的生产幻象。

其次，文化交换的非平等性。在劳动力交换中，劳动者没能通过交换获得全部商品的剩余价值，大部分被作为对象化之物的资本所吞噬。文化交换中同样存在价值创造与占有之间的不等价，只不过较为复杂。一方面，资本创造文化，但其不为创造者所用，而是被交换到资本闭环的外围。发达资本主义国家以交换为手段，向外倾销文化产品便是鲜明的例证。另一方面，非资本所创造的文化，无法向资本之文化体系输入，彻底失去文化交换的能力。广大第三世界国家的"集体性失语"，体现着文化交换权由不对等进而交换能力的严重弱化。文化交换的这种不平等根源于文化生产。生产过多决定了文化交换的转嫁性，主导方要将结构内部的剩余产品转移出去，向体系外端的从属方输出，这是资本调整供需关系以规避危机的自纠机制，反映了上述第一个层面。生产过多还决定了文化交换的排他性，资本的文化体系没有容纳其他文化的空间。本就处于弱势的非资本文化不存在"逆袭"的可能，必然呈无力之势，即上述第二个层面。总之，文化交换的不平等是对文化封闭的又一层体认。

---

① 《马克思恩格斯全集》（第30卷），中央编译局编译，人民出版社1995年版，第589页。

再次,文化分配的非均衡性。受不平等交换影响,文化分配也展现出两种特征。一是文化发展水平两极分化。如前所述,资本的文化逻辑中存在主体—依附之矛盾关系,矛盾的主要方面已先期利用交换优势占据主导,发展成优势文化,另一方面加速沦为弱势文化。两种文化的界分逐步拉大,文化利益分配不再等效均齐。二是文化组成的结构占比不协调。强大的资本逻辑总能先发制人,将多余文化产品强行分配出去,于是,形成一种偏斜的背反性局面:某些落后地区享有的资本文化并不在少数,在特定领域甚至比发达地区更多、更强势。需要注意的是,这不是体系末端的落后地区主动选择的结果,而是由资本文化逻辑分配引发的被动接受,呈现出封闭逻辑的力度。

最后,文化消费的非自主性。消费本是人之生存与发展中主观自觉性的行为方式,可受思维、意识等人脑机能调控,让人在消费中得到满足和提升。然而,随着生产、交换、分配的改变,消费也发生变异,它的"目的已经不再是仅仅满足人自身的需要,而是为了使资本获取更大的利润"①。消费不再为人所控制,而被资本所掌握,使之渐渐丢失理性自主的内核。边际消费倾向递增,是非自主性消费重要的作用手段,以此形成螺旋式上升的扩张体系。对于消费的增加需要交互式理解,"在量上扩大现有的消费""造成新的需要""发现和创造出新的使用价值"② 都是其题中应有之义。所以,文化生活中除了以"扩大现有量"的显性方式提高消费外,还会用潜在的隐性方式助力。强调高附加值的文化产业化趋势,便是为增大文化消费量的"包装"。在此之下,现代人对文化的消费,越发呈现出视觉奇观化、感官刺激、瞬间快感等非自主倾向。

文化生产、交换、分配、消费中封闭性特征的显现,从正向看,具有层级递进性。生产决定其他三者,以及这些要素间的关系。当然,从反向看,同物质生产一样,文化生产也受到交换、分配、消费的反作用。文化的分配和交换同样显著地影响文化的生产。无论采用何种方式,也不论主

---

① 丰子义:《全球化与资本的双重逻辑》,《北京大学学报》(哲学社会科学版)2009 年第 5 期。
② 《马克思恩格斯全集》(第 30 卷),中央编译局编译,人民出版社 1995 年版,第 388 页。

动还是被动、自愿还是非自愿，资本文化最终是被消费了。但资本的增殖本能决定其不会就此止步。随着消费的完成、增殖的实现，资本文化在扩大再生产中开启新一轮从生产到消费的权力统治。继而，在资本之文化权力统摄的内部，建构起一个新的封闭性桎梏，让文化在其中越陷越深。

进入垄断资本主义时期，资本文化的这种封闭性更为极端地发展和发挥出来。"垄断资本学派"（《每月评论》派）代表性人物保罗·巴兰和保罗·斯威齐指出，"社会文化的唯一目的都是提高人们对现实的理解力并拓宽他们的视野，以便他们更好地发掘自身的潜质。然而，垄断资本主义的文化机构却反其道而行之，其目的是让人们接受现状，适应庸俗的现实，放弃完善社会制度的希望和追求"①。这也就是后来马尔库塞激烈批判的单向度的人与社会。这样的人与社会丧失了对现实的否定和批判力，只剩下了肯定和接受。在根本意义上，是对资本的肯定和接受，从而失去超越资本和资本文化的能力乃至意识。

巴兰和斯威齐继续分析道："受出版商青睐的社会批评作品只是指出了社会弊病，并未在社会秩序的框架中去探寻原因。人性、国民性格、工业化——这些或其他真实或想象中的因素被认为是罪魁祸首，但绝不会归咎于垄断资本主义"，从而社会弊病不减反增。"这是因为罪恶的曝光和不满的发泄就像安全阀一样控制着在某种情况下会喷薄的激情，还因为社会批评的流行恰恰证明了我们的社会是多么地自由、开放和进步。然而，专注于揭露社会罪恶根源的真正激进的社会批评却是美国出版商的禁忌。"② 结果，诺曼·米勒半个世纪之前的预言成了现实："19 世纪的资本主义耗尽了数百万工人的生命；20 世纪的资本主义则很可能以摧毁文明人的思想而告终。"③ 思想是文化的精华。思想的摧毁构成文化本质意义上的消解。

---

① ［美］保罗·巴兰、保罗·斯威齐：《垄断资本主义社会的品质：文化与传播》，赵纪萍译，《国外理论动态》2014 年第 6 期。
② ［美］保罗·巴兰、保罗·斯威齐：《垄断资本主义社会的品质：文化与传播》，赵纪萍译，《国外理论动态》2014 年第 6 期。
③ Norman Mailer, *Advertisements for Myself*, New York, Putnam's Son, 1959, p. 436.

## 第三节　人化—物化：资本文化逻辑的归宿

资本的文化逻辑既具有开放的向度，又内含封闭的特质，呈现出开放与封闭并置的特殊格局。一般而言，开放走向人化而封闭导致物化。这使资本统治下的文化总是面临与自身本质相类或相背的双重归宿。伴随资本文化逻辑的凯歌行进，由开放和封闭所促成的人化与物化的背反越发凸显。文化与人实质相通，而人在其现实性上又是一切社会关系的总和。因此，对资本之文化逻辑的理解，可以从文化、人（人性）、社会关系三位一体的视域加以综合展开。进一步看，资本的文化逻辑中充满矛盾，它以开放—封闭为起始，在通往人化—物化的道路上，呈现出诸相反相成的具体矛盾，规约着资本文化逻辑的旨归。

第一，于文化而言，人文精神与科学理性的矛盾促成人化—物化之分异。人文精神是文化的题中之义，体现着文化的本质。许多学者都将文化视为一个整体性范畴，如泰勒在《原始文化》中将文化定义为"复杂的整体"，本尼迪克特在《文化模式》中强调"文化的整体意义"。人文精神也显示出整合的属性。然而，随着资本社会的发展，科学技术突飞猛进，造成人类社会的种种分化，消减作为有机整体的人文精神。因为，科学的理性精神讲求专业化。在某种意义上，科学就是分科之学。分化和专业化构成其基本向度和规定。由此，在文化内部难免出现整合与分化的矛盾。

人文精神的整合性提升文化深度。创造性想象是文化整合与创新的重要环节。如赖特·米尔斯所言，"想象力是一种心智的品质，使人们能看清世事，以及或许就发生在他们之间的事情的清晰全貌"[①]。这种"想象力"在米尔斯书中被称为"心智品质"，实际上也是一种人文精神。通过想象力的作用，人类将整个社会作为总体性对象加以考量，关注事件背后的普遍联系，进而建立起视角转换关系，从具体的、个别的浅层化思考，上升至对社会生活意义的整体性沉思。在深度"想象"的基础上，文化创

---

[①]　[美] 赖特·米尔斯：《社会学的想象力》，陈强等译，生活·读书·新知三联书店2001年版，第9页。

造的视野和广度大大拓展，促进了文化发展；而文化的创新发展又为文化深度的进一步升华打下铺垫。

科学理性的分化性降解文化深度。科学品格与资本精神具有高度的一致性。资本逻辑在价值增殖上锱铢必较的精算思维，与自然科学要经受实证检验、讲求确定的理性品格结合，深刻作用于现代文化的样貌。科学理性的这一特质造成了文化的分化意识，将整个文化体系划分为若干门类，各部分因分化而被人为贴上标签，使彼此之间的界限泾渭分明，仅仅关注于重点领域及关键环节。就此，受科学理性精神影响，文化的分化性让它与自身整全性本质逐渐背离。对细枝末节的过分强调，像显微镜般深刻、细致观察事物的具体纹路，很容易仅看到狭隘视域内的表象，而忽视事件间的彼此联系，实质上与真相渐行渐远。

分化性对文化深度的降解，造成文化的物化趋向。在资本和科学精神的规约下，将固有文化视为实证的、既定的存在，便会将文化中的物化现象当成自然事实。在这种物化意识的作用下，不仅出现外部各种类文化的分离、内部文化属性的断裂，更会导致总体性透视能力的消失，只能产生文化碎片。由于丧失总体性透视能力，人们无法从整体上触及文化本质，也就看不到文化所连接的过去与未来，对未来缺失信心，成为物化结构中的人。质言之，人被文化的分化性、浅层性所束缚，并逐步陷入物化的泥沼。

第二，于人和人性而言，解放与奴役、自由与束缚的矛盾加深文化的人化—物化之界区。资本文化的开放逻辑促进人的解放与自由，实现人化；而封闭逻辑使人遭受束缚与奴役，加重物化。求知是人类解放与自由的重要源泉。文化在原点上可比喻为黑暗的"洞穴"，其发展过程就是人类挣脱"洞穴"不断求知的过程。于本性上说，人是一种好奇的生物，完整人性的获得必须在求知欲的推动下开拓出文化新领域，超越已有文化。基于此，与求知相伴的文化开放是构筑完整人性的通路。在前资本主义与早期资本主义时代，求知的人类创造出新的文化成果，为处于奴役状态中的人身解放奠定基础。相反，摒弃知识的"冷漠开放"阻滞了探索的欲望，是人类自由之路的障碍。伴随资本统治的深入，其增殖逻辑生产出的过剩文化产品，消减了求知开放的欲望，并由此造成一种精神和文化上的封闭，成为诸多现实危机的根源。故而，求知向反求知的转换将文化推向"人化"的反面，促动"物化"因素的生成。

反求知衍生出文化的相对主义、虚无主义。某种意义上，求知是在找寻抵达真相的可能性，探索确定性是其真实目的；而反求知则无意于寻求真理，将事物的确定性不置可否。资本逻辑的反求知倾向建立在资本文化的高度发达之上，即承认求知促进人化并造就了文化大发展，那么，人的"解放"与"自由"便为相对主义的确立带来保障。以自由主义和人性解放为名，人类可以进行不被施加任何干预的自主选择，让文化的确定性求知失去存在的前提与必要性。没有是非对错、善恶美丑之别，一切都是具有"确定性"的正确和至善；即使与真理相悖，只要掩饰得当也依然完美无瑕。缺少对知识的追求，使虚假得以大行其道，让一切都变得虚无缥缈。至此，文化表面上呈现多元融合、包容共生的良性互动，其实是在朝同一化、均质化的方向滑落。

文化的相对与虚无加重本体之物化危机。价值选择上相对主义与虚无主义的文化表象，促使本体自身的文化与"人化"之本质渐趋脱离，而出现"物化"之势。伴随求知欲衰竭的价值失范，使人类失去了价值判断的理性标准，也丢掉了打破自身束缚的能力，造成文化内部之断裂。如若将文化简要分解为"人的本质力量对象化"与"人的本质力量异化"两种存在形式，当作为文化创造主体的人不受任何约束之时，人本身的自然正当性皈依于基本物质欲望，人化向物化的靠拢让人无法走出现实物欲世界的自我封闭。人性的异化和人的整体性的丧失，深邃精神向度的消解，让非人化的异质性能量占据统治地位。文化向自然或本能复归，文化价值中精神性的部分日渐减少。当文化的精神内核中只剩下物质成分的时候，文化会最终倒退为自然或本能。

第三，于社会关系而言，优化与退化的矛盾构造文化的人化—物化之歧路。资本本质上是人与人的社会关系，它在现代社会逐渐深入的过程，就是社会关系丰富的进程。前资本主义社会中，人只是在"狭小的范围内和孤立的地点上发展着"[①]，人与人之间的联系较为有限，社会关系相对单

---

① 《马克思恩格斯全集》（第30卷），中央编译局编译，人民出版社1995年版，第107页。

一，致使偏狭领域内的人身依附性加强。以此而论，人的依赖性正是对人化的束缚，造成社会关系的长期孤立，文化发展缓慢。与资本之开放性相伴，资本关系将人从以往的依赖关系中解放出来，使人的社会关系得到普遍性发展。社会关系不断完善的进化之路，体认着资本支配现代世界的"变革"进程，也映照出文化之"人化"属向的增进。

资本强化社会关系的同时也摧毁社会关系。确切地说，资本"是一种以物为中介的人和人之间的社会关系"①，天然地具有物的属性。在资本扩张中，固然创造出人与人丰富的社会联系，促成人一定程度地自由发展与文化进步，但这并不是资本的真实目的，而不过是资本运动的附属品。建立物的社会关系才是资本统治的归宿。为此，资本必须使社会关系破旧立新，"在它已经取得了统治的地方把一切封建的、宗法的和田园诗般的关系都破坏了"②，"使人和人之间除了赤裸裸的利害关系，除了冷酷无情的'现金交易'，就再也没有任何别的联系了"③。传统社会关系的抛弃与新型"金钱关系"的确立，是资本改变社会关系的两个方面。资本主义社会关系表露出退化而至物化的趋向。

物化构成资本控制社会关系的最终指向。资本攫取了现代世界的最高权力，表面上人统治世间万物，内里是资本作为物统治着一切，形成了资本社会中以物为主导的核心架构。资本的物化逻辑，从根本上"把人当作既在精神上又在肉体上非人化的存在物生产出来"④，人不过是资本或物的存在形式。进而，作为人本性体现的社会关系亦是资本衍化成的"符号"，并渐趋变成一种对立物生成，展现出与自身相异的特征。如马克思所言，"这是一个着了魔的、颠倒的、倒立着的世界"⑤。

如前所述，在哲学的视野中，文化是"人化"和"化人"这两个向度的统一。资本的文化逻辑也展示出"人化"和"化人"的双重面相。而资

---

① 《马克思恩格斯全集》（第44卷），中央编译局编译，人民出版社2001年版，第877—878页。
② 《马克思恩格斯选集》（第1卷），中央编译局编译，人民出版社2012年版，第274页。
③ 《马克思恩格斯选集》（第1卷），中央编译局编译，人民出版社2012年版，第403页。
④ 《马克思恩格斯全集》（第3卷），中央编译局编译，人民出版社2002年版，第282页。
⑤ 《马克思恩格斯全集》（第46卷），中央编译局编译，人民出版社2003年版，第940页。

本主导下的文化之"人化"和"化人"的过程和结果，也就是资本统治的过程和结果。在这个意义上，资本的文化逻辑和资本的统治逻辑是内在一致的。但无论"人化"还是"化人"，都具有不同性质的历史效应。资本能够"人性化"，也能"拟人化"；可以"春风化人"，亦可"化人成物"（即人的物化尤其是资本化）。总之，同资本的总体逻辑一样，资本的文化逻辑也显示出重要的历史进步性和积极意义，但它的历史局限性与负面效应同样显著。它对人的发展与倒退的异质影响始终共在。这是马克思主义对资本文化逻辑应有的理论理解和思维方式。因此，我们同意埃德加·莫兰的看法，应以"复杂性认识的方法"考察资本主义大众文化的历史作用，它对民主化和大众文化水平提高的正向意义同"麻痹劳动者，使他们背离他们的革命任务"的负向意义呈现出"互补的对立"[①]。任何只强调某一向度的分析，都注定是不应长期沉陷其中的"片面的深刻"。

---

[①] ［法］埃德加·莫兰：《时代精神》，陈一壮译，北京大学出版社2011年版，序言第11—12页。

# 第五章 资本逻辑结构的当代嬗变

正如资本主义社会不是"坚实的结晶体"一样，资本逻辑也非一成不变的僵死物，"而是一个能够变化并且经常处于变化过程中的有机体"①。具有相对稳定的质，并不排除资本逻辑出现变化的可能性。事实上，资本逻辑特别是其具体运行方式和轨迹，在当代发生了若干关键性的转变。诚若哈维所言："自1973年以来资本主义在外表方面肯定已经有了一种显著的变化，纵然资本主义积累的根本逻辑及其危机趋势依然未变。"② 著名经济史家于尔根·科卡也认为，"资本主义具有十分强大的适应能力，在不同社会政治条件下均可兴起"③。这种强大的适应能力既为资本逻辑的变化提供了可能性，也造成了资本逻辑的某种必然性和现实性。

为维持进而强化增殖，资本必须不断调整自己的逻辑运行。或是生成新的逻辑，或是突出某些原有逻辑。这意味着，某些具体逻辑不再成为资本的重点。从而，资本逻辑的整个系统出现了相当程度的变化。另一方面，资本逻辑特别是增殖逻辑在运作上进一步强化了其灵活性、多样性、隐蔽性乃至欺骗性。逻辑的转变不仅内在地变更了资本主义的运行轨迹，而且深刻地改变了全部生存世界，本质地触及当代人类的前途命运，共时态地蕴含着令人类文明衰落和重生的双重可能。这种具有新特征的资本逻辑，同生存于这个时代的我们是最为切近的。对这些变化及其效应的澄明与揭示，是新的历史条件下驾驭进而超越资本逻辑的必要前提，从而构成资本逻辑研究不可或缺的任务。

---

① 《马克思恩格斯全集》（第44卷），中央编译局编译，人民出版社2001年版，第10—13页。
② ［美］戴维·哈维：《后现代的状况——对文化变迁之缘起的探究》，阎嘉译，商务印书馆2013年版，第238页。
③ ［德］于尔根·科卡：《资本主义简史》，徐庆译，文汇出版社2017年版，英文版作者序第XII页。

遗憾的是，学界目前虽然十分热衷将资本逻辑作为解剖现代世界和当下中国的"钥匙"，但对这一"钥匙"本身特别是它的当代变化研究相当不足，甚至还没有生成足够自觉的问题意识。尽管国际马克思主义理论界对资本主义的当代变迁一直颇为关注，提出了许多有益见解，使当代资本主义越发清楚地显露出来，但需要注意的是，资本主义的变迁不等于资本逻辑的变更。作为资本运动必然性的法则与机理，资本逻辑的变换是资本主义变迁的内核与根本，而资本主义的变迁则是资本逻辑变换外显的反映与表现。这意味着，迄今为止，多数关于资本主义变迁的讨论尚未跃升至资本逻辑及其嬗变这一更为深刻的层面。一些研究在对资本主义新特点的探讨中不同程度地触及资本若干具体逻辑的转变，但应该说，资本逻辑的当代嬗变还没有作为有机整体足够清晰地呈现出来。在这一领域中，尚有许多重要的理论和现实问题值得深入探索。

如果资本哲学希望更加深入地切中进而变革资本逻辑和人的存在，展现出更为鲜明的时代性，那么对资本逻辑当代变异及其社会历史意蕴的探讨就不仅至关重要，而且刻不容缓。这是资本逻辑研究乃至整个资本研究十分重要的新生长点和发展进路。自觉发掘和阐释资本逻辑时代变化的哲学，才是无愧于时代的资本哲学。诚如丰子义先生所言，不仅要着眼于马克思对资本逻辑的批判，更要结合现实社会的变迁，对资本逻辑的新形式、新特征等作出理论阐释，为社会变革提供理论支撑。① 当然，也不能忽略另一方面的事实："资本主义生产方式的基本规律继续在历史的—地理的发展中作为一种不变的塑造力量在起着作用。"② "变化的只是资本主义的'外围'和'保护带'，也即其具体的运转方式，以通过资本增殖来攫取剩余价值为目的资本主义的内核并没有变。"③ 只有把不变和变有机结合起来，才能实现对当代资本逻辑的全面把握。

---

① 王海锋、李潇潇：《构建与时代发展水平相符合的哲学——第十七届马克思哲学论坛举行》，http://ex.cssn.cn/zx/201709/t20170904_3628383.shtml，2017年9月4日。
② [美]戴维·哈维：《后现代的状况——对文化变迁之缘起的探究》，阎嘉译，商务印书馆2013年版，第161页。
③ 白刚：《数字资本主义："证伪"了〈资本论〉?》，《上海大学学报》（社会科学版）2018年第4期。

## 第一节　资本一般视野中的逻辑变化①

如前所述，资本运动的逻辑呈现为四个有机联系的层次：形成、扩张与扬弃的总逻辑，价值增殖的核心逻辑，创造—消解文明的基本逻辑和理性化—反理性、提高—降低效率、竞争—垄断、创新—守旧、公共性—私独性等相反相成的具体逻辑。它们共同构成资本逻辑的系统结构。缘于内在本性，资本无法根本性地改变其总逻辑，也不会根本性地改变核心逻辑。这二者是资本运动逻辑的"硬核"。但由于外在条件的不断变更，为了稳定以至更好地增殖，资本必须经常性地变换运行态势，改变"外围"和"保护带"，转换对各种具体逻辑的运用，导致其中某些逻辑强化或削弱，诸逻辑形态间的关系重组，创造—消解文明逻辑出现变化，甚至连价值增殖逻辑的运行也发生改变，从而使总逻辑的具体运行轨迹亦有所变动。在当代资本所表现出的逻辑变化中，增殖逻辑、扩张逻辑与扬弃逻辑、正向逻辑与负向逻辑等逻辑形态的变动最为关键或显著。

### 一　增殖逻辑整体强化

在名著《漫长的 20 世纪》中，"历史资本主义"学派的主将乔万尼·阿瑞吉提出，在数个世纪的演变过程中，经过政府机构和商业组织的反复结合，资本成功实现了四个周期性的体系积累。历史表明，资本主义具有很强的自我变革与创新的能力。这种变革和创新首先集中地表现在增殖上。增殖须臾不停，但当代资本的增殖却显露出新的特点。这种增殖不仅体现为价值的增殖，也呈现为财富的增长。在马克思的理论视野中，财富涵盖价值，包括商品、货币和资本三种基本形式。总体而言，增殖不仅没有衰退，而且越发强化。当代资本不单擅于生产、实现和分割剩余价值，在这三个环节或向度都作出较大调整和改良，而且擅长灵活和高超地获取财富，赢得对财富的支配权。虽然"利润率趋向下降"，但迄今为止，当代资本所掌控价值和财富的数量却迅速增加，并且支配了社会价值和财富的绝大

---

① 本节原载《现代哲学》2019 年第 5 期。

部分，而且是愈加庞大的部分。不仅人类的劳动，而且自然的资源，都落入资本囊中。诸多数据表明资本支配价值和财富的数量与比例不断攀升。

托马斯·皮凯蒂基于大量数据提出的观点：资本的收益率高于经济的增长率，已为多数世人所熟知和认同。在他看来，资本的平均收益率大致为4%至5%。但值得再次提醒注意的是，皮凯蒂是在"资源"的意义上理解和使用资本概念的。资源涵盖的内容远大于资本，从而必定摊薄资本的收益率。马克思主义语境中的资本收益率，一定更高于此。资本的收益率也远高于劳动的回报率。并且，这种差距越来越明显。通过劳动获取财富远远赶不上通过资本获取财富。可以说，在这个时代，靠劳动致"富"的可能性很低，而资本致"富"则要"现实"得多。当前的众多现实都表明了这一点，人们也十分容易体会到它。

可见，当今时代的资本增殖逻辑不但没有减弱，而且进一步加强。资本增殖数量和比例的增大源于其增殖力度、广度和深度的强化。众多增殖机器、方式和手段都被制造出来，一刻不停地开足马力运转着。一切现实和虚拟的存在，从物质劳动到非物质劳动[①]，从生产到消费，从债权到债务，从财富到景观，从自然到人工，都沦为资本增殖和积累的手段。科技、理念、知识、信息、符码乃至理想和信仰，等等，均越来越"死心塌地"地为资本增殖服务。后（新）福特制、娱乐化、数字化、网络化、虚拟化等同样成为增殖的手段。而垄断化、金融化和全球化更是构成增殖逻辑强化的关键机制。

垄断资本受增殖逻辑的支配更为深刻。"垄断资本学派"的两位主要代表保罗·巴兰和保罗·斯威齐共同指出，"大公司的经济同过去的小企业家相比，更多地而不是更少地受到追求利润逻辑的统治"[②]。资本之所以能成为威风八面的垄断资本，就是由于它拿到了远多于其他资本的价值

---

[①] 以内格里、哈特为代表的越来越多学者甚至认为，非物质劳动在后福特制和后工业时期成为劳动的主要形态和价值创造的中心元素，并使资本积累的性质发生了根本的转变。参见［意］安东尼奥·内格里《超越帝国》，李琨、陆汉臻译，北京大学出版社2016年版，第4页。此外，"认知资本主义"也同此密切相关。

[②] ［美］保罗·巴兰、保罗·斯威齐：《垄断资本——论美国的经济与社会秩序》，南开大学政治经济学系译，商务印书馆1977年版，第33页。

与财富，从而极大地扩张和膨胀起来。垄断资本本能地明了增殖是自己的力量源泉和生命线，离开增殖自己什么都不是。因此，"在垄断资本主义制度下，……其强烈、持久和日益发展的趋势与其说是寻求有利可图的投资场所，还不如说是谋求更大的剩余价值"①。垄断资本不仅在观念上更加渴望增殖，而且在现实中更有实力和能力获取价值与财富，能够淋漓尽致地利用自己的垄断地位，攫取巨额垄断利润。在垄断资本带动下，资本增殖的势头越发强劲。"垄断资本学派"甚至认为，"发达资本主义国家在20世纪垄断资本主义条件下存在一种强烈的、持久的且不断增强的趋势，那就是剩余价值的生产要快于能够找到的有利可图的投资渠道"②。

较之其他资本，金融资本增殖的愿望尤为强烈，更加狂热地追逐高额利润。金融资本就是为增殖而生的。诚如希法亭所言，银行"作为金融资本来掠夺产业利润，就像以前的古老的高利贷者以利息的形式掠夺农民的收益和地主的地租一样"③。金融资本"在经济发展不断提高的阶段上最大限度地获取社会生产的成果"④。虽然金融资本本身不创造价值，但由于必须分割大量和大部分剩余价值，因此，它总是热切地协助和迫使职能资本获取更多财富。而为了应付金融资本的"收割"，职能资本"不得不赚足够的钱来支付借款利息"⑤，必须"创造"更多的利润。从而，随着资本金融化的持续推进，社会总资本获取利润尤其高额利润的能力变得更强，增殖的效果进一步凸显。

全球化过程中对不发达国家特别是人力和自然资源的剥削，也是发达国家资本增殖逻辑强化的主因之一。以依附理论为代表的许多学派都强调了这一点。马克思主义者对此尤为重视。福斯特说，"从海外所获取的巨

---

① [美]保罗·斯威齐：《美国资本主义的危机》，邢一译，《现代外国哲学社会科学文摘》1981年第8期。
② [美]弗雷德·马格多夫、约翰·福斯特：《停滞与金融化：矛盾的本质》，张雪琴译，《政治经济学报》第4卷。
③ [奥]鲁道夫·希法亭：《金融资本》，李琼译，华夏出版社2013年版，第245页。
④ [奥]鲁道夫·希法亭：《金融资本》，李琼译，华夏出版社2013年版，第246页。
⑤ [美]哈里·马格多夫：《马格多夫关于资本主义和社会主义的四封书信》，孔德宏、牛晋芳摘译，《国外理论动态》2007年第4期。

额剩余价值强化了核心国家的过度积累问题"①。资本没有祖国。资本全球化的历史就是将增殖之手伸向世界各个角落的过程。从资本主义诞生伊始，世界的财富即通过诸多路线和方式流向体系中心。在当代，作为体系中心的发达国家特别是超级大国，更加牢固地控制了身处边缘的不发达国家，对这些国家财富的攫取愈演愈烈，而且还享受到由衷欢迎乃至顶礼膜拜。苹果等跨国公司的海外工人工资仅占其总支出的很小比重，绝大部分好处都掌控在母国资本及其人格化身手中。尽管如此，许多不发达国家至今仍热烈期待跨国企业到本国推动经济和就业。将不发达国家民众所创造的巨量财富源源不断地搜刮至国内，让发达国家资本暂时性地缓解了本国价值生产受限或衰退的窘境。确若哈维所说，"不均衡地理发展的动荡加剧，使得某些地区可以（起码在一段时间内）惊人地发展，代价则由其他地区承担。"②

日趋强盛的增殖逻辑更为有力地支配创造文明和消解文明逻辑以及构成它们的具体逻辑的运作，让资本的收益率越来越高于经济的增长率和劳动的回报率，令资本力量更为强大、统治愈加牢固，社会财富、权力和地位向资本的聚拢日渐明显，资本拜物教也越发膨胀和显赫。增殖逻辑和扩张逻辑相互强化，共同推动资本总逻辑的运行，并在客观的意义上促进扬弃逻辑的发展，加速资本主义自我扬弃的进程。当然，马克思反复论证，增殖逻辑不可能无限强化。在其达到一定点之后，就会走向反面。资本主义不过是以制造更大危机的方式超度眼前的危机。

不过，从目前情况看，应该承认，资本主义世界体系还拥有或者说能够创造出相当多达成所愿的方式方法。资本文明还有继续存在的可能空间，虽然它必须并且必然被根本性地变革。换言之，资本还能在一定历史时间内继续运行乃至强化自己的增殖逻辑，尽管不可避免地造成周期性经济危机。但即便是以金融危机为核心的经济危机，一些资本大鳄也能从中

---

① ［美］约翰·福斯特：《垄断资本主义理论：论马克思主义政治经济学》，范国华译，《国外理论动态》2014年第11期。

② ［美］大卫·哈维：《新自由主义简史》，王钦译，上海译文出版社2016年版，第163—164页。

渔利。虽然危机最终必定将金融资本击垮，但它却反转为金融寡头牟取暴利的有力手段。"金融危机实际上成了使经济权力和政治权力在精英手中加速积聚的最佳手段。"① 然而，"反者道之动"（《老子·第四十章》）。"自我异化的扬弃和自我异化走的是同一条道路。"② 强盛的增殖逻辑必定让资本的自我扬弃逻辑也变得更为强大。增殖逻辑的核心地位与强势状态，要求对其加以足够重视，着重以之出发思考资本逻辑相关的现实与理论问题，特别是使之更充分地助益资本的自我扬弃。

## 二 扩张逻辑持续加强，扬弃逻辑日益发展

增殖逻辑的强化意味着资本扩张逻辑的加强。二者内在相通。在当代，资本的扩张不仅没有由于此起彼伏的社会运动和民族革命有所停歇，相反愈加汹涌澎湃，构筑起哈特和内格里笔下强大的资本"帝国"。哈维和伍德等诸多马克思主义者深入分析了资本扩张的机理。这种现代主宰既在广度上竭力扩张，拓展统治空间，在全球绝大部分地区布展开来；又大力开辟支配领域，将社会、文化、生态、道德和身体等尽数纳入操控范围；还在深度上强化扩张，渗透进各种微观层面，统摄人们的灵魂与行动。从本质向度看，资本的扩张首先表现为价值、财富的增殖，这是其扩张的核心内涵。但这种扩张也表现为统治和权力的扩大，以及意识形态层面拜物教的强化。

资本越来越强力、深刻却隐匿地宰制当代人类，以近似"温水煮青蛙"的方式令人们逐步失去反抗和超越的意识与能力。撒切尔夫人的"别无选择"是众多巧言令色中最曼妙的一个。结果，资本主义不可替代的假象日渐反转为"真相"，犹如谣言经过反复传布摇身成"遥远的预言"。人们越发不是将资本主义看作历史的、暂时的现象，而是视为自然的、永恒的铁律，不只茫然无措、却步不前，甚至还转而热烈地支持它的统治，认定为"历史的终结"。相反，对资本主义的批评却"沦落"为陈腐乃至偏执的"牢骚"。事实上，无论资本主义发挥了多么巨大的进步作用，相对

---

① ［美］大卫·哈维：《资本的限度》，张寅译，中信出版社 2017 年版，第 30 页。
② 《马克思恩格斯全集》（第 3 卷），中央编译局编译，人民出版社 2002 年版，第 294 页。

于其他制度拥有多么显著的优越性，它都确定无误地存有根本性局限，绝非人类存在和发展的"理想"模式，因而必须被决定性地超越。

但我们也不应因此失去对"后资本主义"的憧憬，停下"反资本主义"的脚步。历史的进程从来都不是单向度的，而是复杂性的。众多可能性相互交织。事实上，扩张逻辑的过度强化也意味着扬弃逻辑的即将来临。罗莎·卢森堡说得好，"尽管帝国主义是延长资本主义生涯的历史阶段，但它也是将资本主义带到一个迅捷终结点的当然手段"①。在马克思的理论视域中，资本必然由于内在系统性矛盾的持续推动而根本性地使自身成为更高文明形态的组成因素。借用海德格尔的话说，这是资本及其逻辑"存在的历史性"。这种自我扬弃的实现将使人类进入崭新的发展阶段，迎来"真正的人类史"。不断扩张的资本在历史进步中实际地为建构更具合理性与优越性的社会形态，提供了越来越丰富的器物、制度与观念条件，使扬弃逻辑逐步显露和发展。换言之，资本的扩张逻辑和扬弃逻辑两极相连、一体两面，是同一历史过程的两个向度，而非绝对的对抗。

黑格尔关于矛盾对立面统一性的分析对此富有启示。在某种意义上，扩张逻辑越是强化，扬弃逻辑就可能越早实现。马克思在19世纪中叶就认为生产力的发展已经达到了能够实现人类解放的程度，今天的生产力水平较一个半世纪前又大踏步地向前推进了许多，为人类超越资本文明奠定了坚实得多的基础。生产的相对过剩在局部上已经转换为生产的绝对过剩。马克思当年已有强烈的根本扬弃资本主义的信心，今天的我们更可以有这种信心。的确，按照马克思当年的标准，今天的生产力的确可以认定为"高度发展"。当然，光有信心是远远不够的，问题的关键在于真正合理地利用人类的这种果实，并展开积极行动。

历史并不会预先决定什么，更不会被预先决定什么，而总是在必然性基础上敞开巨大可能性空间。科学预测并非先知预言般的"绝对真理"。资本的扬弃并不是外在于人的纯粹客观的过程。这种扬弃同人类主体性的发展与发挥密不可分。事实上，它只有通过人的能动性活动特别是革命性

---

① 转引自［美］迈克尔·哈特、［意］安东尼奥·奈格里：《帝国——全球化的政治秩序》，杨建国、范一亭译，江苏人民出版社2003年版，第212页。

实践才能真正展开和实现。尽管"主体性"成为被人唾弃的"黄昏"，但是，不同于"主体主义"，它具有内在的合理因素，只能被超越而不能被取消。一味取消主体性，走向的可能是前主体性，而非"后"主体性或"超"主体性。事实上，对主体性的取消本身就动用了主体性。没有自觉而不懈的行动，资本的扬弃并不具有绝对必然性或"充足理由律"。甚至可以说，不经历艰辛的斗争，资本是决不会根本扬弃的。或许可将此视为继马克思两个"决不会"之后的第三个"决不会"。促成资本的自我扬弃，根本性地超越资本主义生产方式和文明形态，生成更高的生产方式和文明形态，是当代人类最本质性的任务之一，或许也可视为人类的"自我救赎"。

值得注意的是，当前是从根基处超越资本文明、创生更高文明的历史良机。金融危机和经济危机越发清晰地暴露出资本主义的历史局限性。人类生存的本体性困境和社会文明的整体性危机，更是明晰地泄露出资本主义的根本局限性。这内在地孕育了超越资本文明、建构新型文明的核心要件，昭示人们自强不息、奋发有为。"君子终日乾乾，夕惕若。"（《周易·乾卦》）能否成功超越资本文明，创建新型文明形态，是对当今人类特别是中华民族的重大考验。从历史发展的高度，以愚公移山的气魄，切实并睿智地把握这一宝贵时机，坚定有力地向更为高远的目标迈进，对于人类文明的历史发展和中华文明的当代复兴至关重要。最重要的是在现实生活以至日常生活中，切实而又坚持不懈地创造新的、更高的生产方式进而创造整个文明形态。

当然，资本的扬弃需要诸多现实条件和较长历史时间才能完全实现。两个"决不会"的提醒拥有长久的意义。这要求我们在积极进取的同时，生成充分的智慧并葆有清醒的头脑和足够的耐心。通过一次革命就一劳永逸地进入理想王国，是无法实现的奢望，本身就是当代人类需要变革的对象。正因为如此，我们才需要"改革"这一"伟大革命"。"后革命"不一定是"反革命"，或许还是真正意义上的革命。美好生活必须经过反复锻造和淬炼方能到来。在这个意义上，"不断革命论"是值得借鉴的。当然，前提是合理理解革命的意涵。革命不仅是政治革命，而且是全方位的社会变革，亦即人全面的自我解放。

### 三　负向逻辑驱逐正向逻辑

在特定时间中，事物往往并存不同面相。如前所述，资本同时内在地存有作为正向逻辑的创造文明逻辑及其诸具体逻辑（如提升效率、创新、公共性等逻辑），和作为负向逻辑的消解文明逻辑及其诸具体逻辑（如降低效率、守旧、私独性等逻辑）。在资本主义上升期，多数正向的具体逻辑较与之相对的负向逻辑更为有力。譬如，提升效率逻辑和创新逻辑远强于降低效率逻辑和守旧逻辑。人们争相创新，极大提高了生产乃至全部活动的效率，使资本主义的总体效率远远超越前资本主义。正向逻辑在整体上显著强于负向逻辑，令资本发挥出重大积极作用，表现出显著历史进步性，使人类的生存向上跃升了很大台阶。

众多思想家都对此发出了热情的讴歌。连对资本主义最严格的批判者马克思也是如此。但它的积极意义或许比马克思所由衷称赞的"还要多、还要大"①。而且，除其积极意义外，资本主义还具有很强的自我调整能力。因此，资本及其逻辑必须被历史地、辩证地看待和对待。它的历史局限性与倒退性并不能掩盖其历史合理性与进步性。看不到这一点，关于资本及其逻辑的理解必定出现严重偏差，也无益于对资本逻辑的合理应对。当然，在这一时期，资本的负向逻辑已然存在并造成影响，有些还相当强劲。不过，总体而言，正向逻辑强于负向逻辑，积极作用也大于消极影响。这构成资本主义与现代性高速发展的深层机理。资本现代性之所以能够在卢梭文明与反文明并行、米拉波文明与野蛮循环、狄更斯最好时代与最坏时代共生的喟叹中大踏步前进，原因正在于此。唯有看到这一点，才能足够深刻地把握资本主义与现代性的运行。

但需要注意的是，以上是就整个资本主义世界而论的。事实上，即便同处上升期，正负逻辑在不同共同体和个体中的力量与效应也有明显差异。在资本主义世界体系的中心，正向逻辑的力量更加强劲，表现更为积极，所形成的效应也更加有益；负向逻辑的力量与行动被相对抑制，造成的消极影响也较小。而在体系边缘，正向逻辑的力量和效应大打折扣，负

---

① 《马克思恩格斯选集》（第1卷），中央编译局编译，人民出版社2012年版，第405页。

向逻辑的力量与效应则突出许多。简言之，并非所有人都能同等程度地享受资本逻辑的积极意义。资本主义"宗主国"与"殖民地"、强势群体与弱势群体的生存状况判若云泥。暴涨的"历史水平线"对于不同民族、阶级、阶层和个人并不公平。

对此，诸多理论都作过相当程度的论及，尽管还没有明确从"逻辑"的层面出发。乔治·索罗斯明确提出，"在目前架构的全球资本体系中，中心国家比外围国家有太多的有利条件"①。苏珊·斯特兰奇也指出，金融危机对不同人的影响并不相同，甚至可能相反。"银行和大企业作为一方，可以在多数情况下，在这种不稳定、不确定的环境中获利、生存下来；而作为另一方的农民、工人和小企业发现，获利或生存困难得多。"② 还必须看到的是，中心和边缘的区别目前并未在内格里等人所指认的作为资本当代统治形式的"帝国"中明显弱化。而在每个具体的社会内部，更是愈演愈烈。阶层固化表现得越来越明显，社会流动愈加困难。诸多实证研究表明了这一点。人们在日常生活中也越发深切地感受到各种"二代""三代"乃至"家族传承"的兴盛。这就是"承袭制资本主义"。在某种意义上，当代社会仅剩教育和运气两条主要的上升通道。但幸运女神不会轻易低下它高贵的头颅"垂青"弱势群体，而通过教育改变命运也变得越发困难。精英大学的大门往往只对"精英"及其后代敞开。"草根"改变命运的机会日趋减少。

进入晚期资本主义阶段，过度扩张的资本越来越丧失存在合理性，创造文明等正向逻辑变得越来越乏力，而消解文明等负向逻辑却越来越强劲，越来越有驱逐和取代正向逻辑的趋势。或许可将此称为晚期资本逻辑的"劣币驱逐良币"定律。英国学者约翰·格雷提出了"资本主义的格雷欣定律"，即劣等的资本主义模式驱逐优等的资本主义模式。他认为，在资本主义世界中，众多资本主义模式间存在诸多差异，有的是优等的，有的是劣等的。资本主义世界的内在局限或倒退之处在于，正如货币世界所

---

① [美]乔治·索罗斯：《新的全球金融构架》，载 [英]威尔·赫顿、安东尼·吉登斯《在边缘：全球资本主义生活》，达巍等译，生活·读书·新知三联书店2003年版，第127页。
② [英]苏珊·斯特兰奇：《赌场资本主义》，李红梅译，社会科学文献出版社2000年版，第27页。笔者以为，即便处于再不济的境况，银行和大企业也可以依靠政府用纳税人的钱给自己输血，因为它们是"大而不能倒"的。

发生的那样，不是优等的资本主义取代劣等的资本主义，相反，是劣等的资本主义驱逐优等的资本主义。具体地说，是劣等的美国资本主义模式驱逐其他优等的资本主义模式。① 法国学者米歇尔·阿尔贝尔也有类似看法。他提出，在盎格鲁-撒克逊模式和莱茵模式这两种资本主义模式中，"最不完善的一点一点地战胜了它的对手，虽然后者更为有效"②。

就资本逻辑而言，同样存在这种劣等（负向）逻辑驱逐优等（正向）逻辑的机理与趋势。正向逻辑在整体上越发难以实现增殖，因此，资本必然倾向于诉诸负向逻辑而非其对立面增殖。譬如，资本在现阶段不易通过发展益于国计民生的实体经济获得"足够"利润，于是就更多地依靠膨胀根本上利于少数人私欲的虚拟经济乃至"虚幻经济"达成目的。"为实体产业提供融资和咨询服务早已只占金融资本业务收益的微不足道部分，金融资本的主体工作是投机性交易。"③ 与此一致，资本的消极影响愈加显著，并越来越取代其积极效应。这是资本在自身范围内无法逃脱的命运。埃伦·伍德说得好：资本主义无法继续繁荣地发展，"这一趋势在当今比之前任何时候都明显。今时今日，我们已经达到了资本主义消极后果远远超过其积极物质收益的临界点。……那种试图依据资本主义原则来实现物质丰裕的努力都只能越来越多地带来资本主义矛盾的消极面，……而不是其积极的物质利益——对绝大多数国家来讲尤为如此"④。

在资本主义高度金融化的这半个世纪中，金融危机和经济危机在整个世界风起云涌、跌宕起伏。最近的这次全球性金融危机和经济危机历经十年仍然没有完全消散，而新的危机又已在资本主义的母腹中孕育并渴望早日降生"征服世界"。中小资产阶级疲于奔命，社会大众苦不堪言。国际货币基金组织一次又一次地对全球房地产市场泡沫发出警告。据统计，全

---

① ［英］约翰·格雷：《伪黎明：全球资本主义的幻象》，刘继业译，中信出版社2011年版，第86页。
② ［法］米歇尔·阿尔贝尔：《资本主义反对资本主义》，杨祖功等译，社会科学文献出版社1999年版，第168页。
③ ［美］约翰·卡西迪：《美国华尔街金融资本的基本运作状况》，张征、徐步译，《国外理论动态》2011年第10期。
④ ［加］埃伦·伍德：《资本主义的起源——一个更长远的视角》，夏璐译，中国人民大学出版社2015年版，第162页。

球房价指数在2007年第三季度达到最高的127之后,到2012年第一季度降为最低的114.6,而在这之后,连续9个季度上涨,到2014年第二季度又已经飙升至119.7。① 当然,纵然如此,正向逻辑也没有在晚期资本主义中消失殆尽。

可以发挥资本的正向逻辑,实现其积极意义;也可以同时抑制负向逻辑,规避和减轻其消极影响;但最关键之处在于,促成资本的自我扬弃。即使不是完全的扬弃,也要使之逐步扬弃。集腋成裘,不断积累的量的超越终将使资本迎来质的扬弃。而只有发生根本性扬弃,诸正向逻辑才能真正克服各自的对立面。不过,反过来看,或许正是负向逻辑的过度强势,使对资本的扬弃愈益成为必要,并让人类得以看清资本及其逻辑的秉性与趋向,下决心走超越资本文明的道路,而不是沉醉于正向逻辑的甜美酒浆。

但必须警惕的是,负向逻辑对正向逻辑的驱逐呈愈演愈烈之势。而且,二者并非严格的此消彼长关系。如果没有被有效限制与调整,当消解文明等负向逻辑进一步扩张至更为强大的程度,就可能完全爆发出来,致使文明根本倒退乃至覆没,从而令正向逻辑丧失发挥作用的基础。受资本深层规约的核战争、转基因技术和生态危机等,都愈益可能引发人类和文明的毁灭。这是资本逻辑另一种可能的趋向。并且,这种可能性一直在增长。在这个意义上,许多批评者郑重地提出了"资本主义没有未来"的命题。伍德指出,"由于资本主义对社会生活的方方面面以及对自然环境的影响范围广且影响程度深,其自身的矛盾毫无疑问将日益摆脱所有对其实施的控制手段。人们所抱有的实现一个人性的、真正民主的且生态上可持续的资本主义之希望,正在变得越发不现实"②。

因此,我们也不能完全依赖资本的"自我扬弃"。有绝对的逻辑,也有相对的逻辑。根本性的自我扬弃并非资本绝对的未来。这种逻辑和前景需要具备诸多现实的条件,而且还需要一些预设的前提。事实上,如果没

---

① 转引自朱安东《金融资本主义的新发展及其危机》,《马克思主义研究》2014年第12期。
② [加]埃伦·伍德:《资本主义的起源——一个更长远的视角》,夏璐译,中国人民大学出版社2015年版,第163页。

有对资本及其逻辑有力的驾驭和超越，它成为可望而不可即的海市蜃楼也不是毫无可能。这并非杞人忧天。而且，作为多数的"弱势群体"既更少、更晚地享用资本逻辑带来的成果，也更多、更早地遭受资本逻辑造成的苦果。"人无远虑，必有近忧。"（《论语·卫灵公》）当代人类必须对此形成清醒的认识，在自己还能作为时展开积极有效的行动。因为，在超越资本主义的道路上，现实的希望永远存在。

## 第二节　资本特殊视域中的逻辑变更

从抽象上升到具体，是把握和再现现实的重要方式，亦即研究和叙述的基本方法。自觉遵循这一原则，从资本一般的抽象层面上升至垄断资本与非垄断资本、金融资本与非金融资本、数字资本与非数字资本、公有资本与私有资本等更为具体的资本特殊层面，哲学对资本的理解和说明能够更为饱满。《资本论》是运用这一方法的典范。从垄断资本、金融资本和公有资本等关键资本形态及其逻辑的角度看，资本逻辑在当代发生了显著的改变。换言之，垄断资本逻辑、金融资本逻辑和公有资本的变化，分别从各自维度在具体层面上深刻表征了资本逻辑的时代变迁。

### 一　垄断资本逻辑愈加强盛

如前所述，垄断逻辑是资本的基本逻辑之一。而且，资本主义越是前行，垄断逻辑就越是发展，并日益压制竞争逻辑。结果，垄断越来越成为资本主义的主要规定性之一，成为不可逆转的历史潮流。从19世纪70年代开始，资本主义日益本质性地变换为垄断资本主义，众多来自异质理论阵营的思想家都看到了这一点。

马克思主义经济理论家们十分重视和强调当代资本主义的垄断性质。希法亭提出，"'现代'资本主义的最典型特征就是集中过程"[①]，"小企业现在本质上仅仅是大企业的附庸，就算它们的独立性不完全是虚构的，但

---

[①] ［奥］鲁道夫·希法亭：《金融资本》，李琼译，华夏出版社2013年版，前言第1页。

第五章　资本逻辑结构的当代嬗变

也不过是大企业的附属机构而已"①。而金融资本进一步加剧了资本主义的垄断趋势，它的出现就意味着"对竞争的限制"②。"建立总卡特尔和形成中央银行的趋势正在融合，通过它们的联合，产生了金融资本的巨大的集中力量。在这里，所有的局部资本都被集合为一个整体。"③ 事实上，在希法亭之前，维尔纳·桑巴特和奥托·鲍威尔也指出了资本主义的垄断化，他们都认定小企业直接或间接地隶属或从属于（大）资本。④ 而在希法亭之后，列宁更是明确指出，垄断是作为资本主义最高阶段的帝国主义最鲜明的经济特征。"马克思对资本主义所作的理论和历史的分析，证明了自由竞争产生生产集中，而生产集中发展到一定阶段就导致垄断。"⑤ 在最基本的意义上，帝国主义就是垄断资本主义。或者说，垄断资本主义构成帝国主义的基本规定。

列宁之后，许多马克思主义理论家仍很关注资本的垄断化进程或垄断资本。当中，"垄断资本学派"是最为突出的代表。和列宁一样，保罗·巴兰也认为，垄断和寡头垄断是"现代资本主义基本特点"⑥。在保罗·斯威齐看来，由竞争资本主义到垄断资本主义是"一个质的变化，接着又对资本主义制度的机能起了反作用——改变它的一些规律和修正它的其余规律"⑦。斯威齐还详细分析了"垄断在资本主义制度的机能上所造成的最重要的一般后果"⑧。巴兰和斯威齐正确地指出，"当今资本主义世界的典型经济单位不是为无比巨大的市场生产相同产品的微不足道的份额的小企业，而是生产一个行业、甚或若干行业的大量产品份额，并且能控制其价

---

① ［奥］鲁道夫·希法亭：《金融资本》，李琼译，华夏出版社2013年版，第373页。
② 希法亭《金融资本》第三篇的标题就是"金融资本及其对竞争的限制"。
③ ［奥］鲁道夫·希法亭：《金融资本》，李琼译，华夏出版社2013年版，第255页。
④ ［奥］鲁道夫·希法亭：《金融资本》，李琼译，华夏出版社2013年版，第372页。
⑤ ［苏］列宁：《帝国主义是资本主义的最高阶段》，中央编译局编译，人民出版社2001年版，第14页。
⑥ ［美］保罗·巴兰：《增长的政治经济学》，蔡中兴、杨宇光译，商务印书馆2018年版，第94页。
⑦ ［美］保罗·斯威齐：《资本主义发展论——马克思主义政治经济学原理》，陈观烈、秦亚南译，商务印书馆1962年版，第336页。
⑧ ［美］保罗·斯威齐：《资本主义发展论——马克思主义政治经济学原理》，陈观烈、秦亚南译，商务印书馆1962年版，第353页。

格、生产总量以及投资的种类和数量的大型企业。换言之，典型的经济单位具有曾经被认为只有垄断企业才具有的特性。因此，忽视垄断在构建我们的经济模式中的作用，继续将竞争视为普遍情况，是不对的。我们在试图理解垄断阶段的资本主义时，不能离开垄断，或者仅仅把它看作一种修正因子；我们必须将其置于分析工作的非常中心的地位"①。这一看法很有见地，是对马克思主义基本立场的正确强调。20世纪末期，大卫·哈维也认为，"自1900年以来成为美国资本主义显著特点的强有力的资本的集中化，控制住了在最强大的美国经济内部的资本主义的相互竞争"②。

不过，略显遗憾的是，近年来，左翼理论家们对垄断问题的兴趣似乎有所下降。福斯特甚至消极地认为，"多数激进经济学家……的精力和注意力转向认为'垄断不再是一件大不了的事情'的阵营，大部分左派经济学家不再关心这个问题"③。当然，这或许也同激进思想家们将垄断视为"常识"不无关系。另一方面，和近年来左翼学者强调回归学术、回归马克思文本也有关联。马克思著作指向的是竞争资本主义，当时垄断的现象与趋势尚不明显。虽然不再是新鲜的话语和关注的重点，但垄断资本逻辑作为一种"日用而不知"的力量始终强势地掌控着整个资本主义世界，并且愈加强盛。福斯特等人提出，"在过去的一二十年中，很多杰出的左派政治经济学家逐渐开始理解和评价金融化和债务对经济越来越大的重要性。重新思考垄断问题是这个链条的下一个环节，对于有意义地、综合地理解不平等和金融化都是必不可少的，更不用说20世纪的资本主义"④。这一看法是值得重视的。按照希法亭和列宁的看法，金融资本本身就具有强烈的垄断性，本身就建基于垄断。这种资本百年来的发展反复证实了他们的卓越眼光。

在马克思主义阵营外，也有不少思想家和学者看到并指出了资本主义

---

① 转引自［美］约翰·福斯特、罗伯特·麦克切斯尼、贾米尔·约恩纳：《21世纪资本主义的垄断和竞争》（下），金建译，《国外理论动态》2011年第10期。

② ［美］戴维·哈维：《后现代的状况——对文化变迁之缘起的探究》，阎嘉译，商务印书馆2013年版，第177页。

③ ［美］约翰·福斯特、罗伯特·麦克切斯尼、贾米尔·约恩纳：《21世纪资本主义的垄断和竞争》（下），金建译，《国外理论动态》2011年第10期。

④ ［美］约翰·福斯特、罗伯特·麦克切斯尼、贾米尔·约恩纳：《21世纪资本主义的垄断和竞争》（下），金建译，《国外理论动态》2011年第10期。

的垄断化与垄断性。受马克思影响颇深的布罗代尔之所以在代表作《十五至十八世纪的物质文明、经济和资本主义》中，强行把资本主义和现代市场经济区别开来，主要原因和理由就在于，他试图强调作为下层的市场经济是竞争的，而作为上层的资本主义是垄断的。即便是资本主义和自由主义的忠实拥趸米塞斯，也承认在一定的需求曲线中，通过比卖方竞争情况下更高价格从而获得最大净利润，构成垄断的特征。"如果垄断商品不能按垄断价格全部售出，垄断者就必须把商品的多余部分予以封存或销毁，以便使其他单位获得需要的价格。"① 垄断的本质与现象是如此突出，以至于总是期冀"均衡"的自由主义经济学家也无法忽视。

垄断资本主义一经形成，就自觉地强化自身，在不长的时间内就实现了全球布展和操控。在由私人垄断发展至国家垄断后，又进一步强化为内含私人垄断和国家垄断的国际垄断。需要注意的是，"国家垄断资本主义的形成并没有取代私人垄断组织在经济生活中的垄断作用，资本主义经济仍在按照市场经济机制运行，私人垄断资本仍是市场上的经营主体"②。同样，国际垄断也绝非简单地放弃私人垄断和国家垄断，相反，它是私人垄断和国家垄断在世界范围内的扩展。因而，准确而言，资本的国际垄断是私人垄断和国家垄断的升级版。

进入当代，资本主义社会的资本不断集中，垄断化程度愈来愈高。资本所有权和经营权的分离"导致资本控制的进一步集中"③。"大多数所有者的控制权，被夺了过来而给予极少数的所有者"，"集中在一小撮大财主的手里"④。垄断资本愈加成为超级垄断资本或垄断寡头，从而相对优势更为凸显，统治力更加膨胀。垄断资本尤其垄断寡头和垄断资本联盟有力支配了非垄断资本，在令自身逻辑愈加强盛地运作和显现出来的同时，也让

---

① ［奥］路德维希·米瑟斯：《社会主义——经济与社会学的分析》，王建民等译，中国社会科学出版社2012年版，第355页。
② 李琮：《当代资本主义论》，社会科学文献出版社2007年版，第174页。
③ ［美］保罗·斯威齐：《资本主义发展论——马克思主义政治经济学原理》，陈观烈、秦亚南译，商务印书馆1962年版，第324页。
④ ［美］保罗·斯威齐：《资本主义发展论——马克思主义政治经济学原理》，陈观烈、秦亚南译，商务印书馆1962年版，第326页。

非垄断资本逻辑加剧式微。在这个时代，不仅劳动的处境艰难，中小资本的境遇也谈不上轻松。寡头垄断成为当下的基本状态，中小资本（甚至包括一些具有相当体量的资本）很难逃出垄断寡头的掌心。没有大型资本作为后盾，难以在竞争激烈的资本丛林中存活，更遑论发展。

众多共享单车企业不是在同大资本的竞争中败下阵来，就是被更大的资本收购，甚至连最早、最成功的摩拜也是如此。① 可以说，在大资本特别是垄断资本林立的丛林中，中小资本已经几乎没有可能在资本世界中一鸣惊人、出人头地了。据报道，和从前每隔十年就有一家大型科技公司出现不同，近十年没有出现任何新的大型科技企业，它们不是被已有的资本巨头打压，就是被收购。科技巨头如今变得越来越精明，能够准确预测哪些公司会对自己的统治地位产生威胁，然后先下手为强，而不是像从前那样消极等待。② 脸谱网甚至开发出一套能够提醒自己初创公司何时可能走红以及威胁自身的系统。确若马克思所言，资本的集中使"剥夺已经从直接生产者扩展到中小资本家"③。

当代垄断资本主义还不断生成新的增殖和统治形式。譬如，当前雨后春笋般勃发的各式各样的"共享经济"也没有溢出垄断资本的逻辑。如夏莹教授所言，"共享经济"实际上是垄断资本发展的最新形态，它用"共享"观念换取了资本，并推动资本的自我周转产生利润，以加速度的方式完成了垄断资本的运行方式。④ 酒店、餐馆、网吧、影院、歌舞厅等，都可以视为"共享经济"。有理由认为，"共享经济"只是改变了过去商品的"独享性"，而利用了商品和服务越来越突出的"共享"的可能性。但是，这些商品和服务同样处于资本特别是垄断资本的控制，并没有逸出资本逻辑的范围，而且往往受垄断资本逻辑的宰制。因为，大规模的"共享"需要巨量或垄断性的资本作为前提。

另外，被一些研究者当作资本主义最新形态的数字资本主义，事实上

---

① 当然，垄断寡头之间的竞争也相当激烈。
② 《十年过去了，世界上竟然连一家科技巨头都没有诞生》，http://www.sohu.com/a/163164542_99899550，2017年8月8日。
③ 《马克思恩格斯全集》（第46卷），中央编译局编译，人民出版社2003年版，第498页。
④ 夏莹：《论共享经济的"资本主义"属性及其内在矛盾》，《山东社会科学》2017年第8期。

也并没有逃出垄断资本逻辑的掌控范围。少数数字垄断平台快速瓜分了经济利益，不断扩张着自己的统治力量。"在数字技术变革的基础上，数据越来越成为企业及其与员工、客户和其他资本家关系的核心。平台已经成为一种新的商业模式，能够提取和控制大量数据。随着这一转变发生，我们看到了大型垄断企业的兴起"，"今天，高收入和中等收入的资本主义国家，越来越多地被这些公司所主导"①。"数字平台产生并依赖于'网络效应'——使用平台的用户越多，平台对其他人而言就越有价值。""这会产生一个循环，让更多的用户拥有更多的用户，从而导致平台具有垄断的自然倾向"②。平台资本主义垄断数据，"然后提取、分析、使用和销售这些数据"。更重要之处在于，这些数据源于每个用户的"创造"，却被数字平台无偿占有和使用。在某种意义上，这是当代一种新的垄断性剥削形式。

斯蒂格利茨提出，在近30年最重要的商业创新中，有些并不是以提升经济效率为宗旨，而是希望更好地保护垄断力。③ 甚至一些自由市场的支持者也说，"竞争正在死亡的观点很可能已经被大部分经济学家所接受了"④。垄断越来越构成资本主义的内在规定。西方学界近年所指认的"特权资本主义""裙带资本主义""承袭制资本主义"等资本主义形式，都是资本这种高度的垄断逻辑的表征。尽管一些盎格鲁-撒克逊模式拥趸期待资本主义能有更多竞争⑤，但这已经成为难以实现的奢望。

由此可见，在归根结底的意义上，不是所有资本，而是垄断资本特别是垄断寡头或垄断资本联盟强力地掌控着当代世界。美国是垄断资本统治的典型。"在经济领域，美国垄断资本控制了媒体、银行、国防和石油行业等诸多重要行业；在政治领域，这些精英直接或间接控制了北约、中情局、最高

---

① [加]尼克·斯尔尼塞克：《平台资本主义》，程水英译，广东人民出版社2018年版，第7页。
② [加]尼克·斯尔尼塞克：《平台资本主义》，程水英译，广东人民出版社2018年版，第51—52页。
③ Joseph Stiglitz, *The Price of Inequality*, New York: Norton, 2013: 44.
④ 转引自[美]约翰·福斯特、罗伯特·麦克切斯尼、贾米尔·约恩纳：《21世纪资本主义的垄断和竞争》（上），金建译，《国外理论动态》2011年第9期。
⑤ [德]赖纳·汉克：《平等的终结——为什么资本主义更需要竞争》，王薇译，社会科学文献出版社2005年版，第82页。

法院以及地方州政府,并借用美国人民的力量谋求征服世界。"① 因此,绝大多数人都深感"生存不易","哈姆雷特之问"时常油然而生。不仅工人如此,中小资本家亦如是。企业主的嗟叹并不都是虚言。事实上,早在 1965 年 1 月,毛泽东同志和斯诺谈话时就犀利地指出,"美国人需要再解放,……不是从英国的统治下解放,而是从垄断资本的统治下解放出来"②。在当下,这一判断的真理性更为耀眼。可以说,只要资本的生产方式在社会中处于优势,那么,垄断资本就一定是当中居于主导地位的。

即使资本主义在总体上进入"金融资本主义"乃至"金融主义"阶段,垄断依然是资本主义最基本的特征。金融资本对当代世界的座架,离不开垄断资本尤其超级垄断资本作为后盾。或者说,这种统治是以垄断资本作为载体展开的。抽象而言,金融资本对产业资本处于优势。但在现实中,资本以具体资本或资本个体形式出现于市场。不同的资本个体由于"相同"的目标发生竞争乃至冲突。在同一个资本个体特别是垄断资本内部,金融资本和产业资本显然是在"同一个战壕"里并肩战斗的"好兄弟",尽管金融资本可能较它的产业资本兄弟更有力量和支配性。当前,所有大的资本集团几乎都"身兼数职",涉足众多行业,换言之,都由诸多资本形态组成。譬如,中国新晋首富许家印的恒大集团就是主要由地产、金融、健康和旅游四大产业构成的。因此,同其他资本和世界打交道并施加统治的主体,既不只是产业资本,也不只是金融资本或数字资本,而是集数者于一身的垄断资本。从另一角度看,虽然都是金融资本,但具体的金融资本是"各为其主"而展开激烈厮杀的。

总体而言,垄断资本获取利润和财富的能力越来越强,速度越来越快,数量越来越多。相对于非垄断资本,垄断资本力量更强、获利更多、发展更快的特点表现得越发明显。美团在收购摩拜后,充分利用和发挥了其在"共享单车"市场上的垄断地位,日复一日地让乘客加入美团,推出美团 APP 专用车以让人们下载和使用美团。垄断资本的特质在此一览无余。垄断资本的收益率远高于非垄断资本。在自由竞争的年代,众多资本

---

① 林海虹、田文林:《金融资本时代的战争与和平》,《当代世界与社会主义》2017 年第 3 期。
② 《毛泽东文选》(第 8 卷),人民出版社 1999 年版,第 412 页。

的利润率趋向于"平均利润"。① 但在愈益强化的垄断阶段,"平均利润"遭到巨大挑战,逐步被"利润率的等级制度"所取代。"最高利润处于那些公司大而集中的行业之中,最低的则处于非常原子化的竞争的行业中。"② 皮凯蒂以美国为例指出,过去 30 年间,社会底层的 50% 人口实质收入增长率接近为零,但金字塔尖 1% 的人群收入增长却超过 300%。这些"精英"无一不是大资本的所有者或代言人。当然,在瞬息万变、激烈异常的市场竞争中,垄断资本也不能完全放松地躺在业绩报表上安稳度日,时常一着不慎满盘皆输。但两相比较,中小资本更是步履维艰,受困落败不过是家常便饭。由于自己的特色和功用成为垄断资本的构成部分,或许是中小资本最好的结局。垄断资本则轻松许多。

如今,富豪们不仅富可敌国,而且"富可敌世"。据国际慈善组织——乐施会的统计,2016 年全球金字塔顶尖 1% 的人所掌握的资源比其他 99% 的人的总和更多,最富有的八大富豪拥有相当于全球 50% 人口的资产。③ 不仅财富,而且整个社会的资源、权力和地位等,都越来越集中化乃至垄断化,日益汇聚于作为少数的垄断资本乃至极少数垄断寡头手上,"使剥削社会财富的少数人的人数越来越减少"④,并在其内部代际传递,强化"承袭制"资本主义,令阶级、阶层、集团等人群共同体严重固化。有调查结果显示,在资本主义社会,下层民众除了教育之外几乎没有有效向上层流动的途径。况且,优质的教育也几乎成为上层的垄断物。垄断资本的这种发展态势与结果,不仅存在于私有资本,而且一定程度地显现于公有资本之中,尤其存在于金融垄断资本当中。

结果,在这样一个垄断的世界,"赢者"越来越成为"通吃"的"赢者"——普遍性的法则。不仅是"财富赢家",而且是"人生赢家"。少数"人生赢家"走上了世界的"巅峰"。"当资本主义和自由民主凯歌高

---

① 马克思当年就已注意到资本的垄断化趋势,并作了论述,尽管那个时代垄断尚不显著。
② [美] 约翰·福斯特、罗伯特·麦克切斯尼、贾米尔·约恩纳:《21 世纪资本主义的垄断和竞争》(下),金建译,《国外理论动态》2011 年第 10 期。
③ 《全球前 8 大富豪坐拥资产总和可敌"半球"》,http://sc.people.com.cn/n2/2017/0117/c345167-29607337.html,2017 年 1 月 17 日。
④ 《马克思恩格斯全集》(第 46 卷),中央编译局编译,人民出版社 2003 年版,第 500 页。

唱之时，世界上绝大多数国家和人民并未从中明显获益。"① 在激烈竞争中最终获胜的只能是少数"大赢家"。诚如沃勒斯坦所言，"在这场赌局里，失意者不计其数，而大赢家却寥寥无几"②。这些通吃的赢家为自己赢得了整个世界。人们只有依附于"大赢家"，才能分得一杯羹；只有成为"大赢家"，才算得上"成功"。如果说在资本主义社会中，只有少数人有自由、独立性和个性，那么，在高度垄断资本主义阶段，这样的人更加屈指可数。"自由主义者所倡导的自由，已沦落为只会歌颂自由企业，而这在今日由于大型托拉斯及垄断性财团的现实之一，已成为神话。"③"垄断越是进一步发展，它的超额利润所带给所有其他阶级的负担就越重"④，就越是容易激化社会的矛盾与冲突，就越是逼迫垄断资本主义自我调整。

当然，有一样东西是垄断资本十分乐意"分享"乃至"奉送"给"他者"们的。这样东西就是"风险"。如前所述，在当代，垄断资本把大风险给了别人，给自己留下的是小风险乃至无风险。将大风险"送给"小资本，而把小风险留给自己，这是当前垄断资本的拿手好戏。这种伎俩并不仅限于民族—国家内部，而是在民族—国家之间大规模上演。而且，"由于大而不能倒"的缘故，在这些庞大的垄断资本处于危险之际，他们的政权代言人必定既惊慌失措又冠冕堂皇地出面"救市"。这是垄断资本的"风险分配逻辑"。质言之，垄断资本把控整个资本世界。诚如列宁所言，"垄断既然已经形成，……就绝对不可避免地要渗透到社会生活的**各个**方面去，而不管政治制度和其他任何'细节'如何"⑤。

结果，资本主义不可避免地趋于僵化："排斥了竞争的社会……处于

---

① ［美］斯图尔特·哈特：《十字路口的资本主义》，李麟、李媛、钱峰译，中国人民大学出版社2013年版，第10页。
② ［美］沃勒斯坦：《论资本主义世界体系的结构性危机及其前景》，杨昕译，《国外社会科学》2011年第6期。
③ ［英］卡尔·波兰尼：《巨变：当代政治与经济的起源》，黄树民译，社会科学文献出版社2017年版，第349页。
④ ［奥］鲁道夫·希法亭：《金融资本》，李琼译，华夏出版社2013年版，第398页。
⑤ ［苏］列宁：《帝国主义是资本主义的最高阶段》，中央编译局编译，人民出版社2001年版，第49页。

一种使传统和特权僵化的危险之中。"① 垄断资本主义必然导致经济的停滞。"在垄断资本主义条件下,存在着严重的消费不足,而垄断资本不愿意进行新的投资扩大生产,来弥补消费的不足。因此,除非有别的因素发生作用,否则就会有长期的需求不足,造成经济的停滞。"② 一句话,"垄断资本主义没有外部刺激就处于停滞状态而无力自拔"③。而且,垄断资本对新技术的态度并不都是友好的。"如果新技术不适应大公司的长期利润最大化战略,它们就会经常阻碍新技术的开发和公布,这是在原子式竞争下不可能的选择。"④ 因此,在垄断资本主义时代,"停滞是常态,经济繁荣却是例外",甚至"经济的垄断程度越高,停滞的趋势越强"⑤。大萧条是"美国经济制度运行的正常产物"⑥。由于这种停滞,"垄断资本主义制度不得不主要依赖军备开支以维持繁荣与高就业,借以获取利润和公众的支持"⑦。进而,帝国主义的军事扩张和军事冲突也在所难免。所以,"垄断资本主义制度是高度不稳定的"⑧。但更重要的问题在于,垄断资本主义对人及其发展的制约达到了新的程度。"发展,在一个合理的社会中本来可以大大推进全体的富裕,但在垄断资本主义下却构成了对劳动人民中越来越多的人的生存本身的威胁。"⑨ 这是垄断资本最具根本性的弊病。近来,福斯特也撰文指

---

① [德]格罗·詹纳:《资本主义的未来:一种经济制度的胜利还是失败?》,宋玮、黄婧、张丽娟译,社会科学文献出版社2004年版,前言第8页。

② [美]保罗·巴兰:《增长的政治经济学》,蔡中兴、杨宇光译,商务印书馆2018年版,中译本序言第V页。

③ [美]保罗·巴兰、保罗·斯威齐:《垄断资本——论美国的经济与社会秩序》,南开大学政治经济学系译,商务印书馆1977年版,第229页。

④ [美]约翰·福斯特、罗伯特·麦克切斯尼、贾米尔·约恩纳:《21世纪资本主义的垄断和竞争》(下),金建译,《国外理论动态》2011年第10期。

⑤ [美]弗雷德·马格多夫、约翰·福斯特:《停滞与金融化:矛盾的本质》,张雪琴译,《政治经济学报》第4卷。

⑥ [美]保罗·巴兰、保罗·斯威齐:《垄断资本——论美国的经济与社会秩序》,南开大学政治经济学系译,商务印书馆1977年版,第225页。

⑦ [美]保罗·巴兰:《增长的政治经济学》,蔡中兴、杨宇光译,商务印书馆2018年版,第226页。

⑧ [美]保罗·巴兰:《增长的政治经济学》,蔡中兴、杨宇光译,商务印书馆2018年版,第226页。

⑨ [美]保罗·巴兰、保罗·斯威齐:《垄断资本——论美国的经济与社会秩序》,南开大学政治经济学系译,商务印书馆1977年版,第232页。

出，"垄断资本主义的浪费和过剩已经成为人类发展的主要障碍"①。

总体而言，垄断资本逻辑是当代资本的基础性逻辑，其他逻辑的运作与变迁均建基于它。在可以预见的时间内，资本主义世界体系必然仍以垄断逻辑作为基本的逻辑形态。不管资本主义如何变幻，垄断资本主义都一定是其"本质性的一度"。因此，虽然这一逻辑已经不再"时髦"，但它始终不可忽视和淡忘。甚至可以说，在当前众多资本形态喧嚣纷扰、作为统治整体的垄断资本被一定程度掩盖的情势下，应进一步强调垄断资本及其逻辑的支配性。

当然，我们也无法完全同意保罗·斯威齐的看法：应该用垄断资本概念代替金融资本。"'垄断资本'清楚地指出了列宁的'金融资本'概念的实质，而又不至于像后者那样容易使粗心的读者发生误解。"② "希法亭过高估计了金融在统治在资本主义发展最后阶段的重要性，在这一点上他是犯了错误的。"③ 我们认为，斯威齐这一说法是有问题的。事实上，他在《垄断资本》一书出版25周年之际反思道，"《垄断资本》的分析就整体而言，与现实相一致。但是，存在一个明显的矛盾……那就是在最近25年里，美国和全球资本主义经济的典型特征表现为金融部门急剧扩张且日趋复杂。这反过来对由公司主导的'实体'经济的结构和作用机制产生了巨大影响"④。随着资本主义的发展，金融资本越来越成为主导性资本形态。"今天理解大企业发展的关键问题是它同金融的关系。"⑤ 因此，我们同意福斯特的看法，可以用"垄断-金融资本"表述当代资本主导形态。⑥

---

① ［美］约翰·福斯特：《西方资本主义正走向失败》，《参考消息》，http://column.cankaoxiaoxi.com/2019/0312/2374210.shtml，2019年3月12日。
② ［美］保罗·斯威齐：《资本主义发展论——马克思主义政治经济学原理》，陈观烈、秦亚南译，商务印书馆1962年版，第335页。
③ ［美］保罗·斯威齐：《资本主义发展论——马克思主义政治经济学原理》，陈观烈、秦亚南译，商务印书馆1962年版，第324页。
④ Paul M. Sweezy, "Monopoly Capital after Twenty-five Years", Monthly Review, Vol. 43, Issue 7, 1991.
⑤ ［美］约翰·福斯特、罗伯特·麦克切斯尼、贾米尔·约恩纳：《21世纪资本主义的垄断和竞争》（下），金建译，《国外理论动态》2011年第10期。
⑥ "垄断-金融资本"理论是垄断资本学派的新见解。

## 二 金融资本逻辑成为主导

依据希法亭和列宁的观点，资本主义的金融化是和它的垄断化同时展开的。资本的垄断化必然导致金融资本的崛起，而金融化又进一步强化了资本主义的垄断性。在垄断资本逻辑基础上，垄断金融资本逻辑成为最强势的逻辑。这是资本逻辑在当代最为关键的转变，从而吸引了来自不同理论阵营的目光。从产业资本与金融资本的关系角度看，金融资本在当代取得了资本主导形态的王座。按照马克思的说法，伴随资本确立其在生产关系中的统治地位，产业资本取得了自己在资本中的支配地位，令商业资本、生息资本和土地所有权从属于自己，并让自己成为资本的主导形态。这种状态一直持续到19世纪后期乃至20世纪70年代。然而，从20世纪70年代开始，金融资本彻底取代产业资本成为资本的核心。

阿锐基说："金融扩张是20世纪70年代初以来世界经济的特征。"[①] 这是一个正确的判断。大卫·哈维在《资本的限度》初版时还不认为金融资本已成为资本主导形态，但再版时不得不改变这个看法。"在过去40年间，当代的金融资本已经在信息技术的辅助下彻底重塑了时空性，还因此搅乱了资本流通的其他形式，也搅乱了日常生活。"[②] 在这个意义上，福斯特等人亦认为，"垄断资本主义演化成为一个更加普遍和全球化的垄断金融资本体系，这是当今发达的资本主义经济体的经济制度的核心——它是经济不稳定的关键原因和当今新帝国主义的基础"[③]。可以说，在马克思主义的理论视野中，金融资本成为当代资本主导形态基本上已是一种共识。

在金融资本身上，资本主宰世界的血液尤其亢奋。从诞生伊始，金融资本就对产业资本与现代世界展开渗透和冲击，进而逐步取代产业资本，夺取资本主义世界的领导权。阿锐基提出，"自从世界资本主义在中世纪

---

[①] [意] 杰奥瓦尼·阿锐基：《漫长的20世纪——金钱、权力与我们社会的根源》，姚乃强、严维明、韩振荣译，江苏人民出版社2001年版，中文版序第1页。

[②] [美] 大卫·哈维：《资本的限度》，张寅译，中信出版社2017年版，第23页。

[③] [美] 约翰·福斯特、罗伯特·麦克切斯尼、贾米尔·约恩纳：《21世纪资本主义的垄断和竞争》（上），金建译，《国外理论动态》2011年第9期。

晚期的欧洲萌芽以后，金融扩张是屡见不鲜的现象"①，"在过去 500 多年时间里，资本主义历史的进程是一系列金融扩张"②。扩张必然引起利益的争夺。伴随着扩张的加剧，"银行与合股公司都被 19 世纪的许多企业家视为主要敌人，这些企业家讨厌那些被他们称为'资本家'的家伙"③。这种有意思的现象清晰地反映了当时产业资本和金融资本的竞争与冲突。

马克思虽认为产业资本是他那个时代的主导资本形态，但也清楚看到了金融资本的权力。他指出，"伦敦的最大资本势力，当然是英格兰银行"④，"像英格兰银行这样的机构，对商业和工业拥有极大的权力"⑤，"以所谓国家银行为中心，并且有大的货币贷放者和高利贷者围绕在国家银行周围的"信用制度给予"这个寄生者阶级一种神话般的权力，使他们不仅能周期地消灭一部分产业资本家，而且能用一种非常危险的方法来干涉现实生活"，"金融业者和证券投机家"的"权力日益增加"⑥。明显地，马克思已然在产业资本的发展中看到了金融资本及其垄断的端倪。产业资本家的职能越来越转化为各自独立或互相结合的大货币资本家的垄断。

之后，随着金融资本力量的持续增强，许多研究者旗帜鲜明地指出，金融资本已然成为资本世界的统治力量。马克斯·韦伯在著作中使用了"金融资本主义"概念。熊彼特在 1909 年完稿的《经济发展理论》中提出，"信用市场是资本主义经济的司令部"⑦。希法亭也认为，"银行的权力增加了，它变成了产业的创建者并最终成为了统治者"⑧，"随着卡特尔化

---

① [意] 杰奥瓦尼·阿锐基：《漫长的20世纪——金钱、权力与我们社会的根源》，姚乃强、严维明、韩振荣译，江苏人民出版社 2001 年版，中文版序第 1 页。
② [意] 杰奥瓦尼·阿锐基：《漫长的20世纪——金钱、权力与我们社会的根源》，姚乃强、严维明、韩振荣译，江苏人民出版社 2001 年版，第 418 页。
③ [德] 于尔根·科卡、[荷] 马塞尔·范德林登：《资本主义：全球化时代的反思》，于留振译，商务印书馆 2018 年版，第 189 页。
④ 《马克思恩格斯全集》（第 46 卷），中央编译局编译，人民出版社 2003 年版，第 613 页。
⑤ 《马克思恩格斯全集》（第 46 卷），中央编译局编译，人民出版社 2003 年版，第 686 页。
⑥ 《马克思恩格斯全集》（第 46 卷），中央编译局编译，人民出版社 2003 年版，第 618 页。
⑦ Joseph A. Schumpeter, *The Theory of Economic Development*, Boston: Harvard University Press, 1934, pp. 63–67.
⑧ [奥] 鲁道夫·希法亭：《金融资本》，李琼译，华夏出版社 2013 年版，第 245 页。

和托拉斯化,金融资本获得了最大的权力"①。我们最熟悉的是列宁的说法:"20 世纪是从旧资本主义到新资本主义,从一般资本统治到金融资本统治的转折点"②,"金融资本的统治,是资本主义的最高阶段,……金融资本对其他一切形式的资本的优势,意味着……金融寡头占统治地位,意味着少数拥有金融'实力'的国家处于……特殊地位。"③ 金融资本建构起对产业资本的巨大优势,支配和驱使产业资本的运作。"集中在少数人手里的大量金融资本,建立了非常广泛而细密的关系和联系网,从而不仅控制了大批中小资本家,而且控制了大批最小的资本家和小业主"④。遗憾的是,这一重要提示至今没有得到中国马克思主义哲学的足够重视。在列宁之后,布哈林也强调了"金融资本的统治"⑤。

制度经济学的开拓者凡勃仑提出了"金融舵手"概念。他认为,金融舵手将迅速跃升至资本主义社会财富和权力的巅峰,而产业舵手则将沦为金融舵手的奴隶。一些研究者指出,凡勃仑预言了金融资本的崛起。但事实上,这并非预言,而是陈述,是对当时已经相当显著的现实状态与趋势的描述。许多西方经济学家也得出了近似的看法。康芒斯指出,金融资本主义"取得对产业和国家的控制"⑥,"支配着一切"⑦。不但研究者们如此认为,西方的一些政治人物也持这种看法。譬如,曾担任英国工党首相的麦克唐纳就说,"金融是资本主义的神经系统"⑧。

金融资本的扩张持续向纵深推进。从 20 世纪 70 年代开始,随着经济

---

① [奥]鲁道夫·希法亭:《金融资本》,李琼译,华夏出版社 2013 年版,第 245 页。
② [苏]列宁:《帝国主义是资本主义的最高阶段》,中央编译局编译,人民出版社 2001 年版,第 38 页。
③ [苏]列宁:《帝国主义是资本主义的最高阶段》,中央编译局编译,人民出版社 2001 年版,第 51 页。
④ [苏]列宁:《帝国主义是资本主义的最高阶段》,中央编译局编译,人民出版社 2001 年版,第 97 页。
⑤ [俄]布哈林:《食利者政治经济学》,郭连成译,商务印书馆 2002 年版,第 6 页。
⑥ [美]康芒斯:《制度经济学》(下册),于树生译,商务印书馆 1962 年版,第 442 页。
⑦ [美]康芒斯:《制度经济学》(下册),于树生译,商务印书馆 1962 年版,第 433 页。
⑧ 转引自[德]于尔根·科卡、[荷]马塞尔·范德林登:《资本主义:全球化时代的反思》,于留振译,商务印书馆 2018 年版,第 32 页。

增速的明显下滑和新自由主义理论与实践的迅速展开①，资本主义金融化程度不断提高，金融资本正式成为资本不可辩驳、无法撼动的最高统治形式，不仅在经济领域而且在社会各个领域都产生了越来越显著的决定性作用，并越出资本主义的范围向整个世界拓展开来。"资本主义世界基本形成了这样的格局：企业利润日益来源于金融渠道；金融资产呈爆炸式增长；金融部门在经济体系中居于主导地位。"② 但更为重要而深刻的是金融资本对整个资本世界的渗透与宰制。对此，哈维一针见血地指出，"新自由主义化就是将一切都金融化。这一过程深化了金融，后者从此不仅掌控其他一切经济领域，而且掌控国家机器和……日常生活"③。一些学者将此认定为"积累的金融化""世界的金融化"或"金融资本的胜利""金融专制"。

马格多夫和斯威齐敏锐地提出，在20世纪六七十年代，金融部门发生了巨大的变化，金融资本拥有了独立的生命。"这些资本通常仍然在金融部门内部保持货币资本循环的形式，推动金融市场的发展，使得金融部门有了自己的生命。""金融部门无论在绝对量上还是在相对量上都在不断增加的事实对于任何经济观察者而言都是一目了然的。"而且，"金融部门一旦建立在一个坚实且独立的基础之上，就会不断扩大其规模和影响力"。他们进而将生产部门和金融部门的区分作为当代资本主义的"分析方法"，认为这样"可以合理地区分经济体的生产性基础与其金融上层建筑"④。这一分析成为目前为止分析资本主义经济的主要范式。沃勒斯坦也反思道："1970年代以来，积累资本的主要模式从通过生产效率追求盈利转到了通过金融操纵追求

---

① 当然，垄断 - 金融资本的发展和新自由主义的流行是相辅相成的。甚至，前者是更为重要的向度。福斯特等人说得好，"新自由主义经济学家的胜利不是高超的论辩技巧或一流的研究的结果。它最好被视为同垄断 - 金融资本的兴起相伴随的必要的政治—经济政策的对应物。"［美］约翰·福斯特、罗伯特·麦克切斯尼、贾米尔·约恩纳：《21世纪资本主义的垄断和竞争》（上），金建译，《国外理论动态》2011年第9期。

② 任瑞敏：《资本形态演变中的金融逻辑——基于资本在生产与流通中的限制分析》，《马克思主义与现实》2017年第5期。

③ ［美］大卫·哈维：《新自由主义简史》，王钦译，上海译文出版社2016年版，第34页。

④ ［美］哈里·马格多夫、保罗·斯威齐：《生产与金融》，张雪琴译，《清华政治经济学报》第3卷。

盈利。"① 根据全球多个渠道的统计,1980 年以来,几乎所有金融资产的增速都大大超出实体经济的增速。② 在美国等发达资本主义国家,出现和流传许许多多金融神人一夜暴富的传奇故事。"个人的迅速成功标志着、烘托着金融业对工业的胜利"③。就总体而言,金融资本无须依附(而是控制)产业资本也能增殖,相反,产业资本却必须依附金融资本才能增殖。

不仅激进的左翼学者如此认为,西方许多支持资本主义的研究者也如此认为。赞同莱茵模式的法国学者阿尔贝尔十分形象地指出,"金融实力的螺旋式上升,把'里根时代'的整个美国彻底拉到华尔街的屁股后面,金融业比过去更加颐指气使,一切都要为它牺牲,经济政策也要看华尔街的眼色行事。当股市指数一波动,当银行利率一浮动,美国就要随之发烧。……股市对一个事件的反应,最终变得比事件本身更重要。而出口下降或生产停滞,这个问题**本身**已不是问题。人们关心的只是市场的反应"④。表面上显得夸张的这一论述实际上并不夸张。甚至连"金融大鳄"索罗斯也承认,目前的金融资本享有特殊的权力。在他看来,市场原教旨主义使金融资本取得了统治地位。⑤

进入 21 世纪,金融资本在整个资本世界施加了更为牢固的操控。福斯特指出,金融和实体经济的关系是颠倒的,这是理解世界(经济)新趋势的关键所在。数据显示,金融资本的力量已经远超实体资本。"金融经济与底层实体经济之间的关系已到了一个决定性的转折点……如今,金融总资产大约是全球所有商品和服务总量的 10 倍。"⑥ 特别是最具统治力的垄

---

① [美] 伊曼纽尔·沃勒斯坦:《资本主义是理解现代性的基本概念》,载 [德] 于尔根·科卡、[荷] 马塞尔·范德林登:《资本主义:全球化时代的反思》,于留振译,商务印书馆 2018 年版,第 256 页。

② 向松祚:《新资本论》,中信出版社 2015 年版,自序第 IX 页。

③ [法] 米歇尔·阿尔贝尔:《资本主义反对资本主义》,杨祖功等译,社会科学文献出版社 1999 年版,第 48 页。

④ [法] 米歇尔·阿尔贝尔:《资本主义反对资本主义》,杨祖功等译,社会科学文献出版社 1999 年版,第 52 页。

⑤ 转引自林德山:《关于当代资本主义新变化的思考》,《国外理论动态》2015 年第 6 期。

⑥ [美] 杰瑞·哈里斯:《资本主义转型与民主的局限》,陈珊、欧阳英译,《国外理论动态》2016 年第 1 期。

断金融寡头，在华尔街和华盛顿的"旋转门"① 中畅行无阻，将全部资本乃至整个世界掌控在自己手上，在搜刮利益的同时转嫁风险。"那些看起来是生产资料所有者的中小资本家，其实也不是真正意义上的所有者，他们实际上是受金融寡头所控制的。"② 正如当年列宁所引证的那样："金融寡头统治一切，既控制着报刊，又控制着政府。"③ 在这个意义上，有研究将千禧年之交的资本主义称为"超级 - 金融资本主义"④。

  各种资本通过金融体系和机制不断流动，争先恐后地涌入每一个看起来有利可图的部门。而当该部门利润率下降时，资本又迅速转移，奔赴新的利润丰厚之地。这是当代资本主义的基本景象。金融资本如血液般在资本主义肌体中流淌穿行，当然，携带着可怕的"病毒"。在迄今为止最严重的金融危机尚未完全消退的情况下，金融资本尤其金融寡头又制造出大量泡沫。如前所述，一些学者认为，金融危机是金融寡头主动制造出来的，这些寡头渴望每隔若干年就借助危机的方式将大众特别是中产阶级的财富大量收归己有。虽然风险最终必定将金融资本击垮，但它却反转为金融寡头牟取暴利的有力手段。当前，金融资本又在为下一轮攫取巨额财富的行动精心筹谋。这意味着，只要资本主义世界体系没有发生根本性变革，人类将不可避免地迎来新的全球性金融危机。而这种根本性的改变在相当长历史时间内又十分困难。当然，"泡沫经济的增长方式本身是不可持续的，试图通过制造新一轮泡沫的方式来应对危机无异于自欺欺人"⑤。

---

  ① 列宁当年就举了一个"旋转门"的典型案例：沙皇俄国的信用局局长达维多夫辞去了政府的职务，到一家大银行任职。按照合同，他在几年里所得的薪俸将超过 100 万卢布。这一巨额薪俸是因为他原先供职的信用局是"统一全国所有信用机关业务"的机关，给了首都各银行总数达 8 亿—10 亿卢布的补贴。参见［苏］列宁《帝国主义是资本主义的最高阶段》，中央编译局编译，人民出版社 2001 年版，第 50 页。

  ② 唐正东：《金融资本与生产资料所有制形式的复杂化——列宁帝国主义论的学术意义》，《南京政治学院学报》2014 年第 1 期。

  ③ 转引自［苏］列宁：《帝国主义是资本主义的最高阶段》，中央编译局编译，人民出版社 2001 年版，第 46 页。

  ④ ［德］于尔根·科卡、［荷］马塞尔·范德林登：《资本主义：全球化时代的反思》，于留振译，商务印书馆 2018 年版，第 211 页。

  ⑤ ［英］约翰·格雷：《伪黎明：全球资本主义的幻象》，刘继业译，中信出版社 2011 年版，前言第 XV 页。

## 第五章　资本逻辑结构的当代嬗变

资本统治世界，金融资本支配资本。金融化是当代资本主义世界最关键的嬗变，也是当今中国最显著的变化之一。这不仅呈现在作为对象与结果的资本世界上，更重要的是展现在作为主体与前提的资本自身上。众所周知，当代资本发生了显著的金融化，也可以说，金融资本强烈地使其他资本转化为它自身。哈维指出，资本主义世界的新自由主义化本质上就是金融化。在当代，资本生成了金融资本的规定，以金融资本的方式和逻辑运作，表现为金融资本。或者说，金融资本在某种程度上成为资本的一般形态。大多数产业资本特别是中小产业资本都必须依附金融资本才能增值，甚至才能存活。产业资本的每个阶段均受金融资本的规约与牵制。货币资本阶段、生产资本阶段和商品资本阶段皆是如此。近年来，出现了很多中小产业资本被大型金融资本收购的现象。另外，大型产业资本本身就和金融资本有着千丝万缕的联系，或者说它们本身同时就是金融资本。当产业资本壮大到一定程度的时候，它必定让自己金融化，去掌控更多资本，甚至控制整个产业乃至整个国民经济。这是资本的普遍天性。同时，金融资本又化身为各种资本形态，运作于资本生产全过程。大卫·科茨甚至认为以"金融化"取代"金融统治"能够准确把握近几十年来金融在经济中的地位变化，更好地揭示金融在经济活动中的扩张性作用。① 资本的金融化也就是金融资本的主导化，它最为深刻而明确地表征了金融资本在当代资本和资本世界中的统治地位。

同布罗代尔一样，阿锐基也认为，"金融资本不是世界资本主义的一个特殊阶段，更不用说是它的最新和最高阶段，而是一种反复出现的现象，……在整个资本主义时代，金融扩张表明了世界规模的积累已经从一种体制转换成为另一种体制。它们是'旧'体制不断被摧毁，'新'体制同时被创建的相互关联的两个方面"②。巴迪乌也说，"众所周知，在过去的五个世纪里，金融资本主义一直是资本主义最重要而核心的组成部分"③。应

---

① [美] 大卫·科茨：《金融化与新自由主义》，孙来斌、李轶译，《国外理论动态》2011 年第 11 期。
② [意] 杰奥瓦尼·阿锐基：《漫长的 20 世纪——金钱、权力与我们社会的根源》，姚乃强、严维明、韩振荣译，江苏人民出版社 2001 年版，前言和致谢第 5 页。
③ [法] 阿兰·巴迪乌：《巴迪乌论当前的金融危机》，肖辉、张春颖译，《国外理论动态》2009 年第 8 期。

该说，这些观点是有见地的。在某种意义上，金融化是资本天生的本能，从而构成资本的必然趋向。资本总是倾向于金融化，让自己变成金融资本。因为，这意味着它生成和拥有了最强大的增殖能力，成为"最完善的物神"①。当然，必须同时指出的是，虽然资本主义诞生之后乃至之前，金融资本就已然存在，但它的形态、力量和地位在资本主义不同发展阶段是明显异质的。虽然在工业时代之前，高利贷资本和生息资本就在西欧经济生活中产生了重要影响，但在工业时代，金融资本是从属于工业资本并为工业资本的增殖服务的。这一点为马克思所反复强调。

概括而言，在当代，金融资本不只役使经济，也掌控政治、文化与生态；不仅支配社会与自然，同时宰制人和资本；不但统摄特定国度，而且侵蚀整个世界。可以认为，当代资本主义的本质就是众多学者指认的"国际金融垄断资本主义"。或者说，金融资本主义是资本主义的 2.0 版。社会学将当前社会称为"金融社会"，我们也可以将这个时代以金融资本命名，称为"金融时代"。相对于今天的金融资本，以往金融资本的实力和统治微不足道。但相对于未来的金融资本，当前金融资本的力量和宰制也可能不足挂齿。确凿无疑的趋向是，人类还将在相当长历史时间中生活在金融资本的统驭之下。力量不断加强的金融资本必将越来越显著地改变和牵引资本、人和世界。

"社会资本""文化资本""政治资本""道德资本""生态资本"乃至"身体资本"等众多新型"资本"的崛起，并没有如一些论者所认为的那样实质性地动摇金融资本的核心地位，而是从诸新向度确证了它的全面统摄与强大力量，在深层意义上受其规约。这些"资本"和金融资本存在密切的交叉与联动，结成"利益共同体"乃至"命运共同体"，但在总体上，金融资本仍是最为根本的向度，具有其他"资本"所没有的本体性意义和生存论效应。更何况，在马克思主义理论视野中，这些"资本"并非真正意义上的资本。

事实上，从更广阔的资本主义发展史视角看，资本的主导形态除短期是工业资本外，在大部分时间内都是金融资本或者说"似金融资本"。资

---

① 《马克思恩格斯全集》（第 46 卷），中央编译局编译，人民出版社 2003 年版，第 442 页。

本最初的主导形态是生息资本。这是许多理论家的共识。马克思亦认为，在前资本主义社会中，资本的主导形态是高利贷资本（生息资本的前身）和商人资本。在马克思的年代，人们仍然把生息资本作为资本的一般形态。"在一般人的观念中，货币资本，生息资本，至今仍被看作资本本身，看作真正的资本。"① 同商人资本一样，"生息资本是资本的最古老形式。但是，生息资本自然而然在人们的观念中表现为真正的资本的形式"②。商业资本和生息资本"这两种形式最符合于资本的日常表象，而且这两种形式也确实是历史上最古老的资本存在形式，而必须把这两种形式放到以后，作为资本的派生形式、第二级的形式来加以阐述"③。

对资本颇有研究的庞巴维克说，"最初，资本……一词，用来表示贷款的本金……和利息相对。这种用法在希腊字……中已经显示出来；后来为中古的拉丁语所确定，并且在很长时间内是一个最流行的名词，直到新时代还是常用的。因此，资本在这里和'生息金额'同义"④。而且，这种用于获取利息的资本，在很长时间中都是资本的两个主要含义之一。以历史研究见长的布罗代尔更为具体地论述道："资本（源自后期拉丁语 caput 一词，作'头部'讲）于 12 至 13 世纪出现，有'资金''存货''款项'或'生息本金'等含义。当时没有立即下一个严格的定义，论争主要涉及利息，经院神学家、伦理学家和法学家终于找到一条使自己心安理得的理由，据说是贷款人冒有风险。"⑤"由此可见，资本家一词已经声名狼藉，确指那些不但有钱，而且还想用钱挣得更多钱的人。"⑥ 在这个意义上，资本就是作为本金的资财。这种资本本身就具有生息资本或金融资本的意味。可见，资本发生过由生息资本向生产资本的转化。人们对资本理解也发生了由生息资本向生产资本的转变。但如今，情况

---

① 《马克思恩格斯全集》（第46卷），中央编译局编译，人民出版社2003年版，第422页。
② 《马克思恩格斯全集》（第46卷），中央编译局编译，人民出版社2003年版，第688页。
③ 《马克思恩格斯全集》（第32卷），中央编译局编译，人民出版社1998年版，第30—31页。
④ ［奥］庞巴维克：《资本实证论》，陈端译，商务印书馆1964年版，第51页。
⑤ ［法］费尔南·布罗代尔：《十五至十八世纪的物质文明、经济和资本主义》（第二卷），顾良、施康强译，商务印书馆2018年版，第263页。
⑥ ［法］费尔南·布罗代尔：《十五至十八世纪的物质文明、经济和资本主义》（第二卷），顾良、施康强译，商务印书馆2018年版，第268页。

再次改变或者说倒转。因此，我们或许需要一个新的转变或者说逆向转变，即由生产资本理解向生息资本理解的转变。更准确地说，是由生产资本向金融资本的理解。生息资本已经在历史的演化中"升级"为金融资本。

最后，或许值得再次强调的是，金融资本及其逻辑并非对垄断资本及其逻辑的简单否弃，而是以垄断资本及其逻辑为基础的。它是垄断资本这棵大树上结出的"果实"。离开垄断资本及其逻辑，金融资本及其逻辑就会成为无本之木。在某种意义和程度上，金融资本逻辑是对垄断资本逻辑的扬弃，或者说是垄断资本逻辑的升级版。因此，在考察金融资本及其逻辑时，不能不考虑其垄断性质。

### 三 公有资本逻辑总体增强

区分私有资本和公有资本，而非在"资本一般"层面予以笼统否定，是对资本逻辑当代批判的基本要求。笼统的否定就是抽象的否弃，必定无法敞开真理，将沦为如"懒政"一般的"懒研"。不区分公有资本逻辑和私有资本逻辑，对资本逻辑的研究是不充分的，甚至可能在一定程度上混淆资本逻辑内部的本质性差异（遗憾的是，即使在新时代中国，学者们对公有资本的特殊性及其同私有资本的差异性仍然认识不足）。如果说金融资本和数字资本更多是从产业维度对资本特殊之变化的考察，那么，公有资本则是从所有制维度所做的分析。进入当代，公有资本及其逻辑在世界范围内日益生成和壮大，有力地冲击进而一定程度地取代私有资本逻辑，也成为这个时代资本逻辑的突出特征。虽然经历曲折和艰辛，但总体而言，公有资本逻辑实现了增强和发展。有理由说，公有资本及其逻辑已然逐步走上了正确的道路。这是当代公有资本及其逻辑发展最根本的特征，也是最值得社会主义国家和国际共产主义运动欣慰的事件。

在社会主义理论和实践的发展过程中，特别是随着公有资本的发展，越来越多思想家包括西方学者关注资本公有化和公有资本相关问题。马克思主义者以及受马克思主义较深影响的学者尤为关注。譬如，熊彼特就曾提出

"大步进入社会主义","把人民经济事务由私人领域转移到公有领域"①。梅扎罗斯在其名著《超越资本》中强调,需要消灭的是资本主义而非资本,既要研究资本主义国家的资本,也要研究社会主义国家的资本。这是一种有益的提示。近年来,在国内学界,高云涌等学者也逐步开始从哲学视角关注和研究公有资本逻辑。② 不仅马克思主义者关注公有资本问题,而且一些非马克思主义者也由于公有资本的发展与影响而对其加以关注。当然,从哲学视角对公有资本的检视仍有较大推进空间。

随着私有资本及其逻辑局限性的不断暴露,资本主义世界体系内在地要求修补私有资本逻辑的固有缺陷,从而必然性地在不触动自己根本利益的范围内作出某些超越私有资本、发展公有资本的尝试,以弥补自己的某种局限。信用制度是资本主义体系这种努力的早期方式和重要形式。这种制度"把社会上一切可用的、甚至可能的、尚未积极发挥作用的资本交给产业资本家和商业资本家支配",有力地"扬弃了资本的私人性质,从而自在地……包含着资本本身的扬弃"③。可以说,充分发展的信用制度和银行制度,使资本的社会性得以实现并表现出来。马克思甚至认为,银行家直接代表了社会资本。④ 换言之,当时的银行家掌控了绝大多数的社会资本。这种社会性也就是资本所蕴含的公共性。这样一来,一方面,少数资本能够控制更大数量的资本;另一方面,资本也朝其未来转换迈近了一步。

在信用制度基础上由私人企业转化而来的股份公司,构成资本主义的另一种尝试。这种由私有资本发展而来的资本形态是对私有资本的有益超越,是一种"公共化"资本的萌芽或雏形,带有某些公有资本的基因。通过改造和转化,它能够一定程度地生发出公共性。马克思认为,它是"资本主义生产方式在资本主义生产方式本身范围内的扬弃,因而是一个自行

---

① [美]约瑟夫·熊彼特:《资本主义、社会主义与民主》,吴良健译,商务印书馆1979年版,第27页。
② 高云涌:《资本逻辑的中国语境与历史唯物主义的当代使命》,《北京行政学院学报》2016年第1期。
③ 《马克思恩格斯全集》(第46卷),中央编译局编译,人民出版社2003年版,第686页。
④ 《马克思恩格斯全集》(第46卷),中央编译局编译,人民出版社2003年版,第413页。

扬弃的矛盾，这个矛盾明显地表现为通向一种新的生产形式的单纯过渡点"[1]。随着资本主义的发展，资本越来越股份制化。如今，股份制早已成为典型资本的"标配"，仿佛不实行股份制就不是资本运行方式一般。这是资本主义运行的内在需要，也为资本主义发挥其历史作用提供了某种条件。

当然，私有资本向股份制的转化，毕竟只是在私有范围内的一种联合，不可能大幅提升资本的公共性。由资本主义国家出面设置的公有资本，应该说发挥了相对于私有资本更明显的公共性功能，尤其在私有资本力所不及或心有不愿的领域，尽管这种公有资本在本质上也是代表统治阶级利益和意志的。随着私有制在资本主义社会危机的加剧和社会主义革命的胜利，资本主义国家愈加强化了公有资本的建设与作用，而且的确使之发挥出一定的社会效应，包括某些正向效应。当然，在资本主义世界中，公有资本不可能取代私有资本成为主导资本形态，而且这种资本形态存有诸多先天局限，无法承担推动历史根本性进步的重任，至多只能构成资本主义体制内部的小修小补，只能是资本主义界限内的一种变化。

不过，在资本主义体系中，还有另外一种发展公有资本的异质性尝试。这就是由工人自己创设的合作工厂，它在资本主义生产方式中最高程度地发展了公有资本。马克思多次热情讴歌了这种合作工厂的历史意义，认为它"在旧形式内对旧形式打开的第一个缺口"。"工人作为联合体是他们自己的资本家，……他们利用生产资料来使他们自己的劳动增殖"[2]。在这种形式上，合作工厂积极而非消极地扬弃了资本和劳动的对立，或者说是对私有资本的真正超越。在马克思看来，相对于信用制度和股份制等形式，这种合作工厂构成资本主义世界中公有资本的真正形式。不过，在资本主义体系之中，由于现实条件的严酷羁绊，这种合作工厂没有也不可能得到充分发展，从而也没能发挥出根本性的变革意义。

公有资本及其逻辑的决定性发展，是在勇于自我变革的社会主义制度中取得的。早在列宁领导的新经济运动中，就出现了社会主义公有资本的

---

[1] 《马克思恩格斯全集》（第46卷），中央编译局编译，人民出版社2003年版，第497页。
[2] 《马克思恩格斯全集》（第46卷），中央编译局编译，人民出版社2003年版，第499页。

萌芽。遗憾的是，这一萌芽后来由于历史原因没能发展起来。随着传统计划经济体制局限性的充分显露，中国等社会主义国家在深化改革中大力发展包括公有资本在内的资本。这让公有资本实现了较资本主义社会更为良性的发展。公有资本的发展彻底打破了私有资本逻辑一统天下的局面。19世纪末期特别是20世纪30年代的"大萧条"后，资本主义社会也日渐要求对资本加以国有化，以满足社会的某些需要。凯恩斯主义的流行在观念层面上进一步强化了这一趋势。从而，资本主义国家的国有资本一定程度地发展起来。直至20世纪70年代，公有资本在资本主义国家得到了扩展的良机。然而，它的运行始终服从于资本主义社会的现实需求。一旦形势变化，就必然出现反复。从20世纪70年代开始，随着新自由主义统治的展开，许多发达资本主义国家的公有资本遭到重挫。私有化在西方社会卷土重来，许多公有资本被再度转变为私有资本。

与此不同，在中国改革开放伟大觉醒后的四十年中，公有资本取得了长足进展和辉煌成就，且极大促成了整个中国社会的快速发展。有理由认为，在社会主义中国举世瞩目的变化与升华中，公有资本功不可没，而且对人类生存和发展的改变也愈加明显。虽然一些公有资本的发展不够理想，但总体而言，我们的公有资本还是取得了相当明显的进步与成绩。而且，大浪淘沙，优秀的公有资本越发成为资本市场的主体。公有资本表征了社会主义市场经济的本质属性，决定了社会主义市场经济运行的主要方面和主要过程，反映了市场经济的社会主义价值取向。[①] 尽管公有资本的发展始终存在程度不一的问题，但只有辩证地、历史地看待它，才能真正合理地作出评价。

同私有资本一样，公有资本也存在形成、扩张和扬弃的总逻辑，亦以价值增殖为核心逻辑。毫无疑问，作为一种资本，公有资本也必须增殖且能够增殖。当然，和私有资本的增殖归属私人资本家不同，公有资本的增殖额归属公有资本的所有者，如国家、人民等，特别是在社会主义国家。从理论上看，相对于私有资本，公有资本更能够运用创造文明逻辑及其具

---

[①] 赵学清：《〈资本论〉中"资本"概念的演进及其启示——兼论社会主义初级阶段政治经济学的核心概念》，《中国浦东干部学院学报》2018年第3期。

体逻辑，抑制消解文明逻辑及其具体逻辑，推进资本的扬弃逻辑，从而发挥出更加显著的积极作用，更有益于当代人类的生存与发展，并为资本的自我扬弃和理想社会的到来提供更为丰富的条件。这些积极效应在社会主义公有资本身上展现得更为突出。

当然，即便是私有资本，在表现出明显私人性乃至私独性的同时，也在客观意义上发挥出某些社会性，特别是公共性的功能与效应。相对于私有资本，公有资本具有更高程度的社会性与公共性。特别是社会主义的公有资本较资本主义的公有资本表现出更为明显的公共性。相对于私有资本逻辑，社会主义国家尤其当代中国的公有资本逻辑发展的速度更快，势头更好，效果更佳。这是处于发展初期的社会主义最核心的优越性与竞争力所在。它弥足珍贵，必须倍加惜护和发扬。皮凯蒂甚至认为，"如果公共资本能够保证更均等的分配资本所创造的财富及其赋予的经济权力，这样高的公共资本比例可以促进中国模式的构想——结构上更加平等、面对私人利益更加注重保护公共福利的模式。中国可能在21世纪初的现在，最终找到了公共资本和私人资本之间的良好妥协与平衡，实现真正的公私混合所有制经济，免得整个20世纪期间其他国家所经历的种种波折、朝令夕改和从众效应"①。有理由认为，革新和发展中的社会主义公有资本，构成了当代人类生存的一种崭新样式，并且为人类的未来开辟了一条道路。

不过，需要注意的是，社会历史总是处于俱分进化之中。"人类实现其全部规定的进程似乎不停地中断，并且始终处在跌回到旧的粗野状态的危险之中。"②波浪与螺旋的确是前进和上升过程中不可避免的。"一件事物为愈多的人所共有，则人们对它的关心便愈少。任何人主要考虑的是他自己，对公共利益几乎很少顾及，如果顾及那也仅仅只是在其与他个人利益相关时。除了其他一些考虑外，人们一旦期望某事情由他人来经手，那么它便会更多的倾向于忽视这一事情。"③虽然亚里士多德这番说法暴露出

---

① [法]托马斯·皮凯蒂：《21世纪资本论》，巴曙松等译，中信出版社2014年版，中文版自序第VII页。
② 《康德著作全集》（第8卷），李秋零译，中国人民大学出版社2010年版，第120页。
③ [古希腊]亚里士多德：《政治学》，颜一、秦典华译，中国人民大学出版社2003年版，第33页。

其特定的历史局限性和视野的阶级狭隘性，但应该说，对于公共性的建设是有启示意义的，至少有来自反面的警示作用。必须重视和解决这一可能的现象。

现实（过去的和当下的）表明，虽然公有资本在本质上属于公共性事物，但同样难免出现问题，而且也存有历史的局限性。尽管拥有私有资本不可比拟的优势，但现实中的公有资本包括社会主义的公有资本，也存在若干私有资本所没有的局限，特别需要处理好效率、主动性、灵活性和防腐化等问题。不可否认，在社会主义发展史上，包括在我国社会主义市场经济中，公有资本的这些局限或问题经常性地出现，不仅导致公有资本自身的发展受到一定程度阻遏，更重要的是，令社会主义国家没有取得本可以达成的更大成就。对公共资本很是推崇的皮凯蒂也提出，"公共资产——至少以传统的国有形式存在的公有资产——有时候既没有带来效率也没有带来公平，更没有带来权力的民主分享，甚至在某些情况下被所谓公产管理者挪用和不法占用"①。这些问题应得到高度重视和有效解决。

尽管整个国家的经济效率有了显著提升，但公有资本的生产效率在当前中国依然存在问题。相对于私有资本，公有资本在回应人们需要特别是新的需要方面仍相对滞后，更遑论引领和创造人民新的美好需要。在公有资本中，容易滋生得过且过的"性情"，除非实在形势所迫，否则不会主动变革。譬如，在连路边小贩都用上网络支付多年后的今天，许多公有单位仍不使用，给人们的支付带来不便。并且，这些单位没有动力进行相应的变革。类似问题往往源于公有资本在行业中的优势地位以至垄断地位。在这个意义上，虽然现在需要更多强调公平，但效率至今仍旧是一个有待进一步解决的问题。

而且，在当前的实际运作中，某些公有资本由于日渐重视其经济利益，而淡漠其社会效益。事实上，一些公有资本对利润的追逐程度，并不亚于私有资本。而它们对公共利益的创造和奉献，也不甚高于私有资本。个别国有企业对自己经济利润的谋求，远远超过以至压倒公共利益。另

---

① ［法］托马斯·皮凯蒂：《21世纪资本论》，巴曙松等译，中信出版社2014年版，中文版自序第 VIII 页。

外，某些公有资本由于腐败分子而存在蜕变为私有资本的可能性。皮凯蒂甚至认为，"在中国，尽管与前苏联国家相比，做法没有那么极端，速度也没有那么快，但公共资本转为私人资本的进程已经开始，合理的理由是为了提高经济效率，有时却让个别人借此暴富。中国也出现了越来越多的寡头"①。必须看到，这是前苏东社会主义国家之所以发生剧变的原因之一，值得引起警惕。

未来从不是"命定"的。唯有积极思索并实际地趋向之，才可能迎来真正美好的未来。一些研究者高度重视和强调公有资本对于私有资本的优越性。这当然是有道理的，私有化绝非解决问题的灵丹妙药。不过，需要注意的是，也不应走到另一个极端，认为仅需诉诸公有资本，只要把私有资本全部改造为公有资本，就能解决现实存在的诸多乃至全部经济问题。这同样可能失之简单，并且造成负向效应。无过不及、允执其中，把握恰适的度，对于所有事物都十分必要和关键。对公共资本很有信心、期冀公共资本能够实现超越私有资本理想的皮凯蒂也正确地提醒道："这种看问题的方式可能过于乐观或幼稚，或两者皆有。"② 任何现实的存在都是有局限的。公有资本的局限性与可能的负面效应迫切也值得正视。只有在自觉行动中根本性地克服公有资本的上述局限，新时代中国特色社会主义才能更为良性地发展，取得更大的成果。如果不在具体实践中解决好这些难题，公有资本的优势可能难以发挥，损害社会主义的生命力与优越性。

在总体上，公有资本及其逻辑目前仍处于成长阶段，迫切需要进一步建构和完善。这是中国特色社会主义的关键任务。发展公有资本逻辑，最大限度地使之发挥出所蕴含的积极历史作用，无论对中国还是对社会主义都至关重要。一句话，只有通过不懈奋斗和自我超越，公有资本的优越性才能充分发挥，进而决定性地超越私有资本，为人类的发展奠定更为坚实的基础。当然，社会主义的公有资本能够在党政力量和人民力量的引领与

---

① [法]托马斯·皮凯蒂：《21世纪资本论》，巴曙松等译，中信出版社2014年版，中文版自序第Ⅷ页。

② [法]托马斯·皮凯蒂：《21世纪资本论》，巴曙松等译，中信出版社2014年版，中文版自序第Ⅶ页。

规范下不断优化。继续建构和完善公有资本逻辑,并有机结合私有资本逻辑和公有资本逻辑,最大限度地驾驭进而超越资本逻辑,既是社会主义中国的时代责任,也是富含智慧与力量的中国方案。

从人类社会历史发展的总进程看,公有资本逻辑拥有强大生命力和光明前景,将伴随社会主义对资本主义的历史性胜利而逐步取代私有资本逻辑,成为资本逻辑的主要形态。当然,需要注意的是,纵使社会主义的公有资本生产方式,也非人类最优的生产方式,而只是一种最终扬弃资本的过渡形式,只是通向更加优越的共产主义生产方式的桥梁。无论私有资本抑或公有资本所表征的生存模式与社会形态,都不是最佳的生存模式和社会形态。人类必须始终自觉地为自己创造出更为有益于生存和发展的文明形态。当然,这种文明形态一定是具有高度现实合理性并实际地优于资本文明形态的。

要言之,资本逻辑在当代发生了诸多明显和重要的变化,但上述两个层面的六种变换最为关键。总体上,它们并存共生、相互规定、相辅相成,共同构成资本逻辑的时代嬗变,内在而深刻地改变资本、世界和人。历史的参天大树能够在人类的精心守护中绽放出芬芳的花朵。当代人类需要认真关注和把握资本逻辑这些关键转型,并始终重视其不断出现的新变化与新特征,进而生成合理的理念、展开正确的行动,有力地驾驭和超越资本逻辑,通达更高的解放与自由之境,而不致在资本的统治中愈陷愈深。

# 第六章　资本逻辑结构的当代启示

同现实良性互动的理论能够生成更高程度的真理性与现实性。剖解资本逻辑的基本规定，建构资本逻辑的基础理论，最终是为了更好地理解特别是驾驭和超越资本逻辑，通达更高生存与发展之境。资本逻辑结构研究，能否对更好地认识和应对资本逻辑形成有益启示，这是判断研究是否具有意义的重要标准。在研究过程中，不能不对此有所知觉。不过，事物的价值并不只取决于事物本身，而是取决于人与事物的关系，特别是如何对待事物。自觉地汲取和运用资本逻辑基础理论之于认识与应对的启迪，也是应着力加以考虑的。事实上，对资本逻辑结构及其当代嬗变的把握，无论在认识上还是实践中，都蕴含着丰富的启示。在本研究行将告一段落之际，梳理这些启迪对于理论和现实的发展不无裨益。

## 第一节　资本逻辑结构的一般启迪

前面的研究表明，资本运动逻辑呈现为四个有机联系的层次：形成、扩张与扬弃的总逻辑，价值增殖的核心逻辑，创造—消解文明的基本逻辑和理性化—反理性、提高—降低效率、竞争—垄断、创新—守旧、节约—浪费、公共性—私独性等相互矛盾的具体逻辑。总逻辑规定并展现资本运动的整体过程，通过其他三个层次逻辑加以展开。虽彼此对立却始终共在的创造文明逻辑和消解文明逻辑，是资本作用于世界的主要过程，以悖论的方式表征其总体历史效果。诸具体逻辑是创造—消解文明逻辑的具体化。由生产、实现与分割剩余价值组成的价值增殖逻辑，衍生并驱使创造—消解文明逻辑及其具体逻辑等从属逻辑，构成资本运动及其总逻辑的核心。各种从属逻辑使价值增殖逻辑得以实现，进而促成资本的总逻辑。

资本逻辑在当代发生了一系列的显著改变。澄明进而驾驭资本逻辑，离不开对这种变化自觉的问题意识和总体性的哲学审视。从资本一般的视角看,增殖逻辑整体强化,扩张逻辑持续加强,负向逻辑日渐驱逐正向逻辑,但扬弃逻辑也日益发展。在资本特殊的视域中,垄断资本逻辑愈加强盛,金融资本逻辑成为主导,公有资本逻辑总体增强。资本逻辑的这种结构及其当代嬗变,启示我们在认识资本逻辑的过程中,注意深化对资本逻辑构成的理解,从资本诸逻辑间的矛盾理解现代性的矛盾。在当代,要特别注重对金融资本逻辑和公有资本逻辑的把握。即使是对经典作家资本逻辑批判理论的研究,也应注意开掘这两方面的思想。

理论需将普遍与特殊有机地熔铸为系统整体。在对资本逻辑这把钥匙本身理解不透彻的情况下,以之解剖现代世界当然也不可能得到透彻和最为有益的结果。直接而言,关于资本逻辑结构的考察,启发我们更为深入地理解资本逻辑本身的构成。不应像以往那样只是一般性地谈论资本逻辑,而应清醒地意识到资本具有多种逻辑,并且这些逻辑存在不同的层次和类型,进而辨明在特定条件下发生作用的具体逻辑及其特定效应。在面对具体问题时,需要自觉地运用恰适的资本逻辑予以分析,以增强研究的针对性与有效性。

资本逻辑的核心与从属之别,提醒我们更加深入地把握资本价值增殖的本性。资本增殖价值的运动并不必然就是负向的,当然,也绝不必然是正向的。它本身注定制造出双重的效应。在这个意义上,或许可以说这种逻辑的"好坏"更多是一种外在的表现。当然,资本本身一定是以对劳动的吮吸与剥削作为前提的。"资本本身无道德属性,其追求价值增殖的行为与结果却既可能符合道德,也可能危害道德,这种道德上的结果取决于……与社会发展的客观需要是否一致。"[①] 这一思想正确地强调了资本效应的双重性,但也应看到,资本内在地包含着不道德性。此外,还应明悉资本逻辑形态间的内在关系与相互作用,并有意识地以之分析相关理论和现实问题。进而言之,这一研究还启示我们对资本逻辑基础理论问题展开更为深入的研究。应该注意,不仅在资本逻辑的结构上,而且在其他许多问题上,都存在亟须廓清的模糊认识。

---

[①] 鲁品越:《资本手段与人的道德责任》,《晋阳学刊》2008年第4期。

矛盾性是现代性的突出特征。虽然任何历史时代都表现出诸多的矛盾，但现代世界的矛盾无疑比以往任何时代都更加繁多、尖锐而深沉。现代性这种深刻的矛盾性，是由资本诸运动逻辑之间的矛盾性造成的。运动逻辑的矛盾性决定了资本历史效应的矛盾性，从而型塑了现代世界及其矛盾性。而资本运动逻辑的矛盾性本身又受资本内在本性与核心逻辑的规约。无限的价值增殖决定了资本及其运动必然呈现出诸多矛盾的逻辑，从而衍生出许多内在的矛盾与外显的悖论，使资本成为一个"活生生的矛盾"，始终"在矛盾中运动"[①]。不站在价值增殖逻辑的高度，就难以理解资本那些相互对立的逻辑，难以捕捉资本种种矛盾与悖论，从而也无法透彻地澄明资本。而一旦抓住这把能够开锁的钥匙，资本和现代世界那些表面上看起来矛盾从而难以破解的逻辑与现象之谜，就变得清晰明了了。

资本逻辑纵然强大，人类也并非毫无作为的能力而只能逆来顺受，正如我们可以依靠更为强大的力量摆脱地球引力一样。逐步觉醒的人类能够越来越主动、有力地掌控进而超越资本的逻辑。不仅资本具有自反性和自我扬弃的逻辑，而且人类也总是在向往和追求美好生活。人们不会轻易地放弃自己的文明果实。意识到自身受资本逻辑宰制的人们，定然会坚定地应对和尝试超越资本逻辑。借用马克思的话来说，虽然既不能跳过也不能用法令取消资本逻辑，但我们能够缩短和减轻它所造成的痛苦。资本主义不断的自我调整，相当程度上正是人类批判和反抗资本逻辑的结果。揭示资本逻辑的统治，引领人们更加审慎和深刻地认识和把握资本及其逻辑，是资本逻辑研究者的应有作为。相对于理论的意义，资本逻辑结构的现实启迪或许更为重要。在其相当丰富的启示中，最为重要的是如下三点：

一是既总体应对资本逻辑，又具体逻辑具体对待。资本逻辑是一个有机的整体，存在着独立的系统质和相对一致的运行轨道，因而需要切实地将其作为总体加以应对，方能取得较好的结果。这要求我们在面对资本逻辑时进行总体性考量和安排，从整体上最有利于驾驭和超越资本逻辑的角度出发处理与之相关的所有问题。但资本的每一种逻辑又都具有独特的规定与效应，因此还须根据各种逻辑的特点有针对性地加以处理，以获得最

---

[①] 《马克思恩格斯全集》（第30卷），中央编译局编译，人民出版社1995年版，第390页。

佳效果。只有在努力应对资本的总体逻辑的同时，也应对好每一种逻辑，才能最大限度地应对好整个资本逻辑。当然，应对资本逻辑的总体性尝试，为处理具体逻辑打下了良好基础。

二是遵循资本的总逻辑，驾驭资本运行方向。如前所述，在没有外在力量干预或者外在力量不够强大的情况下，资本必然按照形成、扩张和扬弃的总逻辑运动，构成资本的"铁的必然性"。这启迪当代人类特别是华夏儿女，在客观条件不成熟时不是简单地消灭资本，而是既利用与发展，又加以制约和引导，同时还最大限度地使之朝人性化与文明化的方向转变，并积极创造条件促成其扬弃。基于资本总逻辑现实的这种总体性态度，有助于取得较大以至最大的发展果实。马克思两个"决不会"思想至今仍然具有对象性的真理性。而且，这不仅符合马克思主义基本理论，更为众多实践所证实。中国改革开放的伟大成就确凿无疑地证明了这一点。

三是重点把控资本的核心逻辑和基本逻辑。创造、实现和分割剩余价值的逻辑构成资本的核心逻辑。只要资本和资本生产方式存在，增殖逻辑就必然运作并作用开来。而资本遵循增殖价值的逻辑运动，必定同时内在地形成正向与负向两类不同的逻辑。这要求高度重视价值增殖逻辑的核心地位，以有效方式发挥正向逻辑，实现其积极意义，抑制负向逻辑，规避和减轻其消极影响。特别关键的是，在正视价值增殖逻辑及其核心地位的前提下，创造条件尽可能使资本倾向于并实际地以正向逻辑而非负向逻辑增殖，从而更多地形成积极作用，更少地造成消极效应。对于当代人类特别是中华民族而言，这一点十分重要。但是，对正向逻辑的发挥和对负向逻辑的限制，只可能在一定范围内和程度上有效，因此，必须始终秉持对资本的积极扬弃。即使在利用和发展资本时也不能松懈。

如果事物有积极意义可以利用而不利用，对事物来说是浪费，于人而言则是损失。在资本及其逻辑内含创造文明的可能空间与实际能力的前提下，可以主动地对其加以合理利用，发挥其所蕴含的各种正向价值，特别是较为高效地发展生产力、创造文明以及传播文明①的作用，使之有益于人类的发展。当资本不发展从而积极意义不够充分的时候，还可以根据

---

① 《马克思恩格斯全集》（第31卷），中央编译局编译，人民出版社1998年版，第590页。

长远的目标和实际的情况，适当地培育资本以更好地利用它。虽然最终的目的是超越资本，但在它还能发挥较大"正能量"的情势下，无须操之过急地简单加以取消，而应在适度的范围内允许它的存在与扩张。比起资本的发展，资本不发展或许会带来更多、更重的灾难与痛苦。当然，资本绝不会自动地以创造文明、发展人类为己任，而只会以增殖价值为鹄的。

具有历史进步性的资本及其逻辑同时存在着根本的历史局限性。在其支配下，人类不可能实现充分的发展和自由，也不可能建构真正"属人"的文明和"人性"的世界。由于价值增殖逻辑的控制，资本绝不可能只是"无私"地把正向逻辑提供给人类"享用"，而不将负向逻辑对准人类。这是利用和发展资本时应该高度注意和时刻警惕的。人类的发展需要以对资本的利用为条件。但是，这种利用又须以发展人类为旨归和前提，将资本及其效应控制在符合人类发展的方向上。否则，就会变成不是人类利用资本，而是资本利用人类。因此，需要以有效的方式对资本特别是其负向逻辑加以管控与制约，规避、减轻和缩短它所造成的伤害。尽管资本逐利的本性不可改变，其存在和活力"无法离开其获利性"，但它"却是可以约束和规制的"，"法律和道德等社会因素的约束可以抑制资本的过度贪婪性，使其倾向于文明化"①。

虽然在一般的意义上可以说，应该尽可能发挥资本的正向逻辑，同时抑制其负向逻辑，但这只能在一定的范围和程度上有效，不可能做到"两全其美"。因而，除了利用和制约，还需要对资本加以引导，使之尽可能地向有利于发展人类文明的方面转变。最关键的还在于，无论是利用、制约还是引导、转变，都必须始终保持一种超越的眼光和思维，积极促成资本的自我扬弃。只有足够自觉地站在这一立场上，才能做到对资本逻辑足够恰当的利用、制约、引导与转变。特别是在晚期资本主义阶段，资本的负向逻辑愈加突兀和肆虐，必须格外注重对资本及其逻辑的超越。

---

① 王淑芹：《资本与道德关系疏正——兼论马克思的资本野蛮性与文明化理论》，《马克思主义与现实》2012年第1期。

## 第二节　资本及其逻辑研究的范式转换[①]

黄昏时起飞的不一定是密纳发的猫头鹰。反思不等于后知后觉。真正的哲学不会像黑格尔认定的那样无法超出自己的时代[②]，不会只是跟在时代后面反思，更不会落后于时代。哈维曾就后现代主义的哲学反思作出这样的论说："甚至在一些开发商们告诉莫舍·萨夫迪那样的建筑师说他们厌倦了后现代主义时，那么哲学上的思考可能远远落在后面吗？"[③]　以思想引领时代，这是哲学的应有担当，更是马克思主义哲学的固有品格。巴兰和斯威齐在他们的名著《垄断资本》中不无忧虑地指出，"马克思主义者常常过分满足于重复人所熟知的表述，仿佛自从马克思和恩格斯的时代以来——或者最晚自从列宁的时代以来，并没有发生什么真正新鲜的事情。结果，马克思主义者不能说明重大的事态发展，有时甚至不能辨认它们的存在"[④]。这一论述对于当代中国马克思主义哲学尤其资本哲学不无警示意义。

当前，中国马克思主义哲学的资本研究如火如荼、硕果累累。但是，现实和理论的发展要求我们不能局限于对资本一般的研究，而必须继续向纵深推进。在这当中，金融资本是最为关键的进路。这种资本从工业资本手中夺走资本的至高权杖，越来越强力地宰制现实世界及其运行方向，座架当代人类的生存模式与发展方式，同时也愈加强劲地冲击中华民族。一百年前，列宁和希法亭就已越出产业资本的理解范式，走向金融资本的理解范式。希法亭说："金融资本增长得越快，它对现阶段资本主义经济所产生的影响也就越大，对这一过程进行理论分析的必要性也就愈益迫切。不了解金融资本的规律和作用，就不可能明察当今的经济发展趋势，更不

---

① 本节原载《马克思主义与现实》2018 年第 6 期。
② 黑格尔在《法哲学原理》和《哲学史讲演录》等著作中的多个地方论及这一观点。
③ ［美］戴维·哈维：《后现代的状况——对文化变迁之缘起的探究》，阎嘉译，商务印书馆 2013 年版，第 3 页。
④ ［美］保罗·巴兰、保罗·斯威齐：《垄断资本——论美国的经济与社会秩序》，南开大学政治经济学系译，商务印书馆 1977 年版，第 9 页。

可能对经济和政策有任何科学的认识。"① 不止如此。离开对金融资本的澄明，不从金融资本的高度和角度出发，就无法全面、深刻地理解整个当代世界，也无以全面、深刻地把握当下中国。然而，中国马克思主义哲学的视域和重心至今仍然停留在以工业资本为主导形态的资本一般身上，没有推进至金融资本这一新的最高的资本形态。因此，展开从资本一般到金融资本的范式转换，以哲学的方式和精神强化对金融资本的思索，从金融资本出发理解全部资本和资本世界刻不容缓。唯其如此，马克思主义资本哲学研究才能跟上时代发展的步伐，深度切中和引领人类生存的现实。当然，这绝不意味着对资本一般的探讨已经丧失意义。但是，对资本一般的探讨只有更加自觉考量金融资本向度，才能达至其应有的合理性与思想高度。

## 一 金融资本研究的哲学视角

"横看成岭侧成峰，远近高低各不同。"（苏轼《题西林壁》）视角规约人们的所见所思。每一种视角都具有各自的意义和限度。从不同视角出发研究同样的问题，结果大有差别。更为重要的是，有些问题只有从恰当的视角出发，才能生成较为深刻的认识，甚至才能发现和正确地提出。这是问题的切入方式或打开方式。洛维特甚至认为，"正是提问的方式预先决定了方法与成果"②。作为当前人文社会科学的显学，经济学常常不自觉乃至自觉地认为只有自己的研究方式是真正科学的，在金融资本这种"纯经济"问题上更是"当仁不让"。任何学科都不可避免地具有自身的局限。经济学的探讨当然有其独到之处，但也不例外地存在源于学科范式的偏狭。西方经济学囿于自己特定的理论框架，马克思主义经济学也难以完全越出本学科的视域。反过来说，其他学科都可以从自己的层面和角度展开关于金融资本的讨论。哲学对金融资本的探究也无可置疑地拥有独立的价值，是一种剖析金融资本的不可替代的视角。

金融资本需要哲学的研究。对金融资本的驾驭与超越，是当代人类自

---

① ［奥］鲁道夫·希法亭：《金融资本》，李琼译，华夏出版社 2013 年版，前言第 1 页。
② ［德］卡尔·洛维特：《韦伯的科学观》，载韦伯等《科学作为天职》，李猛编，生活·读书·新知三联书店 2018 年版，第 115 页。

## 第六章 资本逻辑结构的当代启示

我觉解和自我提升的基本途径与方式。而哲学是"人类生存自我觉解、自我提升的方式和途径,是永无尽头的人类自我攀登的阶梯"①。因此,哲学的本性同人对金融资本的认知与应对根本一致。各门科学对金融资本的探讨存在各自的侧重点。哲学对金融资本的审视,具有其他学科所没有的特质与优长,能够为它们提供有益补充,进而一定程度地提升这些具体研究。作为一种总体性的存在与力量,金融资本关涉整个世界的经济、政治、文化、社会和生态等各个领域,内在地同人类的生存发生本质性的关联。哲学能够从人与世界发展的高度,总体地、根本地、前提地省思金融资本及其相关问题,洞察其关键性的规定与规律性的联系,使之更为清晰地显露出来。有理由认为,对金融资本的索解,如果缺失哲学的视域、情怀与方式,亦即缺失哲学的方法论,是无法达至深刻的。在金融资本越来越关涉当代人类和中华民族生存的状态下,迫切需要哲学在经济学等学科的实证研究基础上,对金融资本作出睿智而清晰的解剖与呈现。人类生存的改善和人类世界的优化,既要有对于金融资本的科学分析,也必须有真正意义上的哲学透视。虽然经济学等学科对金融资本的研究也不可避免地涉及哲学思考,但毕竟是不自觉、零散和有限的,还需要专门的系统性的哲学探讨。

不过,同样确定的事实是,哲学也需要研究金融资本。或许这个方面在当前表现得更为突出。马克思主义是"现实的人及其历史发展的科学"②,以认识和改变现实的人与人的现实为己任。在当代,金融资本对世界的型塑,是人类发展最核心的现实。要想为人所接受和喜爱,哲学就得实现人对自己的希望,从根本上抓住人。"人的根本就是人本身。"③ 受金融资本支配,是当代"人本身"的"根本"。马克思主义哲学必须紧紧抓住这个现实和根本,深入"历史的本质性一度中"④。人渴望解放、自由和幸福。但这些都基于对束缚与奴役的超越。唯有从金融资本造成的枷锁中

---

① 张曙光:《生存哲学——走向本真的存在》,云南人民出版社2001年版,第68页。
② 《马克思恩格斯选集》(第4卷),中央编译局编译,人民出版社2012年版,第247页。
③ 《马克思恩格斯全集》(第3卷),中央编译局编译,人民出版社2002年版,第207页。
④ 《海德格尔选集》(上卷),孙周兴选编,上海三联书店1996年版,第383页。

挣脱出来，人才能通达相对而言的解放、自由和幸福。引领这种挣脱，是哲学的责任。可是，哲学从前却对金融资本关注得很不够，甚至有些望而却步。毋庸置疑，对金融资本及其相关问题展开深入的哲学解剖，能够改变这种既不利于人也不利于哲学的局面，生成并确证哲学的"真理性"——"现实性与力量"①。相反，如果没有为人类把捉和超越金融资本付出应有努力，做出应有贡献，哲学可能同当代人类的生存和心灵渐行渐远，也无法获得本可以实现的发展。

质言之，在金融资本越来越有力地掌控和同化人的现时代，人应该把哲学作为认识与应对金融资本的思想指南，哲学也需要把对金融资本的理解与剖析作为实现自我的行动方向。思想的光芒一旦照耀这块亟须耕耘的广袤土地，人和哲学就踏上了自我完善的康庄大道。不过，在批评"经济学帝国主义"及其对金融资本研究的科学性"垄断"的同时，哲学也必须谨记这样的事实而不僭越，即自己的省思同样并非"全知、全能、全善"。无论经济学还是哲学抑或其他学科，在金融资本乃至所有问题的研究上，明智的做法都是在"各美其美"的基础上"美人之美"，进而"美美与共""天下大同"，而不是走向"独断论""霸权主义""单边主义"等。

## 二　从资本一般到金融资本

迄今为止，在国内资本哲学研究的热潮中，学者们的目光主要集中于资本一般，而不是金融资本。大多数研究仍然以资本一般为研究对象，仍旧从资本一般的逻辑出发考察当代世界。并且，这种资本一般还是以工业资本作为典型的。和研究资本一般的热闹情景相比，对金融资本的探索要冷清许多，同金融资本的地位与当代哲学的任务很不匹配。哈维半个世纪前的评说至今仍然具有警示意义："金融资本的概念在马克思主义思想中拥有独特的历史。""除了希法亭关于这个主题的基础性著作和列宁在关于帝国主义的开创性论文中对希法亭一些观点的重复之外……，这个概念一直都完全没有得到分析。它进入了马克思主义理论的民间传说，却几乎没

---

① 《马克思恩格斯选集》（第1卷），中央编译局编译，人民出版社2012年版，第134页。

有引发一丝辩论。"① 甚至连福斯特之前的"垄断资本学派"也没有将金融资本置于自己理论的中心。更重要的是，人们在总体上还不习惯于将金融资本作为透视全部资本和资本世界的核心视角，不习惯于从金融资本及其规定性出发思索现实与理论问题。

过于注重解剖资本一般和工业资本而不注重探索金融资本，不将研究视域从资本一般和工业资本转换为金融资本，既无法达成对当今资本和当代世界的深入理解与科学批判，也难以实现对全体人类和中华民族的现实关切与终极关怀。在当前的研究范式下，金融资本的本性与逻辑还没有被足够清晰地揭示和呈现出来，在若干方面仍然是晦暗不明的。这种以工业资本为主导的资本一般的研究范式，更具"危险性"的后果在于，它注定难以在金融资本时代根本性地揭示金融资本、资本以至资本世界，从而也难以实现对当代资本和资本世界的决定性超越，难以通向更高程度的美好生活。在这个意义上，从资本一般推进至金融资本，既是哲学特别是资本哲学发展的吁求，也是当代人类发展的呼唤。

在某种意义和程度上，理论研究是"寻根"之旅。理论只有彻底才能说服人，而理论的彻底性在于"抓住事物的根本"②。后现代主义痛批"本质主义"与"基础主义"，但对本质和基础合理范围内的理解与它们截然不同。对症下药方能药到病除。现实是哲学之根。作为思想的哲学只有同时站在时代的制高点上，从历史性的现实和现实的历史性出发，对现实作出具有足够穿透力的审视与领会，才能"同自己时代的现实世界接触并相互作用"③，真正成为时代的精神精华和文化的活的灵魂。在马克思的时代，工业资本作为资本的主导形态支配生息资本，或者说生息资本依附于工业资本。因此，《资本论》及其手稿将工业资本作为资本的一般形态，以之为典型分析资本的本质与规律，并从工业资本出发理解生息资本。但在当代，二者的关系发生了本质性的逆转，金融资本不仅不再依附于工业

---

① ［美］大卫·哈维：《资本的限度》，张寅译，中信出版社2017年版，第445页。在哈维心目中，自己是列宁后对金融资本作出专门研究的马克思主义者。
② 《马克思恩格斯全集》（第3卷），中央编译局编译，人民出版社2002年版，第207页。
③ 《马克思恩格斯全集》（第1卷），中央编译局编译，人民出版社1995年版，第220页。

资本，而且反过来支配工业资本，令工业资本为自己的增殖服务。这是值得引起充分注意的。

罗伯特·席勒也认为，马克思和自由主义的争论是围绕工业资本主义展开的，"但在过去几十年里，我们亲眼目睹了金融体系的崛起，在这个新的体系里，一度曾为工业生产服务的金融业一举成长为社会前进的主引擎"[①]。当前，关乎人与世界存在和发展的许多现实问题并不主要由资本一般或产业资本所造成和规定，而是由金融资本造成和规定。这些问题唯有抓住金融资本及其逻辑这一更为具体的根源而非笼统的资本及其逻辑进行剖析，才能得到更为有效而深刻的把握和解决。换言之，人类和人类世界的未来在很大程度上取决于对金融资本而非资本一般或产业资本的理解与应对。因此，在资本主导形态发生根本嬗变，金融资本越来越深刻地规约包括中华民族在内的全体人类前途命运的时代境况下，践行实事求是思想路线的资本哲学研究必须依据这种变化进行范式转换，将省思的视域和重心由工业资本转向金融资本。

从资本一般转向金融资本，是深化对资本及其逻辑理解的迫切需要。"路漫漫其修远兮，吾将上下而求索。"（屈原《离骚》）对不断生成新特点的资本的理论理解永远在路上。金融资本是当代资本哲学乃至整个当代哲学最值得关注的生长点。在各门科学关于金融资本的认识基础上，加强对金融资本及其逻辑的哲学分析，继续探索尚未澄清的和新的理论难题，形成对金融资本系统性的理论洞见，有助于建构金融资本哲学，丰富和拓展资本逻辑研究。"要有勇气运用你自己的理智！"[②] 启蒙运动振聋发聩的口号仍然适用于时下对金融资本望而却步的人们。更重要的是，如前所述，作为当代资本的核心形态，金融资本及其逻辑不仅为资本及其逻辑增添了新内容，而且显著改变了资本及其逻辑。无论在私有资本抑或公有资本中，都不同程度地如此。显然，要深化对资本尤其当代资本及其逻辑的理论洞察，必须强化对金融资本的哲学研究，特别是分析金融资本对资本逻辑的型构，从时代前沿处理解资本及其逻辑嬗变。思想的高度决定理论

---

① ［美］罗伯特·席勒：《金融与好的社会》，束宇译，中信出版社2012年版，第2页。
② ［德］康德：《历史理性批判文集》，何兆武译，商务印书馆1990年版，第22页。

的命运。在当代,只有从金融资本而非工业资本的视域透析资本及其所衍生的诸现实问题,才具有足够的思想高度。马克思当年主要以工业资本剖析其他资本形态,同样,今天的我们也应以金融资本理解各种资本形态。

从资本一般转向金融资本,也是提升资本哲学研究自觉的必然要求。马克思对资本的剖析并不局限于资本一般,而是上升至资本各种具体的层次与形态。他曾经明确否定资本一般的范式。《资本论》第三卷——资本主义生产的总过程,虽然从标题上看是对整个资本主义生产过程的分析,但内容主要是不同资本形态对剩余价值的分割。在前两卷剖析以工业资本为典型形态的资本一般运动规律的基础上,马克思力图在这一卷考察资本"各种具体形式"的运动。在当代,对资本的研究也必须遵循这一原则、运用这一方法,从资本一般的抽象层面上升至垄断资本与竞争资本、金融资本与产业资本、私有资本与公有资本等更为具体的资本特殊层面。唯其如此,对资本的理解和阐释才可能丰满。而在这当中,金融资本是最为关键的向度。

从资本一般转向金融资本,还是发展马克思主义资本学说的必要作为。立足当代现实,以马克思主义的本真精神超越马克思某些已不符合现实境遇的具体观点乃至个别重要观点,是对马克思最好的纪念。马克思主义是对资本主义的科学批判,共产主义(社会主义)是对资本主义的积极扬弃。原生态马克思主义基于当时的历史条件,主要研究工业资本,但这并不妨碍今天的马克思主义者探究金融资本。尽管如此,生息资本和信用制度依然在马克思思想中占有重要地位。哈维甚至认为,"信用体系在马克思主义关于内在关系的拼图中就越来越表现为一个复杂的中心部件"①。资本主导形态的时代变换及其社会历史效应要求我们自觉转换基本观念与思维方式,着力开掘和阐发经典作家的生息资本与金融资本思想,立足马克思主义基本立场透析当代金融资本,形成对金融资本及其相关问题的马克思主义理解,建构继而优化金融资本哲学,并将其确立为资本哲学的当代形态,从而丰富和深化马克思主义资本学说,让马克思主义在当代持续生成强大的生命力与意义。

---

① [美]大卫·哈维:《资本的限度》,张寅译,中信出版社2017年版,第383页。

较之理论价值，从资本一般转向金融资本的现实意义或许更为重要。一方面，这是推进对当代人类生存和解放理解的内在呼声。作为当下世界的宰制力量，金融资本构成当代人类发展的基本境遇，受金融资本支配是当今人类生存的根本状态，从而也成为当前人类解放的主要方向。可以认为，这是当代最深刻的"生命政治"，不仅是肉体的宰制，而且是全方位的操控。显然，对金融资本及其统治的哲学澄明，有助于深化对人类生存状态和解放道路的把握，更有力地实现哲学对人的现实关注与终极关怀。另一方面，从哲学的层面和视角探索金融资本及其驾驭和超越之道，帮助人们更为科学地认识和应对金融资本，有益于当代人类特别是中华民族更为合理地驾驭进而扬弃金融资本，从而更有针对性和实效性地驾驭和超越全部资本，建构根本扬弃资本文明的新型文明，通达更高的生存与发展之境。关于金融资本的一切理论努力，都服从和服务于这个最高的实践目的。而所有理论意义，也都汇聚于这个核心的实践意义。有理由认为，对金融资本及其世界历史效应的分析，是马克思主义哲学促成当前人类和社会良性发展的有效路径。锻造并运用好金融资本哲学这一剖析现实的利器，对于实现既解释世界又改变世界的伟大抱负至关重要。

可见，在新的时代条件下，将研究的视域和重心从资本一般转向金融资本，绝非追逐时髦或无病呻吟，而是理解进而应对这种当代主宰、促进人类解放的基本要求和必由之路。在世界进入金融资本时代行将半个世纪而中华民族也愈加深切地际遇这一新的最高资本形态之时，如果中国马克思主义哲学仍旧囿于以工业资本为核心的资本一般，而不自觉地越出原生态马克思主义的思想地平，将研究的范式推进至金融资本，必定贻误理论创新和实践超越的良机。真正的哲学不会躺在功劳簿上自鸣得意、停滞不前，而是根据现实变迁和理论发展上下求索。事实上，先行者们在他们的历史条件下作出了创造性探索，为后人开辟了从金融资本通往解放和自由的道路。"为了更新马克思的分析，仿佛有许多工作要做。"① 我们需要做的，就是接续这种传统，在先贤前辈的基础上，进一步推进对金融资本的

---

① ［美］大卫·哈维：《资本的限度》，张寅译，中信出版社2017年版，第429页。

阐解，使马克思主义哲学的资本研究水准同时代相匹配，"构建与时代发展水平相符合的哲学"①，尤其是资本哲学。

### 三 金融资本哲学研究的进展与局限

在金融资本持续崛起的过程中，思想家和学者们给予了它日益增加的关注与重视。经济学、社会学、政治学和法学等社会科学乃至一些自然科学，都从各自视角对其进行了不同程度的探讨。特别是经济学作了较为充分的研究，获得了相当丰富的果实。这甚至让一些人产生错觉，以为只有经济学才有能力和资格研究金融资本。相比之下，哲学对金融资本的思索虽然并不短暂，但可以说明显失色，尽管以斯威奇、福斯特和哈维等为代表的当代马克思主义理论家也提出了富有价值的洞见。当然，对金融资本的哲学沉思往往同其他学科特别是经济学交叉在一起，无法甚至也无须截然分隔开来。"家族相似"现象在这里越发同样存在。不过，整体而言，在对金融资本的解剖上，哲学还是相形见绌。我国的状况尤甚。在很长时间中，关于金融资本的探讨也主要是在经济学范围内进行的。经济学界持续数十年关注金融资本，取得了较大数量的成果。应该承认，较之其他学科特别是经济学，哲学关于金融资本的研究在很长时间并不突出。

2007至2008年全球金融危机爆发后，国内理论界掀起了研究金融资本的热潮。在译介国外研究成果基础上，各门学科逐步形成了自己的见解。然而，随着金融危机效应的"日常化"或者说热度的降低，2012年后，其他学科对于金融资本的研究逐渐从高潮中平复。虽然研究也一直处于推进之中，持续有较高数量和质量的成果问世，但已经不再像2012年之前那样大规模地研究金融资本问题。哲学界对金融资本的探讨也主要在此次金融危机后起步。虽然介入较晚，但是，一旦哲学智慧发现了这一当代统治力量，就没有也不可能让它离开自己的视野。哲学很快意识到，在这个问题域中，蕴藏着诸多关涉当代人类和中华民族前途命运的关键课题。从而，哲学思索金融资本的热情并没有像其他学科一样消减，相反持续升

---

① 王海锋、李潇潇：《构建与时代发展水平相符合的哲学——第十七届马克思哲学论坛举行》，http://ex.cssn.cn/zx/201709/t20170904_3628383.shtml，2017年9月4日。

温。以张雄、鲁品越、任平、何萍和王庆丰等教授为代表的中国马克思主义哲学学者，对金融资本相关问题给予了越来越多的关注与思考。应该说，中国马克思主义哲学对金融资本问题的研究进展相当迅速。① 整体而言，主要形成了学术研究（对重要金融资本思想的阐释）、理论研究（对金融资本理论的建构）和现实研究（以金融资本理论对现实问题的解剖）三种路向。同这三种研究路向相一致，目前取得的成果主要表现在三个相互关联的方面：

第一，梳理了马克思主义金融资本思想。在上述三种研究路向中，第一种路向最为明晰。研究的焦点是对马克思、希法亭、列宁、斯威齐、福斯特和哈维等马克思主义理论家金融资本（批判）思想的清理。越来越多学者将金融资本批判视为马克思主义哲学当代形态的关键内容，认作当下中国马克思主义哲学理论研究的重要范式和观照现实的基本路径。可以说，对马克思主义经典作家和当代学者金融资本思想尤其哲学的梳理，对思想资源与前提的发掘和勘定，是当前中国金融资本哲学研究最重要的进展。还有一些学者考察和借鉴了罗伯特·席勒、乔治·阿克洛夫等西方经济学家关于金融资本的思想。当然，在研究前人思想的基础上和过程中，中国马克思主义哲学学者也作出了不同程度的诠解与升华。

第二，形成了若干金融资本哲学理论。学者们从马克思主义金融资本思想，尤其是马克思、列宁金融资本批判思想出发，立足金融资本的现实及其当代变化，考察了金融资本的发展历程、内在矛盾、作用机理、社会效应、总体地位与历史趋向等基础性问题，分析了人与世界的金融化及其机制等难题，阐释了金融资本的本体论、价值论、伦理观和历史观等向度的意义，提出了"金融资本批判"②"生存世界的金融化"③"金融化世界

---

① 以金融资本为主题的论著加速问世，并逐渐受到重视。多项同金融资本相关的课题获得国家社会科学基金资助。上海财经大学人文学院等机构形成了实力雄厚的研究金融资本的团队。
② 王庆丰：《金融资本批判——马克思资本理论的当代效应及其逻辑理路》，《吉林大学社会科学学报》2013年第5期。
③ 宁殿霞：《资本与生存世界金融化——〈21世纪资本论〉的经济哲学解读》，《西南大学学报（社会科学版）》2015年第5期；张以哲：《生活世界金融化的深层逻辑：从经济领域到人的精神世界》，《湖北社会科学》2016年第5期。

与精神世界的二律背反"① 等重要命题,特别是探索了金融资本对于当代人类和中华民族生存的型塑与侵蚀,初步构建了既依据基本原理又开拓创新并具有时代特征与民族特色的马克思主义金融资本哲学,将金融资本哲学乃至整个资本哲学都向前推进了一步。

第三,以金融资本为锁钥索解了若干重要现实问题。绝大多数研究者都认为金融资本有力宰制着当代世界,是诸多当代性问题产生和衍变的根源,主张并实际地从金融资本角度分析和解决经济、政治、文化、社会与生态等各个领域的问题。学者们既从金融资本的视角出发探究金融危机与经济危机、自由平等正义、精神生活金融化、战争与和平、生态危机和人的物化等具有根本意义的问题,也审视了同金融资本相关的信用、预期、投机和财富等普遍性问题,又考察了金融寡头治理、金融风险防范和新兴产业发展等较为具体的问题,还特别注意联系金融资本分析经济发展、国家安全、文化建设、民族复兴和特色社会主义道路等当前中国的特殊问题。这些研究对于世界和中国的发展具有不可忽视的实际意义。

显然,对金融资本的哲学研究取得了显著进展,呈现出快速发展的态势,但也必须看到,在总体上,我们的研究尚处于起步阶段,距离应有的水准和作用还有较大空间。各种研究路向,无论是思想梳理、理论建构还是现实分析,都仍然需要进一步强化和推进。② 值得注意的是,目前的研究状况透露出,我们还更多地需要借助他人的思想理论来生成自己的见解,而不是确立自己的思想理论并以之分析和解决现实问题。中国学术要有"自我主张"。"独立之思想"是中国马克思主义哲学须臾不可懈怠的奋斗方向。但在这个领域中,还有诸多重要的理论与现实问题需要研究和回答,众多核心的理念与思想有待澄清和生成,许多关键的原则与方法仍需探索和确立。最为重要的是,目前的金融资本探讨还没有让金融资本得到足够自觉而充分的重视和关注,还没有让国内资本哲学研究的整体视域和重心离开以工业资本为主导形态的资本一般,更遑论实现从资本一般到金

---

① 张雄:《金融化世界与精神世界的二律背反》,《中国社会科学》2016 年第 1 期。
② 另外,目前问世的主要是论文,专著比较鲜见。这一定程度地说明我们的研究尚不够系统,还未形成体系性的思想。

融资本的研究范式的根本转换。

## 四 深化金融资本哲学研究的向度

从当前金融资本衍变的态势和金融资本哲学研究的局限看，进一步推进金融资本哲学，首先必须确立金融资本作为当代资本主导形态的基本理念，强化金融资本的范式自觉，从金融资本出发透视全部资本和资本世界，实现资本研究视域和重心从以工业资本为典型的资本一般到金融资本的转换。这是最为关键的环节。没有这种转换，仍旧停留于资本一般范式，是无论如何也不能透彻理解与呈现金融资本和金融时代的。在此基础上，还需要着力从研究课题、研究方式和功能作用等向度进一步深化对金融资本的哲学澄明。

在研究课题上，直面关键的理论和现实问题是金融资本哲学研究的其他基本要求。首先，应更为深刻地洞察金融资本的本性，形成系统深入的理论把握。目前，现实剖析是金融资本哲学研究的热点之一。但没有基础理论的现实问题研究是无根的。在研究之初，基本理论而非现实问题的探讨应作为主要工作。金融资本的含义、逻辑、规定和效应等基础问题必须先行得到最大程度的透彻解析。不应继续含混地使用金融资本概念。而且，在新的时代条件下，不能拘泥于列宁和希法亭等对于金融资本的界说，也不能直接搬用经济学的定义，而应以哲学理性作出既依据其历史发展和现实状况，又最有益于学术研究和实践超越的规定。金融资本运作的逻辑及其同资本一般和产业资本逻辑"本质的差别"[①]，对于理解金融资本乃至当代资本具有核心意义。应该像探究资本逻辑那样热切地探索金融资本的逻辑。金融资本在运动中所呈现出的矛盾、性质与特征等规定性，以及它对当代资本逻辑和人类生存模式的型构也必须加以深入反思。我们需要在这些关键问题上生发出自己的、新的见解，进一步建构和完善金融资本哲学。

在求解基本理论问题的同时，探索金融资本哲学研究的方法论同样重要。未加反思的方法论前提可能将我们引向迷途。自觉的方法论则是金融

---

[①] 《马克思恩格斯全集》（第30卷），中央编译局编译，人民出版社1995年版，第26页。

资本哲学进一步发展的有力保障，甚至就是这种发展的内在表征。在此基础上，强化对金融资本驾驭与超越之道的探讨。相对而言，哲学在基础理论层面的反思和批判能力较强，而面向实践的建构和超越作用略弱。目前的整个资本哲学研究都存在这样的问题。对驾驭和超越资本的路径与方式解析不够深入，难以为人们获取较具体的行动指南提供足够帮助，导致人们在大量理论研究之后仍然在实践面前不知所措。毫无疑问，我们不只需要关于金融资本本性与逻辑的基础理论理解，而且也需要建基于此的驾驭和超越之道的应用理论把握。对于马克思主义哲学而言，使金融资本研究切实有助于解决金融资本所引发的重要问题，帮助人们实际地驾驭和超越金融资本，真正有益于人们良性的生存与发展，是更为关键的维度。探讨当代人类和中华民族驾驭和超越金融资本之道，这是哲学通向现实的桥梁。

在研究方式上，更加自觉地以哲学的原则和方法探索同金融资本相关的重要问题。单纯思辨的哲学研究是空疏的。对金融资本的哲学反思，离不开经济学等各门实证科学的相关成果。它们是哲学思考的重要源泉。这要求哲学更加有机地同这些学科相结合，更为有效地吸收其研究成果，特别是提升阅读和借鉴经济学成果的能力，同经济学展开有足够深度的对话，为补充和超越经济学研究积累条件。① 但这些皆以哲学依据自己的本性探究金融资本作为保障。我们的研究必须足够自觉地从哲学的立场出发，以哲学的方式展开。不是外在地以哲学话语乃至词句进行点缀，更不能在实证科学后面邯郸学步，而是以哲学的智慧和精神使其机理绽露出来，令"隐形者显形"，内在地生发出有穿透力的思想。唯有如此，哲学才能彰显出自己的价值。最关键的是，始终以辩证的、历史的眼光审视金融资本及其所有相关问题，包括其效应与趋势。这是哲学的优势。马克思在这方面为我们树立了很好的榜样。但相对而言，目前研究者们更习惯也更集中于对金融资本加以批判，而对其历史进步性和可能的积极意义重视不足。这需要调整。实事求是的评价永远都是科学研究之所需。

---

① 应该承认，目前的哲学较为欠缺这种能力，这甚至是哲学对金融资本望而生畏的主要原因之一。

可以从本体论、价值观、伦理学、经济哲学、政治哲学、文化哲学、发展哲学以至宗教哲学等众多具体视角分析金融资本，但最为重要的是从同现实的人的生存和发展联系最为紧密的人学、生存论、历史观的层面加以研究。对金融资本的解剖不能只是停留在"经济哲学"的高度，而必须进一步提升至人学、生存论和历史观的高度。从一般的经济哲学层面考察金融资本当然是有意义的，但从人学、生存论、历史观视角透视，具有更高的思想高度。马克思对资本的剖析从来都不局限于经济领域，而是从人类的生存与发展，从社会历史演进的视野展开的。对金融资本的当代审视，也必须站在人的存在及其历史发展的高度展开。换言之，对金融资本的经济哲学探索必须达至人学、生存论和历史观的层面。当然，真正深刻的经济哲学也就是人学、生存论与历史观。不仅如此，在持续研究、取得进展的基础上，我们还需要始终自觉地优化研究方式，完善理论范式，使金融资本的哲学研究不断跃升至新的境界。

从功能作用向度看，在理论反思与建构的基础上，更充分地发挥批判、超越现实和引领、塑造未来的功能。建构金融资本哲学基本理论在研究之初是迫切的，但依据基本理论批判和超越现实则是理论形成后的主要任务。"哲学家们只是用不同的方式解释世界，问题在于改变世界。"[①] 较之理论的探索与构建，对现实科学的批判与超越是中国马克思主义金融资本哲学研究更核心的使命。这要求更好地发掘、求索和解答金融资本所生发的各种现实课题，最大限度地提示和促动包括中华民族在内的当代人类体察自己受金融资本支配的"实情"，进而更为合理地应对和改变这一根本性的生存状态，有力地驾驭和超越金融资本，实际地创生和维护更高文明形态。当然，基础理论研究和现实问题研究完全可以在良性互动中相互促进、共同发展。

在金融资本问题上，哲学目前更多表现出的是猫头鹰的形象，还应积极地使自己成为啄木鸟、高卢雄鸡乃至普罗米修斯之火。这既有助于现实的发展，也有益于哲学的发展。思想引领时代，行动构筑未来。反思是重要的，但引领具有同样的重要性。事实上，在洞悉金融资本的本性与逻辑

---

① 《马克思恩格斯选集》（第1卷），中央编译局编译，人民出版社2012年版，第136页。

基础上，哲学有能力预测进而引领金融资本和社会历史的未来，创造更加美好的前景。而且，人类也需要哲学对于现实的这种预测与引领。我们可以有这样的自信。黑格尔说得好，"对于优秀的东西，我们必须抱有这样的成见，相信它会使它自己有用并为人所喜爱"①。哲学对未来的引领，既包括对现实未来的引领，也包括对理论未来的引领。哲学应主动地反思、批判和优化包括自身在内的各门科学对于金融资本的研究，使之走上更为良性和有益的道路，更好地促进人们理解金融资本及其驾驭和超越。

综上所述，进一步强化和提升对金融资本的哲学解剖，澄明金融资本的本性与逻辑，以金融资本透析和阐释整个资本与资本世界，实现由工业资本和资本一般向金融资本的视域转变、重心转移和范式转换，使金融资本哲学真正成为资本哲学的当代形态，是新时代中国资本哲学发展的迫切要求和有效路径。理论道路的开拓离不开对现实高峰的攀登。金融资本正是我们这个时代的现实高峰。更为自觉地从历史演进和理论发展的广阔视野出发，对金融资本展开有"原则高度"的反思与超越，促进当代人类和中华民族通达更高的解放和自由之境，是中国哲学尤其是马克思主义哲学应有的时代责任与思想担当。

## 第三节　当代中国应对资本逻辑的核心理念②

资本及其逻辑是现代人深层的生存境遇。引入资本及其逻辑，允许人们可以合法地追求和实现私人利益，是改革开放取得伟大成就的重要原因之一。但另一方面，正如许多研究者强调的那样，资本逻辑的负向效应也十分显著。如前所述，这种悖反的事实正是由资本在价值增殖逻辑支配下同时衍生和驱使创造文明和消解文明的双重逻辑造成的。在仍将身处世界资本主义体系的现实境遇中，新时代的社会主义中国如何应对资本逻辑，才能实现长久的良性发展？这是一个必须深入思索并正确回答的关键问题。对于作为当代中国马克思主义哲学研究者的我们，尤其如此。如果马

---

① ［德］黑格尔：《精神现象学》（上卷），贺麟、王玖兴译，商务印书馆1979年版，第31页。
② 本节原载《理论与改革》2018年第1期。

克思主义哲学研究共同体不专门研究这样的问题,那么我们的研究在某种意义上就失去了马克思主义的基本精神。

## 一 资本逻辑的凸显与合理解决的理念

在某种意义上,资本逻辑是当前中国最需要合理解决的深层次问题。资本逻辑的凸显,不但是现代社会的重要事件,而且也是当代中国的重要变化。资本的凸显也就是资本逻辑的凸显。改革开放后,我们允许资本生成和进入市场与社会,从而,资本的强大力量也不可避免地产生出来。在我国发展非公有制经济,逐步让市场对资源配置起决定性作用的过程中,资本及其逻辑不可避免地运行和扩展开来,对社会众多方面逐步构成显著的影响乃至冲击,从而同整个国家的建设与发展产生了本质性的关联。

资本对中国诸社会领域展开运作,造成了显著的效应。而一旦运行和扩张开来,资本逻辑就将在社会诸领域中占据重要地位。并且,可以想见,随着改革开放的继续推进,资本将获得越来越大的力量,对中国前途和命运的影响也将愈益强烈。在这个意义上,资本逻辑已经内在地同当代中国的建设与发展发生了本质性关联。有学者甚至认为,"当代中国的问题,一言以蔽之,就是'社会主义对资本力量'的问题"[①]。只有正确地看待和处理资本逻辑,中国才能实现良性的发展。这是中华民族通达更高发展之境的必要条件。有理由认为,恰当地应对资本逻辑,使之最大限度地有益于当代中国的发展,已成为奋力开拓适宜发展道路、探索最优发展模式的中华民族必须重视和探究的核心课题之一。

提炼理念是哲学生成思想的基本路径与方式,也是哲学重要的使命与担当。哲学需要扮演好"密涅瓦的猫头鹰"和"报晓的高卢雄鸡"双重角色。但相对而言,目前更多表现出的是猫头鹰的形象,而高卢雄鸡的形象尚未完全生成。就确立理念而言,哲学更为擅长的也是关于过去的反思的理念。而关于未来的实践的理念,则是较为薄弱从而亟待强化的方面。虽然对未来特别是行动的思索总是充满困难与风险,容易让人望而却步,但

---

① 王庆丰:《超越"资本的文明":"后改革开放时代"的中国道路》,《社会科学辑刊》2013年第1期。

哲学必须勇往直前。因为，探讨这样的理念，无论对于未来、实践还是哲学，都是至关重要的。没有未来的哲学和没有哲学的未来，都没有"未来"。当然，哲学也需要对自己所能生成的理念有所自觉。由于主要是前提性、总体性与核心性的理念，从而难免带上某种程度的抽象性。

科学对待资本逻辑，需先行明确根本的取向与最高的标准。在笔者看来，当代中国处理资本逻辑的核心取向与最终目的是，使资本最大限度地有益于当今中国人与社会的发展，有益于建构根本超越资本主义的更合理、更高级的文明形态。这是决定在现实中如何对待资本逻辑的主要原则，也是评判处理资本逻辑是否合理的最高标准。它不仅应该被反复地提及，更需要被实际地贯彻于具体的观念与行动之中。换言之，对资本逻辑的一切认识、言说与实践，都必须从这一角度出发加以考量。

然而，最高的原则往往抽象乃至空疏。在这样的准则或相近准则之下，人们出现了不尽相同甚至大相径庭的认知与行为，却都真诚地认为自己是符合乃至最符合这一准则的。伴随历史的风云变幻，人类的观念摇摆不定。对于资本及其逻辑，社会主义阵营有过两种直接对立的行动。人们曾经压倒性地以为，完全取消资本逻辑是社会主义国家的根本规定和基本保障。结果，并没有很好地建设社会主义，还遭受了严重的挫折。现在，一些人又倒向了另一个极端：将资本逻辑、私有制和自由市场当作总体解决中国问题的灵丹妙药。这种观点同它所尖锐批判的对手一样，将酿成严重的后果。这提醒我们更为具体深入地澄明当代对于资本逻辑的基本原则。

不论主观上如何厌恶资本逻辑，或者多么喜欢这种逻辑，都必须基于中华民族的长远发展而理性地思考和处理。这是科学对待资本逻辑的基本态度与前提。不过，更重要的是，立足资本逻辑的历史现实和演变趋势，生成对于它的理论洞见，进而在实际行动中具体深入地予以处理。历史中的问题只能历史地解决。唯有在历史的发展过程中，才能逐步解决好资本逻辑问题。但关于资本逻辑解决之道的理论把握，有益于对资本逻辑的恰适应对。诚如马克思所言，虽然认识到了资本主义的发展规律，也不能用法令取消或跳过当中的某个阶段，但毕竟可以缩短和减轻分娩的痛苦。虽然即便从理论上把握了处理资本逻辑的总体理念，也不可能一次性地予以解决，但对于中华民族在实践中恰当对待资本逻辑，无疑是有帮助的。

马克思深刻剖析了资本逻辑的内在矛盾与解决之道。他指出，资本产生了巨大的历史进步性与积极作用，但同时内含根本的历史局限性并造成了严重的消极影响。随着社会的发展，资本逻辑将越来越丧失其进步性并表现出局限性，但同时又更加趋向自我扬弃。这一思想为我们在新的时代条件下，科学地理解和妥当地对待资本逻辑提供了指引，构成当今中国解决资本逻辑问题核心的理论与方法。它启示华夏儿女辩证地、历史地对待资本逻辑，从而也是审慎地、细致地处理资本逻辑。辩证的思维、历史的眼光、审慎的态度与细致的品格，这是我们正确对待资本逻辑的基本原则。

总体而言，当代中国应以对历史发展的自觉意识和勇敢担当，驾驭好资本及其逻辑的运行与变化方向，方能建构出一种积极扬弃资本文明的新型文明，为人类的发展增添一种可资借鉴的可能选择。这既是当代中国作为一个负责任大国勇于承担的神圣使命，也是中华民族实现伟大复兴、屹立于世界先进民族之林的核心标识。由于在较为薄弱的发展基础上建构更高文明形态这一特殊的现实与任务，当代中国必须比一般的国家更为审慎、辩证地对待资本逻辑。在利用、管控和超越等各个方面和环节，都更加需要富于战略眼光、理论思维和实践智慧。

## 二 积极利用和培育资本逻辑

当前中国发展的目标与基础间的距离，以及资本逻辑所内含的积极意义，共同决定了积极利用资本逻辑的必要性。马克思关于资本逻辑历史合理性与进步性的思想，也为利用这种逻辑提供了理论依据。虽然马克思着重强调资本逻辑不是自然的、永恒的，而是历史的、暂时的，但他同样明确地指出，较之前资本主义时代，资本及其对社会世界的支配，具有显著的合理性与进步性，有力促成了人类社会的发展。这一思想启迪新时代中国，为实现更快、更好的发展，应尽可能充分地发挥资本逻辑的正面效应。

当代中国的主要目标与任务，是建设和发展既内在地吸收资本主义与前资本主义文明成果，又真正地超越资本主义与前资本主义的社会主义文明，进而实现理想的共产主义社会。这一目标是高远的，代表着人类未来发展的方向，但它的实现注定是艰难的，必须积极地发挥出主体能动性与创造性。和马克思、恩格斯当年的设想不同，现实的社会主义国家都是在经济文化相对落后的基础上建立起来的。中国特色社会主义发展的实际轨迹也同马克思的当初筹划存在显著差别。当下中国不仅历史基础较为薄弱，而且现实条件也算不上夯实，目前仍存在一些不利于社会主义更高发展的因素。

在这个意义上，当代中国既苦于资本及其逻辑的发展，又苦于资本及其逻辑的不发展。甚至可以说，较之资本逻辑发展所带来的痛苦，更苦于资本逻辑的不发展，更苦于前资本逻辑的过度发展。尤为紧迫的是，由于国内和国际的双重原因，中国不仅不发展不行，而且连发展缓慢都有风险。一旦不能保证一定的发展速度，内部矛盾与对外矛盾会更突出地激化与爆发。许多问题，包括原先不明显的问题，都可能加剧或更为显著地暴露和表现出来。我们可以而且应该借助资本及其逻辑，实现健康、快速的发展。当然，要想被"利用"，事物本身需要拥有可被利用的价值。资本逻辑的确蕴含着可能的积极意义。事实上，对于当下中国而言，它的意义是相当丰富的，有助于诸多发展问题的解决。这是资本逻辑可以在中国继续存在并发生影响的主要理由。

资本逻辑的正向价值首先体现为，它能够促成较高的生产效率和生产力。马克思多次指出，资本逻辑支配下的生产效率最高，生产力发展的水平和速度也最高。我国的社会主义建设，面临既要改变生产力水平不高的实际面貌，又要赶超生产力水平较高的资本主义发达国家的双重任务。因此，需要积极利用资本逻辑，促成整个社会生产率的继续提高，促进生产力的快速发展，创造出更为发达的生产力。而生产力的更快发展，还能为根本超越资本逻辑提供主要的条件。在这个意义上，对其积极意义的利用，甚至也是超越资本逻辑必要的方式与过程。借用马克思的方式说，这是以资本逻辑"消灭"资本逻辑。

在提高生产效率的基础上，还可以利用资本逻辑进一步提升全社会的活动效率与运行效率。资本逻辑不仅在生产领域，而且在社会生活的许多领域，都更有助于社会的发展。当前，我国的体制拥有"集中力量办大事"的优势，表现出较高的运行效率，但也需要看到，在一些比较重要的领域和方面，同样明显地表现出效率不足乃至低下的局限。资本逻辑的引入，从不同的向度激发出人们对效率的追求，使社会的运行效率进一步提高。应该注意发挥这种现代逻辑所蕴含的效率价值，在它可以施展的地方允许其施展。目前正在推进的简政放权、提升效率的改革很有意义。如果这一改革更好地同发挥资本逻辑的效率意义有机结合，能取得显著的效果。

由于没有经过资本因素的充分洗礼，社会主义国家在成立之初，往往余存着某些前资本逻辑，或者说低于资本逻辑水平的逻辑形态。在苏联东欧等发生剧变的国家，部分国家权力被少数人所攫取，变成受他们控制并为其牟利的工具。"撇开对前资本主义落后和腐朽的因素及其影响的不断清除，我们就不可能驾驭'资本逻辑'，遑论汲取'资本主义制度所创造的一切积极的成果'"①。资本不仅在总体上优越于这些陈腐的因素，而且还有助于削弱或破除它们。可以借助资本逻辑来荡涤低于资本逻辑的东西。当然，资本逻辑并非在所有方面都高于前资本的东西，甚至还可能落后，这一点必须充分认识。并且，在资本逻辑和前资本逻辑之间，存在的不仅有斗争，而且也有合作。确若叶险明先生所言，资本主义落后因素与前资本主义落后因素的联合，是最需要警惕和处理的。

最重要的是，资本逻辑能够发生自我扬弃，成为理想社会的力量根基。按照马克思的思想，资本作为私有存在和作为社会力量之矛盾，蕴含并推动着其自我扬弃为一种合乎历史发展方向的力量。如前所述，随着生产力的发展和文明的进步，资本必然发生自我扬弃，由否定人、奴役人、束缚人的私独性力量，转变为肯定人、解放人、发展人的公共性力量。资本逻辑具有两重性。一种是私人力量。它在本质上是为单个资本家私人利益服务的，亦即私独性的。另一种是社会力量。但这种力量在资本主义社会中是独立的、异化的，它同生产条件的真正创造者相对立，并压迫着这些创造者，因此是一种"社会权力"。不过，它毕竟是一种真实存在的社会性的力量，且内含着转变为真正代表社会利益的公共性力量的趋势。于是，在这两种异

---

① 叶险明：《驾驭"资本逻辑"的中国特色社会主义初论》，《天津社会科学》2014年第3期。

质力量之间生发出激烈矛盾。马克思认为，资本将逐渐褪去其作为私人权力的外壳，而成为一种真正的社会力量。这意味着，资本改变了自身的根本性质与主要效应，并为未来的理想社会奠定了力量基础。

新中国成立后，曾在一段时间内将主要精力放在对资本逻辑的破除和限制方面，尽管确保了我国的社会主义性质，但也没有能够高效地发展生产力，迅速提高人民群众的物质文化生活水平，建成更高水准的社会主义。因此，对于像我们这样从相对落后的基础上发展起来、力求早日实现更高现代化的国家，应该充分关注和发挥资本逻辑的进步性与积极价值，不能操之过急地加以取消。实施改革开放，允许非公有制经济存在与发展，就是在社会主义的制度前提下，改变简单剥夺资本逻辑的做法，转而允许资本及其逻辑在社会主义的制度框架下运行，进而利用资本逻辑取得更大的发展成果。应该承认，放开或者说引入资本及其力量，总体上对中国的发展产生了有益作用。这表明，允许和利用资本及其力量是符合中国发展方向的。甚至可以认为，这是中国社会发展的关键一步，是"决定当代中国命运的关键一招"。不应由于资本逻辑造成的若干负面效应，或是对"正统"的某种冲击，就心存疑虑、畏首畏尾，乃至因噎废食，"欲除之而后快"。事实上，资本逻辑还有很大的利用和发展空间。在整个社会主义初级阶段，都可以发挥资本逻辑的正向价值，使之为中国社会的历史发展服务。波兰尼说得好："市场社会的终结，也不意味着市场的终结。它们以各种不同的形式继续存在，以保障消费者的自由、反映需求的转移、影响生产者的收入，并作为一种会计的工具。但是，它们这时已经不再是经济自律的机关。"① 这启示我们，资本逻辑的存在与运行不仅在当前，而且在社会主义初级阶段，都是不可逆转的潮流。

为了能够利用资本逻辑，首先当然需要继续允许资本逻辑的存在与影响。这是基本的前提。那么，应允许其在怎样的范围和程度内存在呢？这是现实中迫切需要回答的问题。从哲学视角看，既能使资本逻辑的积极意义发挥至极致，同时又能有效地加以掌控，是允许这种权力存在的一般标

---

① ［英］卡尔·波兰尼：《巨变：当代政治与经济的起源》，黄树民译，社会科学文献出版社2017年版，第344页。

准。当然，这一标准在实际操作中不易把握，需要反复地探索与权衡当中最为合适的"度"。价值不是实体性的存在，而是关系性的存在。事物之于人的价值或意义，不只取决于事物的规定性，而且也取决于人的规定性，取决于人同事物的关系尤其是人如何对待事物。目前，资本逻辑的积极意义尚未被充分发挥出来，还需从量和质两个方面进一步挖掘。在量上，可以允许资本逻辑进入新的、更多可以发挥价值的领域与方面。更重要的是在质上，优化资本逻辑发挥作用的路径与方式，更有效地发挥出其正向价值。这需要在实践中不断探索最能让资本逻辑发挥积极作用的方法与手段。对资本逻辑的积极运用，不能只是直接地、简单地使用，还需要创造性地运用。直接使用的效果往往不是最好的，而且还很容易造成负效果。

### 三 有效防控和制约资本逻辑

社会主义的本质与任务和资本逻辑的根本局限性与负面效应，共同决定了当代中国在利用资本逻辑的同时，必须对其展开有效的防控和制约。在指出资本逻辑历史进步性与积极意义的同时，马克思更为强调，资本逻辑在运行过程中表现出不可克服的局限性与严重的消极影响。这一思想启示我们，有力的防控和制约是对待资本逻辑不可或缺的方面。虽然这种逻辑能够发挥出重要的积极意义，但其负向作用也必然到来。许多研究者包括西方研究者指出，资本和市场具有天然的"非道德性"乃至"反道德性"的向度。没有道德和法律的引领与规范，资本和市场不可避免地出现非道德以至反道德的状况，尤其是在资本发展的早期。资本的发展有其客观的过程，不可能一蹴而就。原始积累是资本难以跨越的"卡夫丁峡谷"。处于这一阶段的资本，尽管发展文明的逻辑突出，但破坏文明的逻辑同样明显，逐利性与暴虐性表现得尤为显著。当前我国不少资本仍主要处于原始积累阶段，也表现出该阶段特有的运作方式，对经济、政治、文化和生态等各个方面都构成了强烈的侵蚀与冲击，造成了大量的消极影响。资本逻辑的负向作用虽然由于其身处社会主义制度而有所不同，但也需要在利用这种逻辑时高度警惕和认真防范。

在价值增殖本性的驱使下，资本必然展开经济的剥夺。资本或独自或联合其他力量，从人、社会和自然中尽可能地榨取利润。凡是能给资本带来好处的东西，资本都渴望拥有。土地是当前包括中国在内的众多国度最具"价值"的资源，从而也成为资本最为垂涎的对象。大卫·哈维指出，资本主义早期经常采用的对土地的剥夺，在现代又衍生出了很多类似的形式。"资本家通过城市化进程，以尽可能低的成本获得低收入人群手中的高价土地。在私人财产权受保护程度不够的地方，……利用国家权力强行占有低收入群体土地而不给予任何补偿的事情常有发生。即便在私人财产权制度比较完善的国家，政府也经常会代表私人资本征用他人的土地。"①在我们国家的某些地方，这种情况也并非没有这种现象。除此之外，对劳动者的严酷压榨、对消费者的巧取豪夺乃至社会机制性的剥削，以及假冒伪劣、坑蒙拐骗等或显或隐的剥夺手段，也层出不穷。

资本怀有"雄心壮志"，总是竭尽所能、孜孜不倦地谋求在社会权力架构中的支配地位。在从传统社会向现代社会的转型过程中，资本及其权力取代国家权力登上了权力的王座。通过利诱、腐蚀与威逼等诸多手段，资本先是获得国家权力的庇护，争取某些国家权力有利于自己的发展，接着换取或占有部分国家权力，最后试图完全掌控国家权力，让国家权力完全为己所用，改变国家权力的性质。无论在怎样的社会制度中，只要资本存在，它都会用尽办法地尝试实现这一宏伟"抱负"。我们正处于现代化的进程之中。既然资本逻辑是一种客观存在，并且处于持续扩张之中，那么它就不可能不觊觎我国权力架构的主导地位，从而必然对社会主义的权力架构形成冲击。"权钱交易"等现象表明，这样的冲击已经来临。

资本逻辑也一定程度地侵入了中华民族的精神世界。对人类精神领域深刻的宰制与塑造，是资本逻辑最为隐蔽却有力的展示。近年来，资本特别是其当代主导形态——金融资本对中国人精神结构的"锤打"与"锻造"十分显著，导致投机主义、拜金主义、享乐主义和炫耀攀比心理等相当盛行。人们的精神被金融资本所改造和同化，顺从于金融资本的秉性与节奏。"每天都把生命搁置在关涉瞬间的丰裕回报或巨大财产损失的'读

---

① ［美］大卫·哈维：《资本之谜：人人需要知道的资本主义真相》，陈静译，电子工业出版社2011年版，第234页。

秒抉择'体验中，过度丰盈的欢乐或痛苦，定会招致精神的如此悲剧……变得极端脆弱、极端无能、极端异化"①。这是对于金融资本型构精神世界的深刻剖析。然而，这只是资本侵蚀当今中国人精神的冰山一角。有理由说，中国人的精神家园已经一定程度地商品化、货币化和资本化以至金融化了。至于资本对自然资源和生态环境的涸泽而渔、杀鸡取卵式的掠夺与毁坏，更是有目共睹，根本无须多言。

可见，正如不能由于资本逻辑的某些消极影响，就试图完全外在地加以取消一样；也不应因为资本逻辑的正向意义，就陶醉其中，沉湎于对其所允诺的美好未来的渴望与幻想。或者虽然在口头上"深刻"地发现其负向作用，却在实践中熟视无睹、听之任之。对于资本逻辑的侵蚀和冲击，掉以轻心必然酿成大错；只有在利用的过程中，同时以行之有效的制度、机制与措施进行防范和破除，才能确保我国社会主义的本色。强调资本逻辑的相对独立，并不意味着它们可以自行其是。"在市场经济活动中，企业应当依法独立行使自己的经济权力，同时，……政府则应当依法对企业的经济权力行为实施行政管理权……运用行政权力对社会各种经济组织进行宏观管理。"② 社会主义的发展和共产主义的实现，需要以对资本逻辑的利用为条件。但是，这种利用又必须以发展社会主义和实现共产主义为旨归，也就是将资本逻辑及其效应牢牢控制在符合社会主义以至共产主义的发展方向上。否则，这种利用就会变质，变成不是我们利用资本逻辑，而是资本逻辑利用我们。埃伦·伍德的话不无启示："资本主义自其产生之日起，就是一个极其矛盾的力量。……资本主义体系独特的保持自续增长的能力和需求，往往会伴随着规律性的停滞和经济倒退。……推动资本主义体系向前发展的同一个逻辑也不可避免地容易遭受经济上的无力，这就要求'经济以外的'力量对该逻辑进行不断干预，即便这些力量不能控制住上述经济无力，也至少要弥补其带来的负面影响。"③

---

① 张雄：《金融化世界与精神世界的二律背反》，《中国社会科学》2016 年第 1 期。
② 宋惠昌：《论现代社会中的经济权力》，《上海行政学院学报》2002 年第 2 期。
③ [加] 埃伦·伍德：《资本主义的起源——一个更长远的视角》，夏璐译，中国人民大学出版社 2015 年版，第 159 页。

当然，对资本逻辑展开有效的防控和制约，在现实操作中是一个难题。但是，即使很不容易，也必须积极主动地尽力做好。否则，我们可能反遭资本逻辑的掌控与制约。直接而言，以社会主义的国家权力防控和制约资本逻辑，是一条可以选择的路径。毫无疑问，社会主义国家的权力能够而且必须对资本逻辑加以防控和制约。代表人民利益的国家权力应尽的义务之一，就是"给资本权力设置有效的法律制度边界，遏制资本暴力与丑恶的一面"①。作为社会主义社会中实际的主导权力，国家权力也有足够的力量对资本逻辑施加防控和制约。事实上，这是中国模式、中国道路的重要优越性所在。对资本及其逻辑加以合理管控与调适，是社会主义政权的使命。在国家力量引导下，经济环境、政治环境、法治环境、文化舆论环境等逐步建立和完善起来，很有助于抑制资本逻辑的负向作用。

需要注意的是，在实际操作中，对资本逻辑的防控和对它的利用，这两个方面难免出现矛盾乃至冲突，需要妥善地处理。应在使资本逻辑最大限度地有益于中国发展这一标准下权衡利弊，并尽可能地保持合理的张力与必要的弹性。不过，这一切都需要以对现实的准确把握为前提。还须予以关注的是，在资本逻辑的诸多消极影响中，有些是由这种权力的内在本性造成的，有些却是因为它不够发展而出现的。为进一步壮大自己，获取更高的权力地位和更大的价值增殖，资本或是被动地依附于社会中的强势权力，或是主动地利用其他各种权力，结果以简单粗暴的方式对社会发展造成了伤害。对此，解决的办法当然不是同样简单粗暴地外在取缔资本逻辑，也不只是加强对资本逻辑的防控，而是继续适度培育资本逻辑。

## 四 自觉超越和扬弃资本逻辑

对资本逻辑的利用和防控，都可以看作对这种逻辑的驾驭。在这个意义上，驾驭是社会主义初级阶段的中国对待资本逻辑的基本立场。除利用和防控之外，驾驭资本逻辑，还可以通过对这种逻辑加以引导与改造来实现。就是说，在把握资本逻辑内在规定与展开过程的基础上，在人民权力

---

① 唐皇凤：《制衡资本权力——转型中国确保制度正义的关键》，《公共管理学报》2008 年第 3 期。

和国家权力的引领与规范下，借助具体的制度、机制和条件，使资本逻辑一定程度地"创新性发展"与"创造性转化"，朝有益于社会主义和共产主义的方向运转与改变。通过驾驭，新时代中国可以掌控资本逻辑及其变动趋势，使之为新中国的进一步发展发挥更大作用。当然，这只能在"狭小"的范围内实现。

在驾驭的同时，还须高度自觉地对资本逻辑加以超越。这是当代中国处理资本逻辑的更高立场。虽然驾驭本身也包含某些超越的因素，但相对于社会主义和共产主义的要求，其力度不够充分和显著，并非完整意义上的超越。因此，在驾驭资本逻辑的同时，还需将超越的立场进一步予以凸出。对资本逻辑的这种超越，是由资本逻辑的根本局限性和中华民族的发展取向决定的。马克思强调，在资本逻辑统治下，人类不可能实现真正的解放与自由。根本而言，社会主义和共产主义是对资本主义的积极超越与彻底扬弃。只有超越持续扩张的资本逻辑，中国特色社会主义才能超越进而扬弃资本主义文明，建构更高层次的文明形态。唯有超越资本逻辑，中国人民才能迎来更高程度的美好生活。事实上，当代中国驾驭资本逻辑的目的，就是为了根本地超越之。无论利用还是防控，目的都是超越资本逻辑。并且，以建设理想社会为愿景，自觉地对资本逻辑加以超越，才可能最为合理地利用、防控和驾驭这种逻辑。

对于资本逻辑的应对和处理，既要有历史和现实的视角，又需始终保持超越视野。对资本逻辑的超越，不是等它完全发展起来之后再行超越；而是在其发展之中，就须同时予以超越。有观点认为当下可不考虑甚至不应考虑超越资本的逻辑，而是一心一意地把利用资本逻辑这个方面做好。等到资本逻辑的合理性充分发挥出来之后，再集中考虑超越的事情不迟。这实际上将超越资本逻辑同利用资本逻辑割裂开来了，其实二者完全可以相互结合。更重要的是，在处理特别是利用资本逻辑过程中，有没有超越的旨归，效果是大不一样的，甚至可能截然相反。不以超越为目标，那么就无法保证资本逻辑正确的运行方向，可能导致削弱其正向作用而强化其负面效应，从而离超越的目标渐行渐远。反之，如果明确地将超越作为目标，并贯注于所有具体的认识与行动中，那么就会自觉地去限制资本逻辑的消极影响，并且更好地发挥其积极意义。这样，就能逐步趋近于超越的目标。因此，在利用和防控资本逻辑的过程中，应该将超越作为衡量和抉择的标准。

在逐步超越资本逻辑的基础上，当代中国的更高目标是彻底扬弃这种逻辑。对资本逻辑的扬弃，是共产主义社会的内在规定。唯有根本性地超越亦即扬弃资本逻辑，方能为彻底超越资本主义的美好社会奠定坚实基础。如前所述，在马克思的理论视域中，随着历史的发展，资本逻辑能够发生自我扬弃，转变为真正的社会公共性力量。因此，当生产力发展到一定高度，就应及时改变对于资本逻辑的策略，将重心由利用转移至扬弃，积极促成其自我扬弃的"天命"，使之根本性地服从和服务于人与社会发展的需要。如果不能做到这一点，我们的民族和国家就无法实现有决定意义的升华。

作为当代社会主义运动的引领者，同其他社会主义国家相比，中国更有责任以对历史发展的自觉意识和勇敢担当，把控资本逻辑的运行与变化方向，实现对资本逻辑的根本扬弃，建成良性进而理想的社会。和我国一样，目前的社会主义国家皆比较欠缺高度发展的经济文化条件，也都进行着不同程度的社会改革，因此均实际地面对着科学解决资本逻辑的问题。中国对资本逻辑的睿智处理，不仅对于社会主义国家具有普遍的意义，而且也有助于发达资本主义国家更好地解决资本逻辑问题，从而对于整个当代世界都有重要的榜样作用与启示价值。

虽然在处理资本逻辑问题上曾经有过曲折，但事实上，社会主义制度不仅在克服与削弱资本逻辑的短处、发挥与利用资本逻辑的长处方面，而且在超越与扬弃资本逻辑方面，都具有相对于资本主义制度的优势。社会主义社会能够比资本主义社会创造出更高的生产力与文明果实，并让人们更为公平地享有发展成果，也更有效地限制资本逻辑向政治和文化等公共领域的渗透，从而建构出更高级的文明形态。无疑，社会主义国家应有意识地发挥自己的上述优势，更好地驾驭和超越资本逻辑，赢取更为健康而快速的发展。当然，反过来看，也只有充分发挥和表现出这种优势，社会主义国家的发展才真正达到了较高程度。

"只有当社会主义力量足够强大，能够引导、利用、驾驭、制约私人资本力量，才有可能斩断马克思所揭示的'资本之链'，才有可能保持和发展我国的社会主义制度"①。作为社会主义力量的主体,强大的人民力量能够逐步提高驾驭和超越资本逻辑的现实性与合理性。当然,就目前情况看,人民的力量本身也还需要继续壮大和完善。笔者同意这样的观点:"汲取'资本主义制度所创造的一切积极的成果',是不能离开中国社会的自我改造的;中国社会自我改造的程度直接决定汲取'资本主义制度所创造的一切积极的成果'的程度。"②

总之,唯有走驾驭和超越资本逻辑的道路,新时代中国才能实际地生成优越的发展模式,本质性地达至更高的发展水准。驾驭和超越资本逻辑,是当代中国发展的必由之路和光明大道。通过有效驾驭进而超越资本逻辑,中华民族能够开拓出具有世界历史意义的发展道路与文明形态。可以认为,驾驭和超越资本逻辑的水准,构成当代中国发展程度的核心标志之一,真切地表征着中国特色社会主义的发展高度。并且,这种发展是实质性的。发展只有在它被从前进的、上升的运动的意义上认识和实践时,才可能是真实的。当然,"通往光荣的路是狭窄的"。驾驭进而超越资本逻辑的伟大道路,必定崎岖不平、荆棘丛生。但是,有理由相信,激流勇进、迎难而上的华夏儿女能够通达更高发展之境,早日实现伟大复兴。

---

① 王庆丰:《超越"资本的文明":"后改革开放时代"的中国道路》,《社会科学辑刊》2013年第1期。

② 叶险明:《驾驭"资本逻辑"的中国特色社会主义初论》,《天津社会科学》2014年第3期。

# 参考文献

## 一 著作

### （一）马克思主义经典文献

1. 《马克思恩格斯选集》（第1—4卷），中央编译局编译，人民出版社2012年版。

2. 《马克思恩格斯全集》（第1卷），中央编译局编译，人民出版社1995年版。

3. 《马克思恩格斯全集》（第3卷），中央编译局编译，人民出版社2002年版。

4. 《马克思恩格斯全集》（第30卷），中央编译局编译，人民出版社1995年版。

5. 《马克思恩格斯全集》（第31卷），中央编译局编译，人民出版社1998年版。

6. 《马克思恩格斯全集》（第32卷），中央编译局编译，人民出版社1998年版。

7. 《马克思恩格斯全集》（第33卷），中央编译局编译，人民出版社2004年版。

8. 《马克思恩格斯全集》（第34卷），中央编译局编译，人民出版社2008年版。

9. 《马克思恩格斯全集》（第35卷），中央编译局编译，人民出版社2013年版。

10. 《马克思恩格斯全集》（第36卷），中央编译局编译，人民出版社2015年版。

11. 《马克思恩格斯全集》（第 44 卷），中央编译局编译，人民出版社 2001 年版。

12. 《马克思恩格斯全集》（第 45 卷），中央编译局编译，人民出版社 2003 年版。

13. 《马克思恩格斯全集》（第 46 卷），中央编译局编译，人民出版社 2003 年版。

14. 列宁：《帝国主义是资本主义的最高阶段》，中央编译局编译，人民出版社 2001 年版。

15. 列宁：《哲学笔记》，林利译，人民出版社 1990 年版。

（二）学术专著

16. 鲍金：《〈资本论〉哲学的新解读》，中国人民大学出版社 2016 年版。

17. 白刚：《瓦解资本的逻辑——马克思辩证法的批判本质》，中国社会科学出版社 2009 年版。

18. 陈志武：《金融的逻辑 1：金融何以富民强国》，西北大学出版社 2014 年版。

19. 陈志武：《金融的逻辑 2：通往自由之路》，西北大学出版社 2015 年版。

20. 郭湛：《主体性哲学——人的存在及其意义》，中国人民大学出版社 2011 年版。

21. 郭湛：《公共性哲学——人的共同体的发展》，中国社会科学出版社 2019 年版。

22. 鲁品越：《社会主义对资本力量：驾驭与导控》，重庆出版社 2008 年版。

23. 李惠斌、李朝晖：《后资本主义》，中央编译出版社 2007 年版。

24. 罗骞：《论马克思的现代性批判及其当代意义》，上海人民出版社 2007 年版。

25. 马俊峰：《马克思主义哲学新形态探索》，中国人民大学出版社 2019 年版。

26. 马俊峰：《马克思主义价值理论研究》，北京师范大学出版社 2014 年版。

27. 彭宏伟：《资本社会的结构与逻辑》，中国人民大学出版社 2018 年版。

28. 沈湘平：《唯一的历史科学——马克思学说的自我规定》，中国社会科学出版社 2016 年版。

29. 王嘉：《"资本一般"与政治经济学批判》，中国人民大学出版社 2018 年版。

30. 王永昌：《金融资本文明论：走向财富创造的新时代》，中国社会科学出版社 2015 年版。

31. 吴德勤：《经济哲学——历史与现实》，上海大学出版社 2002 年版。

32. 向松祚：《新资本论》，中信出版社 2015 年版。

33. 姚建华：《制造和服务业中的数字劳工》，商务印书馆 2017 年版。

34. 姚建华：《媒介产业的数字劳工》，商务印书馆 2017 年版。

35. 赵敦华：《马克思哲学要义》，江苏人民出版社 2018 年版。

36. 周洛华：《金融的哲学》，西南财经大学出版社 2014 年版。

（三）译著

37. ［德］阿多尔诺：《否定辩证法》，王凤才译，商务印书馆 2019 年版。

38. ［美］詹姆斯·奥康纳：《自然的理由——生态学马克思主义研究》，唐正东、臧佩洪译，南京大学出版社 2003 年版。

39. ［意］杰奥瓦尼·阿锐基：《漫长的 20 世纪——金钱、权力与我们社会的根源》，姚乃强、严维明、韩振荣译，江苏人民出版社 2001 年版。

40. ［法］米歇尔·阿尔贝尔：《资本主义反对资本主义》，杨祖功等译，社会科学文献出版社 1999 年版。

41. ［美］奥尔曼：《异化：马克思论资本主义社会中人的概念》，王贵贤译，北京师范大学出版社 2011 年版。

42. [美]乔治·阿克洛夫、罗伯特·席勒:《钓愚——操纵与欺骗的经济学》,张军译,中信出版社2016年版。

43. [美]乔治·阿克洛夫、罗伯特·席勒:《动物精神:人类心理活动如何驱动经济、影响全球资本市场》,黄志强、徐卫宇、金岚译,中信出版社2016年版。

44. [美]富兰克林·艾伦、道格拉斯·盖尔:《理解金融危机》,张健康、臧旭恒等译,中国人民大学出版社2013年版。

45. [美]保罗·巴兰:《增长的政治经济学》,蔡中兴、杨宇光译,商务印书馆2018年版。

46. [美]保罗·巴兰、保罗·斯威齐:《垄断资本——论美国的经济与社会秩序》,南开大学政治经济学系译,商务印书馆1977年版。

47. [古希腊]柏拉图:《理想国》,郭斌和、张竹明译,商务印书馆1986年版。

48. [美]西奥多·伯顿:《资本的逻辑》,李薇、邓达山译,新世界出版社2012年版。

49. [英]卡尔·波兰尼:《巨变:当代政治与经济的起源》,黄树民译,社会科学文献出版社2017年版。

50. [法]鲍德里亚:《生产之镜》,仰海峰译,中央编译出版社2005年版。

51. [法]让·鲍德里亚:《消费社会》,刘成富、全志钢译,南京大学出版社2014年版。

52. [法]波德里亚:《象征交换与死亡》,车槿山译,译林出版社2012年版。

53. [法]鲍德里亚:《符号政治经济学批判》,夏莹译,南京大学出版社2015年版。

54. [美]丹尼尔·贝尔:《后工业社会的来临——对社会预测的一项探索》,高铦、王宏周、魏章玲译,新华出版社1997年版。

55. [美]丹尼尔·贝尔:《资本主义文化矛盾》,赵一凡、蒲隆、任晓晋译,生活·读书·新知三联书店1988年版。

56. [法]费尔南·布罗代尔:《十五至十八世纪的物质文明、经济和资本主义》（第一卷），顾良、施康强译，商务印书馆 2018 年版。

57. ［法］费尔南·布罗代尔：《十五至十八世纪的物质文明、经济和资本主义》（第二卷），顾良、施康强译，商务印书馆 2018 年版。

58. ［法］费尔南·布罗代尔：《十五至十八世纪的物质文明、经济和资本主义》（第三卷），顾良、施康强译，商务印书馆 2018 年版。

59. ［德］乌尔里希·贝克：《风险社会》，何博闻译，译林出版社 2004 年版。

60. ［美］伯曼：《一切坚固的东西都烟消云散了》，徐大建、张辑译，商务印书馆 2013 年版。

61. ［美］彼得·巴恩斯：《资本主义 3.0》，吴士宏译，南海出版社 2007 年版。

62. ［美］约翰·杜威：《哲学的改造》，许崇清译，商务印书馆 1933 年版。

63. ［美］约翰·杜威：《人的问题》，傅统先、邱椿译，上海人民出版社 2014 年版。

64. ［法］杜阁：《关于财富的形成和分配的考察》，南开大学经济系经济学说史教研组译，商务印书馆 1978 年版。

65. ［德］乌尔里希·杜赫罗：《全球资本主义的替代方式》，宋林峰译，中国社会科学出版社 2002 年版。

66. ［美］彼得·德鲁克：《后资本主义社会》，傅振焜译，东方出版社 2009 年版。

67. ［德］弗洛姆：《逃避自由》，刘林海译，上海译文出版社 2015 年版。

68. ［美］埃里希·弗罗姆：《占有还是生存——一个新社会的精神基础》，关山译，生活·读书·新知三联书店 1988 年版。

69. ［法］米歇尔·福柯：《规训与惩罚》，刘北成、杨远婴译，生活·读书·新知三联书店 2003 年版。

70. ［法］米歇尔·福柯：《性经验史》，佘碧平译，上海人民出版社 2005 年版。

71. ［美］约翰·福斯特：《生态危机与资本主义》，耿建新、宋兴无译,上海译文出版社 2006 年版。

72. [美] 哈尔·范里安:《微观经济学:现代观点》,费方域等译,上海人民出版社 2006 年版。

73. [德] 约瑟夫·福格尔:《资本的幽灵》,史世伟、赵弘、张凯译,中国法制出版社 2014 年版。

74. [英] 约翰·格雷:《伪黎明:全球资本主义的幻象》,刘继业译,中信出版社 2011 年版。

75. [德] 黑格尔:《逻辑学》(上卷),杨一之译,商务印书馆 1966 年版。

76. [德] 黑格尔:《逻辑学》(下卷),杨一之译,商务印书馆 1976 年版。

77. [德] 黑格尔:《小逻辑》,贺麟译,商务印书馆 1980 年版。

78. [德] 黑格尔:《法哲学原理》,范扬、张企泰译,商务印书馆 1961 年版。

79. [德] 马丁·海德格尔:《存在与时间》,陈嘉映、王庆节译,生活·读书·新知三联书店 2006 年版。

80. [德] 马丁·海德格尔:《形而上学导论》,熊伟、王庆节译,商务印书馆 1996 年版。

81. [德] 马丁·海德格尔:《面向思的事情》,陈小文、孙周兴译,商务印书馆 1996 年版。

82. [德] 马丁·海德格尔:《林中路》,孙周兴译,上海译文出版社 2004 年版。

83. [英] 弗里德里希·冯·哈耶克:《通往奴役之路》,王明毅等译,中国社会科学出版社 1997 年版。

84. [英] 弗里德里希·冯·哈耶克:《自由宪章》,杨玉生等译,中国社会科学出版社 2012 年版。

85. [英] 弗里德里希·冯·哈耶克:《致命的自负》,冯克利等译,中国社会科学出版社 2000 年版。

86. [德] 马克斯·霍克海默、西奥多·阿道尔诺:《启蒙辩证法——哲学断片》,渠敬东、曹卫东译,上海人民出版社 2006 年版。

87. ［德］麦克斯·霍克海默：《批判理论》，李小兵等译，重庆出版社 1989 年版。

88. ［德］于尔根·哈贝马斯：《公共领域的结构转型》，曹卫东等译，学林出版社 1999 年版。

89. ［德］于尔根·哈贝马斯：《现代性的哲学话语》，曹卫东等译，译林出版社 2004 年版。

90. ［美］罗伯特·海尔布隆纳：《资本主义的本质与逻辑》，马林梅译，东方出版社 2013 年版。

91. ［美］海尔布罗纳、米尔博格：《经济社会的起源》，李陈华、许敏兰译，格致出版社、上海人民出版社 2012 年版。

92. ［英］杰弗·霍奇森：《资本主义、价值和剥削》，于树生、陈东威译，商务印书馆 2013 年版。

93. ［德］乌韦·豪斯：《信息时代的资本主义：新经济及其后果》，许红燕、张渝译，社会科学文献出版社 2004 年版。

94. ［德］赖纳·汉克：《平等的终结——为什么资本主义更需要竞争》，王薇译，社会科学文献出版社 2005 年版。

95. ［美］大卫·哈维：《资本的限度》，张寅译，中信出版社 2017 年版。

96. ［美］大卫·哈维：《资本之谜：人人需要知道的资本主义真相》，陈静译，电子工业出版社 2011 年版。

97. ［美］大卫·哈维：《跟大卫·哈维读〈资本论〉》，刘英译，上海译文出版社 2013 年版。

98. ［美］大卫·哈维：《跟大卫·哈维读〈资本论〉》（第二卷），谢富胜、李连波译，上海译文出版社 2016 年版。

99. ［美］戴维·哈维：《后现代的状况——对文化变迁之缘起的探究》，阎嘉译，商务印书馆 2013 年版。

100. ［美］戴维·哈维：《叛逆的城市——从城市权利到城市革命》，叶齐茂、倪晓晖译，商务印书馆 2014 年版。

101. ［美］大卫·哈维：《资本社会的 17 个矛盾》，许瑞宋译，中信出版社 2016 年版。

102. [美] 大卫·哈维：《世界的逻辑》，周大昕译，中信出版社 2017 年版。

103. [英] 威尔·赫顿、安东尼·吉登斯：《在边缘：全球资本主义生活》，达巍等译，生活·读书·新知三联书店 2003 年版。

104. [美] 迈克尔·哈特、[意] 安东尼奥·奈格里：《帝国——全球化的政治秩序》，杨建国、范一亭译，江苏人民出版社 2003 年版。

105. [美] 迈克尔·哈特、[意] 安东尼奥·奈格里：《大同世界》，王行坤译，中国人民大学出版社 2014 年版。

106. [美] 斯图尔特·哈特：《十字路口的资本主义》，李麟、李嫒、钱峰译，中国人民大学出版社 2013 年版。

107. [美] 约翰·加尔布雷斯：《经济学与公共目标》，蔡受百译，商务印书馆 1980 年版。

108. [英] 约翰·基恩：《公共生活与晚期资本主义》，马音、刘利圭、丁耀琳译，社会科学文献出版社 1999 年版。

109. [英] 安东尼·吉登斯：《现代性的后果》，田禾译，译林出版社 2000 年版。

110. [德] 康德：《历史理性批判文集》，何兆武译，商务印书馆 1990 年版。

111. 《康德著作全集》（第 8 卷），李秋零译，中国人民大学出版社 2010 年版。

112. [德] 考茨基：《资本是如何操纵世界的?》，戴季陶、胡汉民译，新世界出版社 2014 年版。

113. [英] 约翰·凯恩斯：《就业、利息和货币通论》，徐毓枬译，译林出版社 2014 年版。

114. [英] 约翰·凯恩斯：《劝说集》，蔡受百译，商务印书馆 2016 年版。

115. [英] 约翰·凯恩斯：《通往繁荣之路》，李井奎译，中国人民大学出版社 2016 年版。

116. [美] 康芒斯：《制度经济学》，于树生译，商务印书馆 1962 年版。

117. ［捷］卡莱尔·科西克：《具体的辩证法：关于人与世界问题的研究》，刘玉贤译，黑龙江大学出版社 2015 年版。

118. ［美］西蒙·库兹涅茨：《各国的经济增长》，常勋等译，商务印书馆 2015 年版。

119. ［英］阿列克斯·卡利尼科斯：《反资本主义宣言》，罗汉等译，上海译文出版社 2005 年版。

120. ［德］于尔根·科卡：《资本主义简史》，徐庆译，文汇出版社 2017 年版。

121. ［德］于尔根·科卡、［荷］马塞尔·范德林登：《资本主义：全球化时代的反思》，于留振译，商务印书馆 2018 年版。

122. ［美］克莱顿、海因泽克：《有机马克思主义：生态灾难与资本主义的替代选择》，孟献丽、于桂凤、张丽霞译，人民出版社 2015 年版。

123. ［德］海因茨·库尔茨：《经济思想简史》，李酣译，中国社会科学出版社 2016 年版。

124. ［英］大卫·李嘉图：《政治经济学及赋税原理》，郭大力、王亚南译，商务印书馆 1976 年版。

125. ［德］罗莎·卢森堡：《资本积累论》，彭尘舜、吴纪先译，生活·读书·新知三联书店 1959 年版。

126. ［匈］卢卡奇：《历史与阶级意识——关于马克思主义辩证法的研究》，杜章智、任立、燕宏远译，商务印书馆 1992 年版。

127. ［德］路德维希·拉赫曼：《资本及其结构》，刘纽译，上海财经大学出版社 2015 年版。

128. ［英］莱昂内尔·罗宾斯：《经济科学的性质和意义》，朱泱译，商务印书馆 2000 年版。

129. ［英］琼·罗宾逊：《经济哲学》，安佳译，商务印书馆 2015 年版。

130. ［英］琼·罗宾逊：《资本积累论》，于树生译，商务印书馆 2018 年版。

131. ［法］让-雅克·朗班：《资本主义新论》，车斌译，东方出版社 2015 年版。

132. ［德］哈尔特穆特·罗萨：《加速：现代社会中时间结构的改变》，董璐译，北京大学出版社 2015 年版。

133. ［德］哈特穆特·罗萨：《新异化的诞生：社会加速批判理论大纲》，郑作彧译，上海人民出版社 2018 年版。

134. ［美］门罗：《早期经济思想——亚当·斯密以前的经济文献选集》，蔡受百等译，商务印书馆 2011 年版。

135. ［英］约翰·穆勒：《论政治经济学的若干未定问题》，张涵译，商务印书馆 2016 年版。

136. ［英］约翰·穆勒：《政治经济学原理》（上卷），赵荣潜、桑炳彦、朱泱等译，商务印书馆 1991 年版。

137. ［奥］卡尔·门格尔：《社会科学方法论探究》，姚中秋译，商务印书馆 2018 年版。

138. ［奥］路德维希·米瑟斯：《社会主义——经济与社会学的分析》，王建民等译，中国社会科学出版社 2012 年版。

139. ［奥］路德维希·米瑟斯：《自由与繁荣的国度》，韩光明等译，中国社会科学出版社 1995 年版。

140. ［英］马歇尔：《经济学原理》（上卷），朱志泰译，商务印书馆 1964 年版。

141. ［英］马歇尔：《经济学原理》（下卷），陈良璧译，商务印书馆 1965 年版。

142. ［美］赫伯特·马尔库塞：《单向度的人——发达工业社会意识形态研究》，刘继译，上海译文出版社 2008 年版。

143. ［美］赫伯特·马尔库塞：《爱欲与文明》，黄勇、薛民译，上海译文出版社 2012 年版。

144. ［美］丹尼斯·米都斯等：《增长的极限——罗马俱乐部关于人类困境的报告》，李宝恒译，吉林人民出版社 1997 年版。

145. ［美］梅萨罗维克等：《人类处于转折点——给罗马俱乐部的第二个报告》，梅艳译，生活·读书·新知三联书店 1987 年版。

146. ［英］梅扎罗斯：《超越资本——关于一种过渡理论》（上），郑一明等译，中国人民大学出版社 2002 年版。

147. ［英］梅扎罗斯：《超越资本——关于一种过渡理论》（下），郑一明等译，中国人民大学出版社 2002 年版。

148. ［法］埃德加·莫兰：《复杂思想：自觉的科学》，陈一壮译，北京大学出版社 2001 年版。

149. ［法］埃德加·莫兰：《复杂性思想导论》，陈一壮译，华东师范大学出版社 2008 年版。

150. ［法］埃德加·莫兰：《迷失的范式：人性研究》，陈一壮译，北京大学出版社 1999 年版。

151. ［法］埃德加·莫兰：《时代精神》，陈一壮译，北京大学出版社 2011 年版。

152. ［法］埃德加·莫兰：《伦理》，于硕译，学林出版社 2017 年版。

153. ［法］埃德加·莫兰：《人本政治导言》，陈一壮译，商务印书馆 2010 年版。

154. ［美］劳伦斯·米切尔：《美国的反省：金融如何压倒实业》，钱峰译，东方出版社 2010 年版。

155. ［意］安东尼奥·内格里：《超越帝国》，李琨、陆汉臻译，北京大学出版社 2016 年版。

156. ［美］道格拉斯·诺思：《经济史上的结构和变革》，厉以平译，商务印书馆 1992 年版。

157. ［意］奈格里：《〈大纲〉：超越马克思的马克思》，张梧、孟丹、王巍译，北京师范大学出版社 2011 年版。

158. ［奥］庞巴维克：《资本与利息》，何崑曾、高德超译，商务印书馆 2010 年版。

159. ［奥］庞巴维克：《资本实证论》，陈端译，商务印书馆 1964 年版。

160. ［法］托马斯·皮凯蒂：《21 世纪资本论》，巴曙松等译，中信出版社 2014 年版。

161. ［英］弗朗西斯·培根：《学术的进展》，刘运同译，上海人民出版社 2015 年版。

162. ［英］亚当·斯密：《道德情操论》，蒋自强译，商务印书馆

1997 年版。

163. ［英］亚当·斯密：《国富论》，郭大力、王亚南译，商务印书馆 2015 年版。

164. ［德］维尔纳·桑巴特：《现代资本主义》（第一卷），李季译，商务印书馆 1936 年版。

165. ［德］维尔纳·桑巴特：《奢侈与资本主义》，王燕平、侯小河译，上海人民出版社 2005 年版。

166. ［德］维尔纳·桑巴特：《犹太人与现代资本主义》，安佳译，上海人民出版社 2015 年版。

167. ［德］马克斯·舍勒：《资本主义的未来》，刘小枫主编，曹卫东等译，北京师范大学出版社 2014 年版。

168. ［美］保罗·斯威齐：《资本主义发展论——马克思主义政治经济学原理》，陈观烈、秦亚南译，商务印书馆 1962 年版。

169. ［秘］让·保罗·索托：《资本的秘密》，于海生译，华夏出版社 2012 年版。

170. ［英］苏珊·斯特兰奇：《赌场资本主义》，李红梅译，社会科学文献出版社 2000 年版。

171. ［美］莱斯特·瑟罗：《资本主义的未来：当今各种经济力量如何塑造未来世界》，周晓钟译，中国社会科学出版社 1998 年版。

172. ［美］戴维·施韦卡特：《反对资本主义》，李智等译，中国人民大学出版社 2013 年版。

173. ［美］大卫·施韦卡特：《超越资本主义》，宋萌荣译，社会科学文献出版社 2006 年版。

174. ［美］米格尔·森特诺、约瑟夫·科恩：《全球资本主义》，郑方、徐菲译，中国青年出版社 2013 年版。

175. ［印］阿马蒂亚·森：《伦理学与经济学》，王宇、王文玉译，商务印书馆 2018 年版。

176. ［印］阿马蒂亚·森：《以自由看待发展》，任赜、于真译，中国人民大学出版社 2009 年版。

177. ［英］彼得·桑德斯：《资本主义：一项社会审视》，张浩译，吉林人民出版社 2005 年版。

178. ［加］尼克·斯尔尼塞克：《平台资本主义》，程水英译，广东人民出版社 2018 年版。

179. ［加］查尔斯·泰勒：《现代性之隐忧》，程炼译，中央编译出版社 2001 年版。

180. ［德］马克斯·韦伯：《新教伦理与资本主义精神》，马奇炎、陈婧译，北京大学出版社 2012 年版。

181. ［德］马克斯·韦伯：《经济与社会》（第 1 卷），闫克文译，上海人民出版社 2019 年版。

182. ［英］锡德尼·维伯、比阿特里斯·维伯：《资本主义文明的衰亡》，秋水译，上海人民出版社 2017 年版。

183. ［加］埃伦·伍德：《资本主义的起源——一个更长远的视角》，夏璐译，中国人民大学出版社 2015 年版。

184. ［美］伊曼纽尔·沃勒斯坦：《现代世界体系》（第一卷），郭方、刘新成、张文刚译，社会科学文献出版社 2013 年版。

185. ［美］伊曼纽尔·沃勒斯坦：《现代世界体系》（第二卷），郭方、吴必康、钟伟云译，社会科学文献出版社 2013 年版。

186. ［美］伊曼纽尔·沃勒斯坦：《现代世界体系》（第三卷），郭方、夏继果、顾宁译，社会科学文献出版社 2013 年版。

187. ［美］伊曼纽尔·沃勒斯坦：《现代世界体系》（第四卷），吴英译，社会科学文献出版社 2013 年版。

188. ［意］保罗·维尔诺：《诸众的语法：当代生活方式的分析》，董必成译，商务印书馆 2017 年版。

189. ［英］大卫·休谟：《休谟经济论文选》，陈玮译，商务印书馆 1984 年版。

190. ［德］乔治·西美尔：《货币哲学》，陈戎女等译，华夏出版社 2002 年版。

191. ［奥］鲁道夫·希法亭：《金融资本》，李琼译，华夏出版社 2013 年版。

192. ［美］约瑟夫·熊彼特：《经济发展理论》，何畏等译，商务印书馆 1990 年版。

193. ［美］约瑟夫·熊彼特：《经济分析史》（第 1 卷），朱泱等译，商务印书馆 1991 年版。

194. ［美］约瑟夫·熊彼特：《经济分析史》（第 2 卷），杨敬年译，商务印书馆 1992 年版。

195. ［美］约瑟夫·熊彼特：《经济分析史》（第 3 卷），朱泱等译，商务印书馆 1994 年版。

196. ［美］约瑟夫·熊彼特：《资本主义、社会主义与民主》，吴良健译，商务印书馆 1979 年版。

197. ［美］罗伯特·希勒：《非理性繁荣》，李心丹等译，中国人民大学出版社 2014 年版。

198. ［美］罗伯特·席勒：《金融与好的社会》，束宇译，中信出版社 2012 年版。

199. ［美］罗伯特·席勒：《新金融秩序》，束宇译，中信出版社 2014 年版。

200. 《西方哲学原著选读》（上卷），北京大学哲学系外国哲学史教研室编译，商务印书馆 1981 年版。

201. 《西方哲学原著选读》（下卷），北京大学哲学系外国哲学史教研室编译，商务印书馆 1982 年版。

202. 《亚当·斯密哲学文集》，石小竹、孙明丽译，商务印书馆 2016 年版。

203. ［古希腊］亚里士多德：《政治学》，颜一、秦典华译，中国人民大学出版社 2003 年版。

204. ［古希腊］亚里士多德：《尼各马可伦理学》，廖申白译，商务印书馆 2003 年版。

205. ［英］伊凡·亚历山大：《真正的资本主义》，杨新鹏等译，新华出版社 2000 年版。

206. ［德］格罗·詹纳：《资本主义的未来：一种经济制度的胜利还是失败？》，宋玮、黄婧、张丽娟译，社会科学文献出版社 2004 年版。

## 二　论文

207. 白刚：《数字资本主义："证伪"了〈资本论〉?》，《上海大学学报》（社会科学版）2018 年第 4 期。

208. 白刚：《资本逻辑的三种形态》，《武汉大学学报》（人文科学版）2016 年第 3 期。

209. 白刚：《资本现象学——论历史唯物主义的本质问题》，《哲学研究》2010 年第 4 期。

210. 陈学明：《资本逻辑与生态危机》，《中国社会科学》2012 年第 11 期。

211. 丰子义：《全球化与资本的双重逻辑》，《北京大学学报》（哲学社会科学版）2009 年第 5 期。

212. 高云涌：《资本逻辑的中国语境与历史唯物主义的当代使命》，《北京行政学院学报》2016 年第 1 期。

213. 韩庆祥：《现实逻辑—中国问题—治国理政》，《学习时报》2015 年 9 月 7 日。

214. 何小勇：《马克思对资本逻辑的批判与中国新现代性的构建》，《社会科学辑刊》2016 年第 3 期

215. 胡潇：《资本介入文化生产的耦合效应》，《中国社会科学》2015 年第 6 期。

216. 黄力之：《论资本—文化同盟》，《学术界》2016 年第 4 期。

217. 鲁品越、王珊：《论资本逻辑的基本内涵》，《上海财经大学学报》2013 年第 5 期。

218. 鲁品越：《〈资本论〉是关于市场权力结构的巨型理论——兼论社会主义市场经济的理论基础》，《吉林大学社会科学学报》2013 年第 5 期。

219. 鲁品越：《资本手段与人的道德责任》，《晋阳学刊》2008 年第 4 期。

220. 马拥军：《超越对资本逻辑的模糊理解》，《福建论坛》2016 年第 8 期。

221. 毛勒堂、卓俊峰：《资本逻辑与劳动正义》，《山东社会科学》2016 年第 12 期。

222. 宁殿霞：《资本与生存世界金融化——〈21 世纪资本论〉的经济哲学解读》，《西南大学学报》（社会科学版）2015 年第 5 期。

223. 任平：《论"21 世纪马克思主义"的出场路径与当代使命》，《吉林大学社会科学学报》2017 年第 6 期。

224. 唐正东：《金融资本与生产资料所有制形式的复杂化——列宁帝国主义论的学术意义》，《南京政治学院学报》2014 年第 1 期。

225. 童世骏：《资本的"文明化趋势"及其内在限制》，《学术月刊》2006 年第 10 期。

226. 王峰明：《"一个活生生的矛盾"——马克思论资本的文明面及其悖论》，《天津社会科学》2010 年第 6 期。

227. 王庆丰：《超越"资本的文明"："后改革开放时代"的中国道路》，《社会科学辑刊》2013 年第 1 期。

228. 王庆丰：《金融资本批判——马克思资本理论的当代效应及其逻辑理路》，《吉林大学社会科学学报》2013 年第 5 期。

229. 王淑芹：《资本与道德关系疏证——兼论马克思的资本野蛮性与文明化理论》，《马克思主义与现实》2012 年第 1 期。

230. 王巍：《马克思哲学视域下的资本逻辑及其批判》，《理论视野》2014 年第 1 期。

231. 王永章：《马克思资本逻辑悖论新探》，《社会科学家》2009 年第 10 期。

232. 吴晓明：《辩证法的本体论基础：黑格尔与马克思》，《哲学研究》2018 年第 10 期。

233. 夏莹：《论共享经济的"资本主义"属性及其内在矛盾》，《山东社会科学》2017 年第 8 期。

234. 仰海峰：《马克思资本逻辑场域中的主体问题》，《中国社会科学》2016 年第 3 期。

235. 仰海峰：《资本逻辑与空间规划——以〈资本论〉第一卷为核心的分析》，《苏州大学学报》2011 年第 4 期。

236. 叶险明：《驾驭"资本逻辑"的中国特色社会主义初论》，《天津社会科学》2014 年第 3 期。

237. 张乐、王晨：《资本逻辑的发生学考察》，《南昌大学学报》（人文社会科学版）2016 年第 2 期。

238. 张雷声：《论资本逻辑》，《新视野》2015 年第 2 期。

239. 张雄：《金融化世界与精神世界的二律背反》，《中国社会科学》2016 年第 1 期。

240. 张以哲：《生活世界金融化的深层逻辑：从经济领域到人的精神世界》，《湖北社会科学》2016 年第 5 期。

241. 赵敦华：《〈资本论〉和〈逻辑学〉的互文性解读》，《哲学研究》2017 年第 7 期。

242. 朱安东：《金融资本主义的新发展及其危机》，《马克思主义研究》2014 年第 12 期。

243. 庄友刚：《从资本的文化逻辑看文化产业的发展定位》，《江海学刊》2013 年第 1 期。

244. ［美］保罗·巴兰、保罗·斯威齐：《垄断资本主义社会的品质：文化与传播》，赵纪萍译，《国外理论动态》2014 年第 6 期。

245. ［法］阿兰·巴迪乌：《巴迪乌论当前的金融危机》，肖辉、张春颖译，《国外理论动态》2009 年第 8 期。

246. ［美］约翰·福斯特、罗伯特·麦克切斯尼：《垄断金融资本、积累悖论与新自由主义本质》，武锡申译，《国外理论动态》2010 年第 1 期。

247. ［美］约翰·福斯特、罗伯特·麦克切斯尼、贾米尔·约恩纳：《21 世纪资本主义的垄断和竞争》（上），金建译，《国外理论动态》2011 年第 9 期。

248. ［美］约翰·福斯特、罗伯特·麦克切斯尼、贾米尔·约恩纳：《21 世纪资本主义的垄断和竞争》（下），金建译，《国外理论动态》2011 年第 10 期。

249. ［美］大卫·哈维：《大卫·哈维谈资本的逻辑与全球金融危机》，禚明亮译，《国外理论动态》2010 年第 1 期。

250. ［美］约翰·卡西迪：《美国华尔街金融资本的基本运作状况》，

张征、徐步译,《国外理论动态》2011 年第 10 期。

251. [美] 哈里·马格多夫、保罗·斯威齐:《生产与金融》,张雪琴译,《清华政治经济学报》第 3 卷。

252. [美] 哈里·马格多夫:《马格多夫关于资本主义和社会主义的四封书信》,孔德宏、牛晋芳摘译,《国外理论动态》2007 年第 4 期。

253. [斯] 斯拉沃热·齐泽克:《齐泽克论当前的金融危机》,郑亚捷译,《国外理论动态》2008 年第 12 期。

254. [美] 威廉·泰伯:《当代资本主义经济金融化与金融犯罪》,王燕译,《国外理论动态》2016 年第 7 期。

255. [美] 伊曼纽尔·沃勒斯坦:《论资本主义世界体系的结构性危机及其前景》,杨昕译,《国外社会科学》2011 年第 6 期。

## 三 英文文献

256. Jorn K. Bramann, *Capital as Power: A Concise Summary of The Marxist Analysis of Capitalism*, New York: Adler Publishing Company, 1984.

257. Dipesh Chakrabarty, "Universalism and Belonging in the Logic of Capital" *Public Culture*, 2000.

258. Erich Fromm, *Man for Himself*, London: Broadway House, 1949.

259. Erich Fromm, *The Sane Society*, London: Broadway House, 1971.

260. David Harvey, *Seventeen Contradictions and the End of Capitalism*, London: Profile Books LTD, 2014.

261. Michael Hardt and Antonio Negri, *Empire*, Boston: Harvard University Press, 2001.

262. Friedrich Hayek, *Prices and Production*, London and New York: Routledge and KeganPaul, 1935.

263. Henri Lefebvre, *The Survival of Capitalism, reproduction of the Relations of Production*, London: Allison&Busby Ltd, 1976.

264. Henri Lefebvre, *The Production of Space*, Oxford UK: Blackwell Ltd, 1991.

265. Henri Lefebvre, *Every day Life in the Modern World*, London: The

Athlone press, 2000.

266. Ervin Laszlo, *The Inner Limits of Mankind: Heretical Reflections on Today's Values, Culture, and Politics*, London: Oneworld Publications, 1989.

267. Abraham H. Maslow, *Motivation and Personality*, New York: Harper & Row Publishers, 1954.

268. Jonathan Nitzan and Shimshon Bichler, *Capital as Power: A Study of Order and Creorder*, Abingdon: Routledge, 2009.

269. Salvador Santino F. Regilme Jr., "Book Review of Capital as Power", *Journal of International Studies*.

270. Joseph A. Schumpeter, *Capitalism, Socialism, and Democracy*, London: George Allen&Unwin, 1954.

271. Joseph A. Schumpeter, *The Theory of Economic Development*, Boston: Harvard University Press, 1934.

272. Joseph Stiglitz, *The Price of Inequality*, New York: Norton, 2013.

273. Michael J. Sandel, *Liberalism and the limits of Justice*, London: Cambridge University Press, 1982.

274. Sean Sayers, *Marxism and Human Nature*, London: Routledge Press House, 1998.

275. Alvin Y. So, "Beyond the Logic of Capital and the Polarization Model" *Critical Asian Studies*, 2005.

276. Arnold J. Toynbee, *Civilization on Trial*, London: Oxford University Press, 1946.

277. Arnold J. Toynbee and Daisaku Ikeda, *The Toynbee-Ikeda Dialogue: Man Himself must Choose*, Ottawa: Kodansha International Ltd, 1976.

278. Arnold J. Toynbee, *Mankind and Mother Earth*, London: Oxford University Press, 1976.

279. Thorstein Veblen, *The Theory of Business Enterprise*, New York: Scribners, 1904.

280. Yann Moulier Boutang, *Cognitive Capitalism*, Cambridge: Polity Press, 2011.

# 后　记

　　惴惴不安地将这个还很不成熟的"果实"呈现在读者面前。作为当前中国马克思主义哲学研究的一大热点，资本逻辑的确值得广泛关注和谨严探讨。事实上，不从理论上深刻把握资本及其逻辑，我们的哲学研究就会欠缺思想的高度。因为，资本逻辑表征乃至型塑着当代人类生存或生活的根本性状态。尽管它绝非现代性的唯一向度，但一定是最关键的维度之一。在马克思主义看来，"之一"也可去除。我是怀着自己弄清问题的初衷进行这个主题的研究与写作的，开始时几乎是零基础的"一穷二白"。三年后的今天，希望自己这个小小的果实能在诸多先贤前辈特别是马克思的资本逻辑批判思想基础上，进一步从哲学视角洞察资本逻辑的系统结构。虽然自认为尝试性地提出了若干新的见解，但必须坦率承认，留下了更多需要回答的问题与困惑。这只是自己资本逻辑研究路上迈出的第一步。

　　在通往资本逻辑的过程中，我得到了许多师友的帮助与鼓励。"云山苍苍，江水泱泱，先生之风，山高水长。"衷心感谢我的教师博士后合作导师马俊峰教授！在站期间，马老师宽广的视野、渊博的学识、深切的现实关注、批判性的思维和创造性的思想都很大地启发和激励了我。老师对包括我在内的所有学生都非常上心，对我们的成长和生活很是关怀。一看到可能有助于我的报告写作的资料，就用心地保存下来并赠送给我。而且，老师对资本甚至金融资本亦有独到见解，每每在愉快的交谈中让我茅塞顿开。对于我个人取得的一点成绩，老师也给予了热情的鼓励，为我注入了强劲的动力。

　　良师益友，人生之福。非常庆幸，自己有四位好导师（中国人民大学郭湛先生、马俊峰先生，北京大学赵敦华先生和北京师范大学沈湘平先生），还有一位教学指导教师（中国人民大学张文喜先生）。每位老师身上都有许多值得我学习的优秀素养,都对我的成长倾注了大量心血,像对待自己的孩子一样呵护。这绝非一个"谢"字所能表达的。师恩无法忘怀。当然,对师恩最好的感激就是以恩师的方式教育自己的学生,帮助他们更好地成人成才,将人类的思想和文明传承下去。

衷心感谢中国人民大学哲学院马克思主义哲学教研室各位老师——陈先达、郝立新、徐飞、臧峰宇、张文喜、张立波、陈世珍、罗骞和常晋芳对我的关怀和帮助。在两年的教师博士后阶段,我从教研室各位老师身上学到了许多宝贵的东西。非常荣幸有机会作为教研室最年轻的一员,同这些我心目中中国最睿智的头脑一起思想。科研、教学、学术活动乃至生活,老师们都给了我大量的指点和启发,让我受益良多,进一步提高自己。陈先达老师一直是我们所有人学习的榜样,鲐背之年仍笔耕不辍。郝老师、徐老师和臧老师引领整个团队不断向前,在繁重的工作中还对我关怀备至。文喜老师睿智勤奋、学识渊博,总是辛勤耕耘。立波老师温文尔雅,富有"民国风范"。罗老师既有思想又认真。世珍老师和常老师帮助我解决了不少具体问题。更让我高兴的是,我有幸继续和老师们一道为继承和发扬人大马哲光荣的历史与传统努力,成为教研室2008年以来的第一名新教师。衷心感谢中国人民大学、中国人民大学哲学院和中国人民大学马克思主义哲学教研室!这是一颗跳动的心从自己的最深处发出的声音。

还要感谢我协助指导的两位研究生:王赢和牛思琦,他们也给我的研究工作提供了不少帮助,并直接参与了部分章节的研究与写作。感谢我的两位硕士生:魏冠华和胡雯,帮我做了许多具体工作,提出了一些有益的建议。"开卷有益"。古语说得真好!必须真诚地感谢所有我参考过的文献的作者!这些先贤和前辈艰辛的精神劳作构成后人进一步思考的高度与出发点,总是激发和启迪我的思考与写作。而且,有些著作实在是字字珠玑、句句精彩!它们是人类宝贵的文化财富。这样的好书总是让我精神振奋。

本书为国家社会科学基金青年项目"资本逻辑基础理论问题的哲学研究"(编号:17CZX004)的最终成果。衷心感谢国家社会科学基金和中国博士后科学基金的资助,大幅减轻了我的经济负担。当前,高校"青椒"生存不易几乎成为一个人尽皆知的行业特点。没有这些基金的资助,是不可能初步完成这个研究的。真诚感谢《哲学研究》、《教学与研究》、《马克思主义与现实》、《现代哲学》、《武汉大学学报》（人文科学版）、《理论与改革》、《天府新论》、《天津市委党校学报》、《马克思主义哲学论丛》和《湖北社会科学》等刊物发表本书的部分内容。而且，有的刊物还不止发表一篇论文。诚实研究的结果被严肃认真的学术刊物接受，这是最让人高兴的事情了。这些刊物几乎都不仅没有收取"版面费"，而且还给予了比过去高出不少的稿费。

但是，"不曾有一本书能够完成。一旦我们进行写作时，有足够充分的理由发现所写的书不成熟，就会抛开这本书转向其他工作"。波普尔说得不错。在某种意义和程度上，科学的理论仍然是假说，已有的真理可能系谬误，需要不懈改善和推进。"春江水暖鸭先知"。我深知，目前自己对资本逻辑系统结构及其当代嬗变的研究还是很初步和粗糙的，远远达不到深刻和精致，特别是当中某些部分。由于俗务缠身再加上有段时间眼部不适，没能让这个研究达到本可以达到的更高水准。这个不小的遗憾只能留待今后加倍的努力来弥补了。纵使天才、自信如黑格尔，都希望"有自由的闲暇作七十七遍的修改"，更何况是资质平庸的我。期待自己能够继续为资本逻辑研究的持续进展添砖加瓦。

刘志洪　谨记